인간관계와 심리

Human Relations and Psychology

한만열 · 김수정 · 김유진
안영숙 · 정수인 · 하은경

 백산출판사

머리말 preface

심리학은 인간의 행동을 연구하는 학문이다. 그러므로 인간이 포함되는 각종 조직 속에서 '인간관계 개선'이라는 학습목표를 달성하기 위해서는 인간관계에 필요한 심리학의 여러 연구 분야를 함께 공부하는 것이 바람직하다. 대부분의 대학에서는 교양과목으로 '인간관계론', '인간관계심리학', '인간관계와 심리' 등이 학생들의 정신적 성장과 행복한 삶을 위한 목적으로 개설되어 있는데 사실 이런 과목들은 대부분 흡사한 교과내용을 가지고 있는 과목들이다. 그런데 이러한 과목을 가르칠 때의 가장 큰 딜레마는 강의자가 교재의 내용을 충실히 가르치고 학습자가 열심히 학습하는 것만으로 과연 학습자의 인간관계가 여러 조직 속에서 실제로 개선될 수 있느냐 하는 문제이다.

오스트리아의 동물 비교행동 학자이자 노벨 생리의학상 수상자인 로렌츠 (Konrad Zacharias Lorenz)는 의사소통의 어려움을 멀고도 어려운 길로 표현하면서 "말했다고 해서 들은 것이 아니고, 들었다고 해서 이해한 것이 아니며, 이해했다고 해서 동의한 것이 아니고, 동의했다고 해서 기억한 것이 아니며, 기억했다고 해서 적용한 것이 아니고, 적용했다고 해서 행동을 변하게 한 것이 아니다."라고 주장했다. 즉 강의자가 말한 이후 학습자의 행동이 변할 때까지는 무수한 의사소통의 과정이 필요하다는 의미이다. 따라서 필자는 인간관계의 개선이라는 학습자의 행동변화가 이루어지기 위해서는 단순히 강의실에서 교수와 학습을 하는 것만으로는 불충분하므로 어떠한 형태이든 '집단상담'이나 '집단훈련'의 형태가 가미된 수업을 바람직한 것으로 여기고 있다.

이 책의 공저자들은 모두 대학원 석사과정 이상의 학력을 지니고 풍부한 집단상담 경험을 지닌 전문상담사로서 한 학기 동안의 수업방식이 대략 강의 7주, 집단상담(훈련) 7주로 진행되는 것이 좋을 것이라는 데 전적으로 동의하면서 책의 내용을 서술하였다. 물론 대학의 사정에 따라 강의와 집단상담의 비율을 6:4 또는 4:6으로 조정할 수도 있을 것이다. 그래서 이 교재의 제1부와 제2부의 구성은 다른 유사교재가 13장에서 15장 정도로 기술한 것과는 달리 10장 정도로 짧게 구성하였으며 그중에 필요한 부분을 선택하여 7주간 이론적인 부분을 강의하고, 나머지 주에는 제3부의 내용 중에서 주제별로 중요한 부분을 선택하여 강의할 수 있도록 배려하였다. 필자의 경험으로는 10여 년 동안 첫 4주 동안에는 이론 강의를 하고 다음 7주 동안 집단상담을 하며 나머지 3주 동안 다시 이론 강의를 한 후 마지막 주에 기말고사를 보았는데 대부분의 학생이 강의방식에 매우 만족하였고 일부 학생들은 집단상담 시간에 큰 매력을 느껴 더 늘려주기를 요청하기도 하였다.

일반적으로 역동적인 집단상담이 이루어지기 위해서는 '자기개방(노출)', '자기이해', '타인이해', '자기수용'의 네 단계가 필요한데, 집단상담의 초반부에 학생들은 자신에게 문제가 있다는 사실을 부끄러워하기 때문에 쉽사리 자기개방을 하지 않으려 든다. 이때 '문제가 있다고 생각하는 학생이 오히려 문제가 없는 학생이며, 문제가 없다고 생각하는 학생이 정말 문제가 있는 학생이다.'라는 사실을 학생들에게 인식시키면 자기개방에 큰 도움이 된다. 자기를 제대로 이해하지 못한 학생은 스스로 문제가 있는지조차도 잘 모르기 때문이다. 집단훈련에서 일단 '자기개방'만 순조롭게 이루어지면 '자기이해'나 '타인이해' 및 '자기수용'은 구조화된 프로그램을 통해서 어느 정도 가능할 것으로 보인다.

이 책의 특징은 다음과 같다.

첫째, 각 단원마다 학습자가 성취 가능할 정도의 부담 없는 학습목표를 설정하여 학습자에게 자신감과 만족감을 제공하였다.

둘째, 각 단원이 시작되기 전에 먼저 단원의 주제와 관련된 사례를 들었으며 사례 이후에 성찰거리를 제공함으로써 학습자 스스로 단원의 주제를 미리 성찰하도록 하였다.

셋째, 각 단원이 끝날 때마다 열 개 정도의 객관식과 주관식 연습문제를 제시하였는데, 이는 학습자 스스로 각 단원의 내용을 제대로 이해했는지를 평가하기 위함이다. 만약 학습자가 연습문제를 푸는 데 곤란함을 느낀다면 정답을 찾을 때까지 교재의 내용을 다시 복습해보는 것이 바람직할 것 같다.

이 책은 모두 3부로 구성되어 있다. 제1부와 제2부는 강의용 주제이며 제3부는 모두 집단훈련 프로그램으로 구성되어 있다.

제1부의 공통 주제는 건강한 인간관계에 필요한 이론적 기반으로서 인간관계의 의미와 본질 및 자아개념이 무엇인지, 그리고 성격이나 적성에 따른 개인차를 어떻게 이해해야 할지에 관한 내용으로 구성되어 있다.

제2부의 공통 주제는 건강한 인간관계를 맺기 위한 기술이다. 이 주제에는 의사소통의 의미와 기술, 인지치료에 기초한 합리적·정서적 행동치료, 교류분석, 가족 내에서의 인간관계, 친구관계와 연인관계, 진로선택과 직업설계, 그리고 스트레스와 대처 등이 포함되어 있다.

제3부는 학습자 자신의 인간관계를 이해하고 실제로 진단 및 성찰을 할 수 있도록 소집단 실습에 필요한 집단상담 프로그램으로 구성되어 있다. 이 프로그램에는 집단상담 프로그램에 대한 오리엔테이션, 학습자의 과거 및 현재의 성찰 프로그램, 개인차의 이해를 돕기 위한 유사점과 차이점 찾기, 친구관계와 연인관계를 탐색하고 성찰하기 위한 프로그램, 진로선택 관련 프로그램 및 집단상담의 마무리 프로그램 등이 포함되어 있다.

끝으로 이 교재를 제작하면서 가장 힘들었던 점은 인간관계 개선을 위해 반드시 포함시켜야 할 내용과 그렇지 않은 내용을 구분하는 일이었으며 불필요한 내용인지의 여부를 가리기 위해 집필진은 제작과정 중에 많은 시간을 할애하였다. 개발된 이 교재의 질과 양이 학습자에게 부족함도 없고 넘치지도 않길 바라며 혹시 부족한 점이 있으면 향후 계속 수정·보완해 나갈 것을 약속드린다. 끝으로 더운 여름에 더위 및 시간과 다투면서 끝까지 교재개발에 참여한 모든 집필진과 그 가족에게 감사드리며 짧은 시간 내에 좋은 책으로 출판하기 위한 노력을 아끼지 않은 백산출판사 진욱상 사장님께도 깊은 감사의 마음을 전한다.

2014년 8월
집필진 대표 **한만열**

목 차 contents

제2부
건강한 인간관계 기술

제3부

건강한 인간관계 훈련

제**1**부

건강한 인간관계

제 **1** 장

인간관계의 이해

안 영 숙

학습목표

1. 우리의 삶에서 인간관계의 중요성을 두 가지 이상 열거할 수 있다.
2. 인간관계를 네 가지로 분류하여 요약할 수 있다.
3. 현대사회에서 나타나는 인간관계 위기를 서너 가지 예를 들어 설명할 수 있다.

허버드대 2학년 268명 생애 연구(Grant 연구)

"삶에서 가장 중요한 것은 인간관계이며 행복은 결국 사랑이다"

이 연구는 1937년 하버드 의대 보크(Bock) 교수가 시작하여 1967년부터 이 연구를 이어 주도해온 하버드 의대 정신과의사 베일런트(Vaillant)가 72년 동안 연구 분석한 결과로 "우리를 행복하게 하는 것은 무엇인가(What makes us happy?)"라는 제목으로 미국 시사월간지 『애틀랜틱』지에 실린 내용이다.

1937년 하버드 의대 알리 보크박사는 심신이 건강한 하버드대 2학년 남학생 268명을 선발하여 이들을 대상으로 인생사례 연구를 시작하고, 이 연구를 재정적으로 지원한 백화점 재벌 W.T. Grant의 이름을 따서 '그랜트(Grant) 연구'라고 하였다.

세계 최고의 대학에 입학한 이들의 일생을 거의 모든 각도(의학, 심리학, 인류학, 정신분석학, 생리학, 사회학 등)에서 조명한다는 계획 아래, 평생 동안 신체검사를 받고 연구진과의 면담에 응하고 설문지에 응답을 하면서 자신의 삶을 죄다 공개하기로 한 것이다. 그로부터 72년 후에 그들은 90세 즈음의 노인이 되었고 거의 절반은 세상을 떠났다.

실제로 '그랜트 연구' 청년들 중 많은 수는 성공가도를 달렸다. 1960년대 40대가 되면서 대통령도 나왔고(존 F. 케네디), 장관도 나왔으며, 베스트셀러 작가, 뛰어난 언론인도 나왔다. 하지만 언제나 모든 사람의 인생이 탄탄대로는 아니었다. 연구대상자의 3분의 1은 한때 정신질환을 앓았고, 더러는 엘리트라는 껍데기 아래서 많은 고통을 받기도 했다고 표현했다. 무엇이 이런 차이를 만들어낼까?

1967년 이후 연구를 주도해온 베일런트 박사는 그 이유를 적응능력과 대인관계를 비결로 꼽는다. 인생에서 얼마나 어려움이 많은가보다는 어려움에 어떻게 대처하느냐가 행복과 불행을 가른다는 것이다. 아울러 인생에서 단 하나 중요한 것을 꼽자면 사람과의 관계라고 말했다. 그는 연구결과를 '삶에서 가장 중요한 것은 인간관계이며, 행복은 결국 사랑'이라고 결론지었다.

출처 : 조선일보(2009.5.14), 노후 행복의 열쇠는 인간관계였다.

성찰거리

1. 사례에서는 행복과 불행을 가르는 요소를 무엇이라 말하고 있는가?

2. 인간관계가 행복에 미치는 영향은 어느 정도라고 생각하는가?

3. 내가 행복하게 살기 위해서 소중하게 여겨야 하는 것들은 무엇인가?

우리가 익히 알고 있는 아리스토텔레스의 명언처럼 인간은 태어나는 순간부터 원하든 원하지 않든 사람들과 더불어 살아가야 하고, 다양한 사람들과의 관계를 통해서 성장하게 된다. 그러므로 인간은 다른 사람과의 관계가 없다면 인간으로 서 존재 자체의 의미가 없는 것이다. 이처럼 인간관계는 인간의 사회성에 바탕을 두고 있다.

이런 의미에서 이 장에서는 우리의 삶에서 인간관계가 지니는 의미와 우리의 삶에 영향을 미치는 인간관계의 중요성을 살펴보고, 우리가 맺게 될 다양한 인간 관계를 몇 가지 기준에 따라 분류해보았다. 또한 우리의 삶에서 사람들이 따라갈 수 없는 속도로 변화하는 최첨단 기술과 급변하는 사회가 사람들의 인간관계에 어떤 영향을 미치고 있는지도 알아보았다.

제1절 인간관계의 개념

1. 인간관계의 의미

인간은 혼자서 살 수 없는 존재이기 때문에 태어나서 죽을 때까지 부모와 자 녀, 형제, 자매, 친구, 부부, 친족, 직장동료 등 다양하고 많은 인간관계 속에서 살아가게 된다. 출생과 더불어 한 가족의 구성원이 되고 한 친족공동체의 구성원 이 되고 자라면서 각 발달단계에 따라 다양한 사람과 다양한 인간관계를 맺으며 살아간다. 이처럼 인간은 출생과 더불어 죽을 때까지 타인과의 관계 속에서 생활 하게 되는데 이때 자의든 타의든 서로가 서로에게 영향을 미치는 상호작용을 할 수밖에 없다. 이러한 상호작용이 바로 인간관계의 기초가 된다. 그러나 인간관계 는 다양한 관계만큼이나 매우 복잡하여 많은 사람들이 인간관계 문제로 힘들어 하고 고통을 받기도 한다. 인간의 심리적 갈등과 고통의 대부분이 이러한 인간관 계문제라고 보아도 과언이 아니다. 하지만 인간관계는 우리의 삶에 있어 만족과 행복의 원천이기도 하다. 다른 사람과 서로 신뢰하고 사랑하고 애정을 주고받을 때 우리는 행복감과 안정감을 느낀다. 그러므로 일상생활에서 맺고 있는 수많은 타인과의 관계는 인간의 삶을 행복하게도 하고 불행하게도 한다. 이렇듯 인간관계는 좁은 의미에서 보자면 이러한 사람과 사람 간의 관계이나, 넓은 의미에서 보자면 한 사람의 삶이 다른 사람과 공유되는 인간의 모든 삶과 관련된 제반문제라고 할 수 있다(김종운 외, 2014).

또한 인간관계의 문제는 사회적 차원에서도 매우 중요한 문제이다. 사회는 사람과 사람들 간의 관계로 구성된다. 이런 의미에서 인간관계란 그리 간단한 문제가 아니고 인간관계에 대한 의미 역시 간단하게 설명할 문제가 아니다. 학자에 따라 인간관계에 대한 의미를 다양한 측면에서 설명하고 있으나 일반적으로는 인간관계의 의미를 학문적 의미와 일반적 의미로 구분하여 설명한다(이재열, 2010).

학문적 의미의 인간관계는 인간의 행동과 욕구 그리고 심리상태와 변화과정 등을 분석하고 연구하는 학문으로서의 인간관계와 상이한 개성과 욕구를 가진 사람들로 구성된 조직 내의 경영관리 측면의 인간관계로 구분된다. 즉 학문적 인간관계는 좀 더 나은 인간관계를 위한 합리적인 방향을 모색하는 학술적인 내용이 포함되는 관계이다. 그에 반해 일반적 의미의 인간관계는 사람과 사람 상호 간에 형성되는 일정한 심리적 관계 그 자체의 의미로 사용되는 것과 서로 간의 언행이나 태도에 관심을 갖고 형성되는 상호관계, 그리고 인간 상호 간에 형성되는 바람직한 심리상태인 인화라는 뜻으로 사용되는 인간관계 등으로 구분해서 이해되어야 한다. 하지만 일반적으로는 이 모두를 포괄하여 인간관계를 이해하고 통용하고 있다. 그러므로 인간관계란 두 사람 이상 사이에서 일어날 수 있는 모든 상호작용, 즉 인간과 인간 사이의 모든 관계로 정의할 수 있다. 또 인간관계는 타인과의 상호작용을 통해서 이루어지는 모든 사회화 과정으로서 서로 간에 보다 나은 상태를 유지시키기 위한 모든 활동이라고도 할 수 있다.

2. 인간관계의 중요성

잠시 눈을 감고 최근에 겪었던 갈등이나 스트레스를 받았던 일을 떠올려보자. 가장 스트레스를 받게 하였던 일부터 세 가지만 떠올려보자. 어떤 일들이 떠오르는가?

우리가 스트레스 받았던 일 가운데 대부분은 사람들과의 관계에 관련된 일들이 포함되는 경우가 많을 것이다. 이것은 인간관계가 그만큼 중요하기 때문으로 보인다. 인간은 태어나면서 가족과의 관계를 시작으로 하여 자라면서 친구, 스승, 동료 등의 다양한 사람들과 관계하며 살게 되고 이러한 인간관계를 통해 성장하고 발전하며 사회의 한 인격체로 자라간다. 인간관계란 이렇듯 타인과의 상호작용을 통해서 이루어지는 사회화 과정으로서 효율적인 인간관계는 그 관계에 속하는 개인들에게 매우 중요한 역할을 한다. 사람마다 인간관계의 중요성에 대한 기준은 다르겠지만 이러한 인간관계가 우리의 삶에 있어서 얼마나 중요한가를 다음과 같은 기준에서 찾아보자(오기봉, 2013; 김종운 외, 같은 곳).

1) 인간은 인간관계를 통하여 인간다운 삶을 영위할 수 있다

인간은 태어나면서부터 사람과의 관계를 통해서 삶을 형성하고 유지하며 생을 마감한다. 즉 인간은 생을 마감하는 그날까지 사람과의 관계에서 벗어날 수 없는 것이다. 인간의 삶은 인간관계의 테두리 속에서 시작되고, 진행되고, 마감된다고 해도 과언이 아니다. 우리는 인간관계 속에서 서로 인간으로 대하고 관심을 갖고 서로의 욕구에 반응하는 법을 배우게 된다. 이처럼 인간은 근본적으로 다양한 타인과의 관계 속에서 살아가야 하는 존재이기 때문에 이러한 관계적인 욕구가 충족되지 않으면 인간다운 삶을 살아갈 수가 없다.

인간의 감정은 인간관계의 만족도를 결정하는 가장 중요한 심리적 요인이며 인간관계 발전과정에 결정적인 영향을 미치는 것이라고 한다(권석만, 2009). 그러므로 인간다운 삶이란 다양한 사람과 우호적인 관계를 맺으며 따뜻하고 긍정적인 감정을 느끼는 것이다.

인간관계에서 긍정적인 감정을 많이 경험하게 되면 행복감을 느낀다. 반면, 부정적 감정을 경험하게 되면 불행함을 느끼게 된다. 이렇듯 인간이 느끼는 대부분의 감정은 인간관계 속에서 체험되는 것이다. 인간의 삶은 인간관계 속에서 펼쳐진다. 이러한 삶 속에서 해결해야 할 주요한 과제는 함께 살아가는 여러 사람들과 친밀하고 협동적인 인간관계를 형성함으로써 우리의 삶을 보다 행복하게 만들어가는 일이다.

2) 인간은 인간관계를 통하여 가치 있는 존재가 된다

인간은 서로 간에 어울리며 형성되는 사회라는 공동체에서 조화를 이루며 좋은 관계를 형성하였을 때 자신의 가치를 인정받으며 존재감을 가지게 된다. 아무리 사회에 좋은 일을 하고 역사적인 기여를 한다고 해도 혼자 사는 세상에서는 별 의미가 없다. 자신이 가치 있는 존재라고 느끼는 긍정적인 감정은 타인에 의한 인정과 평가가 중요한 근거가 될 뿐만 아니라 인간관계에서 경험되고 강화되기 때문이다.

인간존재의 가치형성에 대하여 교류분석 학자인 해리스(Harris, 1969)는 다음과 같은 말을 하였다(오기봉, 같은 곳).

"나는 한 인간이다. 너도 한 인간이다. 너 없이 나는 인간일 수 없다. 왜냐하면 너를 통해서만 언어가 있을 수 있고, 언어를 통해서만 사상이 있을 수 있으며, 사상을 통해서만 인간다워질 수 있기 때문이다. 따라서 너는 나를 중요한 존재가 되게 했다. 그러므로 나는 중요하며, 너도 중요하다. 만약 내가 너의 가치를 낮게 평가하면 나 자신의 가치도 낮아진다."

이러한 진술은 인간관계 발전의 이상적인 목표를 제시하고 있음과 동시에 나와 네가 함께 가치 있는 존재가 되기 위해서는 바람직한 인간관계가 필요함을 말하고 있다. 나도 중요하고 너도 중요하다는 인간관은 모든 인간은 서로에게 가치 있는 소중한 존재가 됨을 말해주고 있는 것이다. 우리는 서로를 소중하고 가치 있는 존재로 여길 때 서로를 수용할 수 있으며 서로를 수용할 수 있게 될 때 너와 내가 함께 가치 있는 인간다운 존재가 될 수 있다.

3) 인간은 인간관계를 통하여 개인의 정체성과 여러 영역의 발달이 이루어진다

인간은 자신을 타인과 구분되는 의미 있는 존재로 인식하려는 욕구가 있다. 이것은 다른 사람과 관계를 맺으며 가지게 되는 '나는 누구인가', '나는 다른 사람에게 어떻게 보이는가'에 대한 해답으로 현재 자신의 위치, 능력, 역할 및 책임에 대한 분명한 인식으로서의 자기정의라고 할 수 있다(김종운 외, 같은 곳). 이러한 자아정체감을 형성하기 위해서는 다른 사람들과의 관계 속에서 비교를 통해 자신의 독특성을 확인함으로써 가능하다(권석만, 같은 곳). 가족, 이웃, 친구 등의

상호작용을 포함하는 모든 인간관계는 인간의 성장과 발달과정에서 이러한 자아
정체감 형성 이외에도 개인의 인지, 정서, 성격 및 신체적 발달 등에도 중요한
매개역할을 한다.

4) 인간은 인간관계를 통하여 개인의 삶의 만족도와 행복지수를 높일 수 있다

인간은 누구나 행복한 삶을 원한다. 행복이란 과연 무엇인가? 인간은 어떤 상
태에서 행복을 느끼는가? 어떤 삶의 조건이 인간을 행복하게 하는가? 여기에 대
한 정답은 없는 듯하다. 행복은 개인의 심리적 특성과 환경적 조건에 의해 결정
되는 주관적인 경험이기 때문이다. 개인마다 자신의 인생관과 가치관에 따라 생
각이 다르겠지만 대다수의 사람들이 느끼는 행복의 공통적인 조건들이 있다. 그
것은 삶의 중요한 영역인 인간관계를 원만하고 성숙하게 영위하는 것이다(정종
진, 2011). 즉 인간은 주변 사람들과의 긍정적인 인간관계가 형성되어야 개인의
삶의 만족도와 행복지수를 높일 수 있다는 것이다. 인간의 행복과 성숙에 많은
관심을 가졌던 여러 심리학자들의 견해를 참고하면 행복한 사람은 사회성이 매
우 높다고 한다. 행복과 관련된 많은 연구자료들을 종합하여 『행복심리학』이란
책을 출간한 아질(Argyle)은 인간의 행복증진을 위한 실제적인 연구결과를 검토
한 결과 다른 사람들과의 좋은 관계를 유지하는 것이 행복증진에 큰 도움이 된다
고 하였다(정종진, 같은 곳).

사실 대부분의 사람들은 인간관계에서 크고 작은 여러 가지 문제들을 지니며
살아간다. 우리를 힘들게 하거나 고통스럽게 하는 대부분의 문제는 인간관계와
관련되어 있다. 그러므로 개인의 삶의 만족도를 높이기 위해서는 자신의 인간관
계를 반성하고 개선하려는 노력이 필수적이다.

5) 인간은 인간관계를 통하여 건강한 생활을 할 수 있다

인간관계를 잘 유지하는 것은 건강과 질병의 치료에 상당한 영향을 미친다. 다
른 사람과 협동적이고 상호의존적인 관계를 수립할 수 있고 유지할 수 있는 능력
은 정신건강의 한 특징이라고 할 수 있다. 원만한 인간관계가 어려운 사람은 불
안과 우울, 소외감, 좌절, 갈등, 긴장 등을 경험하게 되는 경우가 많다. 또 다른
사람을 두려워하고 자기비하, 열등감, 무력감, 고독감 등을 느끼기 쉽다. 나아가

이러한 인간관계에서의 어려움은 정신적·신체적 질병을 초래하여 건강한 생활을 방해한다(김교헌 외, 2012).

저명한 심장내과 의사인 오니시(Dean Ornish)의 연구에 따르면 사람들이나 친구들로부터 많은 지지를 받고 있다고 느끼는 환자일수록 질병의 증상이 훨씬 덜 심각했고, 고독과 고립감을 많이 느끼는 환자들도 질병과 조기사망의 가능성이 훨씬 더 높아졌다고 한다. 또 기혼남성들을 대상으로 실시한 종단연구에서도 아내로부터 사랑이나 지원을 느끼는 정도가 낮은 사람들이 그렇지 않은 사람보다 각종 질병에 걸릴 확률이 두 배나 더 많았다고 한다(Ornish, 2004; 김교헌 외, 같은 곳에서 재인용). 이처럼 인간관계는 심리적인 건강뿐만 아니라 신체적인 건강에도 영향을 미친다는 것을 알 수 있다.

3. 인간관계의 분류

사람은 누구나 한평생을 살아가면서 수많은 사람을 만나게 되고 다양한 사람들과 인간관계를 맺게 된다. 태어나면서부터 인생의 각 시기에 따라 그 시기에 맞는 사람들을 만나고 그들과 인간관계를 맺게 되고 그 속에서 다양한 경험을 하면서 성장하고 서로 도움을 주고받으며 살아간다. 더구나 현대사회를 살아가는 우리는 과거 그 어느 시대보다 더 다양하고 수많은 사람들을 만나게 되는 삶을 살아가게 되었다. 이렇게 우리가 살아가면서 경험하게 되는 다양한 인간관계를 권석만(같은 곳)을 참고하여 다음과 같이 네 가지로 분류하였다.

1) 일차적 관계와 이차적 관계

우리는 살아가면서 자신의 의지와 상관없이 저절로 맺어지는 관계와 비교적 본인의 의사에 따라 자유롭게 선택하게 되는 관계들에 접하게 된다. 이처럼 인간관계를 그 형성요인에 따라 일차적 인간관계와 이차적 인간관계로 나누어볼 수 있다(권석만, 같은 곳).

일차적 인간관계는 한번 그 관계 속에 들어가게 되면 대부분 그 관계 속에서 지내게 되는 부모, 형제자매, 친척, 동문, 혈연, 지연, 학연 등에 의해 맺어진 관계이다. 이러한 관계는 일차적이고 근원적인 관계이기 때문에 가입과 탈퇴가 자유롭지 못하다. 대부분 세상에 태어나서 처음으로 맺는 중요한 관계이며, 서로 함께하면서 생리적·심리적 욕구를 충족시키고, 세상을 살아가는 법을 배우고, 사회적 관계를 배우게 되는 관계이다.

이차적 인간관계는 개인적인 매력, 직업적 이해관계, 종교, 취미 등의 공유에 의해 형성되는 관계(직장동료, 애인, 친구, 친목단체 등)로 그 관계가 비록 일시적일 수도 있는 관계이나 개인의 잠재력을 실현하고 폭넓은 사회적 관계를 형성하는 중요한 관계이기도 하다.

2) 수직적 관계와 수평적 관계

인간관계는 구성원의 동등성(나이, 촌수, 학번, 계급, 지위, 권한 등) 여부에 따라 수직적 인간관계와 수평적 인간관계로도 나눌 수 있다. 수직적 인간관계는 가정에서의 부모와 자녀관계, 학교에서의 스승과 제자관계 또는 선배와 후배관계, 직장에서의 상사와 부하관계와 같이 지위와 권한에 있어 상하관계에 있는 인간관계를 말한다. 반면, 수평적 관계는 서로 동등한 위치에 있는 사람들 간의 관계로 비교적 평등한 관계를 맺는 것으로 부부관계, 연인관계, 교우관계 등이다. 유교적 가치관의 영향을 받은 동양문화권에서는 수직적 인간관계가, 개인주의적 가치관의 영향을 받은 서양문화권에서는 수평적 인간관계가 비교적 잘 발달되어 있다. 하지만 어느 문화권이든 대상과 상황에 따라 수직적 관계와 수평적 관계가 서로 공존하며 복합적으로 얽혀 있다(유영달 외, 2013).

3) 애정중심 관계와 업무중심 관계

인간관계에서는 관계에서 얻고자 하는 목적 및 유지 요인에 따라 애정중심 관계와 업무중심 관계로 나눌 수 있다(유영달 외, 같은 곳). 애정중심 관계는 관계를 시작하고 유지하는 목적이 상대방과 사랑이나 우정을 주고받는 것과 관련되어 있다. 기본적으로 연인관계나 부부관계 등은 애정중심 관계라 할 수 있는데 이런 관계는 사람 자체가 중요하게 여겨지는 관계이다. 반면, 어떤 과업의 수행을 위해 맺게 되는 직장동료 관계나 상사-부하 관계 등은 기본적으로 그와 함께하는 업무나 과업 때문에 관계가 형성·유지되는 업무중심 관계에 속한다. 하지만 친구관계나 스승-제자 관계처럼 상황에 따라 업무중심 관계이거나 애정중심 관계일 수도 있는 인간관계도 많다.

4) 공유적 관계와 교환적 관계

앞에서 제시된 인간관계와 비슷한 개념으로 사회심리학자인 클라크(Clark, 1985)는 현대인의 인간관계를 공유적 관계와 교환적 관계로 구분하였다. 공유적 관계는 서로 관계를 맺고 있는 각자가 상대방의 행복과 불행에 대해 각별한 관심과 책임감을 느끼며 우리는 하나라는 상호의존적 존재로 인식한다. 이러한 관계는 상대방을 자신의 이기적 목적을 위해 이용하는 관계가 아니라 만족스러운 친교를 나누는 관계로 대한다. 이는 상대와의 만족스러운 친교의 경험을 공유하기 위한 관계로서 가족, 연인, 친밀한 친구들 사이에서 나타나는 인간관계라고 할 수 있다. 이러한 관계가 지속될 때 우리는 자신이 가치 있는 존재로 느껴지고 인생이 살 만한 것으로 느껴져 뿌듯한 행복감을 가지게 된다.

이에 반해 교환적 관계는 서로 필요한 것을 주고받는 거래적이고 교환적인 관계이다. 이러한 관계는 타인의 행복과 불행에 대한 관심보다 거래와 교환의 공정성, 즉 이득과 손실의 균형이 무엇보다 중요하다. 따라서 주는 만큼 받고 받는 만큼 주어야 한다는 호혜성의 원칙과 투자한 만큼 보답이 있어야 한다는 형평성의 원칙이 적용된다. 이러한 교환적 인간관계는 개인주의와 자본주의 체제가 팽배한 사회에서 흔히 나타나는 관계이다. 우리의 삶 속에는 이러한 관계가 서로 얽혀 있다. 그러나 현대사회에 나타나는 여러 가지 문제는 우리 사회에 만연한 이런 교환적 관계와 관련이 있다. 인간관계는 여러 가지 법칙이 작용하는 복잡한 과정으로 구성되어 있는데 이 모든 과정에 교환적 관계의 법칙을 적용시키려 한다는 것이다. 만약 우리의 인간관계가 이러한 교환적 관계로만 이루어진다면 우리가 사는 이 세상은 너무 삭막한 세상이 될 것이다.

제2절 현대사회의 인간관계

1. 현대사회

2014년 5월 국내에서 개봉한 스파이크 존즈 감독의 영화 '그녀(원제 Her)'에는 운영체제(OS)와 사랑에 빠진 한 남자가 나온다. 이 영화의 시간적 배경은 2025년이다.

대필작가로서 사람들의 소통의 메신저로 일하는 한 남자가 정작 그 자신은 실체 없는 컴퓨터와 사랑에 빠지게 되면서 그녀(운영체제)와의 관계를 통해 새로운 삶을 살아가는 과정을 그리고 있다. 하지만 그 남자에게 현실처럼 느껴지던 그녀는 결코 그에게만 나타난 기적과 같은 존재가 아니라 그냥 돈을 지불하고 컴퓨터에 설치만 하면 누구나 가질 수 있는 프로그램이다. 그런데 그런 프로그램이 자아를 가지고 있고 인간과 연애도 가능한 것이다

영화가 때론 터무니없는 과장으로 현실성을 떨어뜨리기도 하지만, 이처럼 앞으로 우리가 살아가야 할 현대사회의 인간관계 변화를 보여주기도 한다.

현대사회의 특징을 표현하는 단어 가운데 하나가 정보화 사회이다. 정보화 사회란 컴퓨터에 의해 가공 처리된 정보가 농공업 등 타 산업제품보다 우월적 가치를 가지는 자원이 되고 따라서 정보의 가공 유통이 경제활동에 있어서 우위를 차지하며, 정치·행정에 있어서도 정보활용이 필수적으로 자리 잡은 사회를 일컫는다(조성대, 2000).

또한 정보화 사회는 현실세계가 아닌 컴퓨터, 인터넷 등으로 만들어진 가상의 공간을 의미하기도 한다. 사이버공간은 이제 단순한 '정보의 바다'에 머무르지 않는다. 하나의 관계 위주의 사회가 된 것이다. 수많은 사람들이 여기에 몰려들면서 사람들의 이야기가 공유되고 그들 사이의 삶이 끊임없이 만들어지기 시작했다. 그래서 여기에서는 현실과는 전혀 다른 방식의 인간관계가 전개될 수 있다(임영식, 2008).

2. 현대사회에서의 인간관계 변화의 위기

여러 학자들이 말하듯이 정보화 사회는 의사소통의 자발성, 가상공간에서의 평등성 등의 긍정적인 측면이 있는 데 반하여 인간의 소외, 인간관계의 약화 등 부정적인 측면도 강하다. 실제로 우리 주변에서는 전자매체를 통해 수만 명의 사람들과 인맥을 만들었지만 그 과정에서 정작 하나뿐인 친구를 잃어버리고, 이성 간의 만남은 쉬워졌지만 그가 좋아하는 여자에겐 거절당할까 두려워 접근조차 못 하는 사람들이 있다. 이처럼 우리는 여러 전자매체를 통해 이전과는 비교가 안될 정도로 확장된 인간관계망을 지니고 있음에도 불구하고 인간적 유대의 취약성과 불확실성, 서로에 대한 불신 등으로 공허함과 불안감을 지닌 인간관계 속에 있다. 온라인상에서 사람들과의 관계를 그 이상, 그 이하로 착각한다면 그로 인한 외로움은 해결되지 않는다. 나와 다른 사람의 관계는 온라인상이 아닌 현실의 삶에서 단 한번의 '접속'으로 완성되는 게 아니라 점차적으로 관계를 지속하면서 즐겁기도 하고 때로는 싸우기도 하는 과정을 죽을 때까지 겪으며 유기적으로 완성해나가야 한다.

인터넷매텍스(주)에서 인터넷 이용자를 대상으로 인간관계 형성의 새로운 수단으로 등장한 인터넷이나 채팅을 통한 인간관계를 연구한 결과를 보면 장점은 새로운 만남의 계기 마련(29.1%), 여유로운 시간 활용(26.4%), 정보공유(25.6%)의 순으로 나타났고, 단점은 윤리·도덕성 저하(48.1%), 인간관계 둔화(22.2%)로 나타났다. 또 정보화가 인간관계에 미치는 영향에 대해서는 정보화가 새로운 만남의 기회를 제공(36.6%)하고 있으나 정보화로 인해 인간소외 현상(34.4%)이 나타나고 인간관계가 둔화(24.7%)되고 있다는 응답이 차지하는 비중이 높았다(조성대, 같은 곳).

현대사회의 정보화는 점차 빠른 속도로 진척되고 있으며 이와 같은 현상들은 긍정적이든 부정적이든 인간관계에 변화를 가져오고 있다. 조성대는 정보화로 인한 현대사회의 인간관계 변화위기를 다음과 같이 살펴보았다.

첫째, 정서적 개입의 정도가 낮다. 컴퓨터를 통한 관계형성은 우리들의 정서에 많은 영향을 미친다. 이들은 공통의 관심사를 중심으로 의견을 교환하고 토론하고 때로는 격렬하게 논쟁을 하면서 자신들만의 고유한 인간관계를 형성해나간다. 그러기에 이곳에서의 인간관계는 그것이 공적인 것이건 사적인 것이건 철저하게 정보를 매개로 이루어진다. 장소의 구속성이 없으며 특정가치와 취미, 문제의식 등에 의해 형성되는 이러한 인간관계는 정서적 개입 정도가 낮아 정서적유대관계가 그만큼 약화된다.

둘째, 신뢰성이 약화되기 쉽다. 자신의 신분이 노출되지 않고 상대방이 어떤사람인지 모르는 익명성이 보장된 상태에서 이루어지는 인간관계는 서로 간의신뢰성이 약화되기 쉽다. 현실세계에서 대면하는 관계, 즉 시간과 공간을 초월한비언어적인 의사소통이 배제된 상황에서의 관계는 상대방에 대한 진실성의 확인여부가 어렵다. 특히 익명성으로 인해 표현이 더 극단적이고 부정적인 정서를 더강조함으로써 친밀감 및 신뢰감 형성이 어려운 것이다.

셋째, 보여주고 싶은 대로 보여준다. 사이버공간에서의 인간관계는 상호작용의 대상이 고정적이지 않고 유동적·순환적이라는 특징이 있다. 이와 같은 가상공간에서의 인간관계는 자신이 가지고 있는 속성이나 특성을 굳이 드러낼 필요도 없고 또 적당한 거리를 두고 형성되기 때문에 실제 자신을 바꾸고 싶은 나, 보여주고 싶은 나로 바꾸어 보여줄 수 있다(임영식, 같은 곳). 그리고 실제의 나가 아닌 가상의 나를 만들어 여러 가지 방법으로 가상의 나를 조종하여 표현함으로써 실제의 나가 보여주기 어려운 내용도 당당하게 보여주게 된다.

넷째, 정체성의 혼란을 가져온다. 정체성은 기본적으로 '자신을 자신답게 만드는 특색'이다. 그런데 바로 이 '자신', 즉 자아에 혼란이 생길 수 있다. 사이버공간에서 다른 네티즌과 의사소통을 할 경우 사이버공간 특유의 신원이 필요하게 된다. 가장 대표적인 것이 아이디와 아바타이다. 이는 사이버공간에서 나를 나이게하는 유일한 신원이며 이것이 바로 인터넷상에서의 정체성이라 할 수 있다. 하지만 그 신원이 현실에서의 나와 다를 수도 있고, 하나가 아닌 여럿일 수도 있으며, 고정되지 않고 유동적일 수 있다. 이것이 정체성의 혼란을 가져올 수 있는 요소이다(민경배, 2009). 보이지 않아 평등하다고 착각하게 만드는 이 세계는 우리가생각하고 행동하는 데 너무나 많은 영향력을 행사하고 있다. 정보화의 도래는 사람들의 생활방식에 긍정적으로 영향을 끼치는 순기능과 해를 끼치는 역기능을동시에 초래한다. 가상공간의 인간관계는 실제 인간들 간의 직접적인 관계라기보다는 부분적·기능적인 관계가 된다. 이러한 가상적 인간관계하에서는 인간소외와 비인간의 문제가 생겨날 소지가 많다.

　현대사회의 인간관계는 사람들에게 공허감을 안겨주며 고립된 상황을 악화시키고 있다. 디지털 시대에 스마트폰과 태블릿의 출현은 인간관계가 맺어지는 형태를 변화시켰다. 우리는 카카오톡, 페이스북, 트위터 등 SNS를 통해 언제 어디서나 타인들과 소통할 수 있게 되었다. 이렇게 타인들과의 소통이 쉬워지면서 개인의 인간관계의 범위도 과거에 비해 넓어졌다. 그러나 가상공간에서 넓어진 인간관계는 실제적인 인간관계로 이어지지 않아 오히려 대중들은 가상의 인간관계에서 고독감을 느끼게 되었다. 대중은 이로 인한 고독감을 극복하기 위해 계속적으로 가상공간의 인간관계를 확장시키게 되었고 이는 상황을 더욱 악화시키기도 한다. 이러한 현상은 인간관계로 인한 인간소외 현상을 극명하게 보여주고 있으며 이는 우리 사회에 시사해주는 바가 크다고 할 것이다.

자가 진단 : 나는 얼마나 고독한가?

다음은 여러분이 요즘 자신의 인간관계에 대해서 어떻게 느끼고 있는지를 알아보기 위한 질문들입니다. 문항을 하나씩 잘 읽은 다음, 자신이 얼마나 자주 그와 같이 느끼는지를 아래와 같이 적절한 번호 위에 √표 하십시오.	거의 그렇지 않다	가끔 그렇다	종종 그렇다	자주 그렇다
1. 나에겐 친한 친구가 없다고 느껴진다.	0	1	2	3
2. 나는 다른 사람을 믿는 것이 두렵다.	0	1	2	3
3. 나에겐 이성친구가 없다고 느껴진다.	0	1	2	3
4. 내 고민을 얘기하면 가까운 사람들이 부담스럽게 느낀다.	0	1	2	3
5. 나는 다른 사람에게 중요하지도 않은 사람이라고 느낀다.	0	1	2	3
6. 나는 누구와도 개인적인 생각을 나누기 어렵다고 생각한다.	0	1	2	3
7. 나는 다른 사람들로부터 이해받지 못하고 있다고 느낀다.	0	1	2	3
8. 나는 다른 사람에게 다가가는 것이 편안하지 않다.	0	1	2	3
9. 나는 외로움을 느낀다.	0	1	2	3
10. 나는 어떤 친목집단이나 조직에서 소속감을 느낄 수 없다.	0	1	2	3
11. 나는 오늘 다른 사람과 교류를 가졌다는 느낌이 들지 않는다.	0	1	2	3
12. 나는 다른 사람에게 할 말이 별로 없다고 느낀다.	0	1	2	3
13. 다른 사람과 함께 있으면 평소의 내 모습과 달라지는 것 같다.	0	1	2	3
14. 나는 다른 사람 앞에서 당황해 할까봐 두려워한다.	0	1	2	3
15. 나는 재미있는 사람이 아니라고 생각한다.	0	1	2	3

*채점 및 분석

1번부터 15번 문항까지의 점수를 모두 합하여 총점을 구한다. 총점의 점수대에 따라서 다음과 같은 해석이 가능하다.

▶ 0~10점인 경우 : 고독감을 거의 느끼지 않는다.
▶ 11~20점인 경우 : 보통 사람들이 느끼는 평균적인 수준의 고독감을 느끼고 있다.
▶ 21~28점인 경우 : 보통 사람들보다 높은 수준의 고독감을 느끼고 있다.
▶ 29점 이상인 경우 : 상당히 심한 고독감을 느끼고 있다.

출처 : 권석만, 2009.

1. 좁은 의미에서 인간관계란 사람과 사람 간의 관계이다. 넓은 의미에서 인간관계란?

2. 인간관계의 학문적 의미와 일반적 의미의 차이점은?

3. 인간관계의 중요성을 서너 가지 예를 들어 적으시오.

4. 정보화 사회의 긍정적인 면과 부정적인 면에 대해서 적으시오.

5. 인간관계 만족도를 결정하는 가장 중요한 심리적 요인은?
   ① 생각   ② 태도   ③ 감정   ④ 행동

6. 인간관계에서 얻고자 하는 목적 및 유지요인에 따라 나누어지는 관계는?
   ① 일차적 관계와 이차적 관계   ② 애정중심 관계와 업무중심 관계
   ③ 수직적 관계와 수평적 관계   ④ 공유적 관계와 교환적 관계

7. 구성원의 동등성 여부에 따라 나누는 관계는?
   ① 일차적 관계와 이차적 관계   ② 애정중심 관계와 업무중심 관계
   ③ 수직적 관계와 수평적 관계   ④ 공유적 관계와 교환적 관계

8. 공유적 인간관계의 특징은 무엇인가?

 ① 상호의존적 관계이다.

 ② 거래적이고 교환적인 관계이다.

 ③ 이득과 손실의 균형이 중요하다.

 ④ 개인주의와 자본주의 사회에서 주로 나타난다.

9. 가상공간에서의 특징이 <u>아닌</u> 것은?

 ① 익명성　　② 평등성　　③ 자발성　　④ 자유성

10. 현대사회에서의 인간관계 변화위기가 <u>아닌</u> 것은?

 ① 정서적 개입 정도가 낮다.

 ② 정체성의 혼란을 가져올 수 있다.

 ③ 보여주고 싶은 대로 보여줄 수 없다.

 ④ 신뢰성이 약화되기 쉽다.

권석만(2009). **젊은이를 위한 인간관계 심리학.** 서울 : 학지사.

김교헌, 김경의, 김금미, 김세진, 원두리, 윤미라. 이경순, 장은영(2012). **젊은이를 위한 정신 건강.** 서울 : 학지사.

김종운, 박성실(2014). **인간관계 심리학.** 서울 : 학지사.

민경배, 박수호(2009). 융합사회의 인간, 인간관계 : 온라인 자아 정체성과 사회화를 중심으로. **디지털 컨버전스 기반 미래연구(1) 시리즈,** 09-22.

박문태, 박외숙, 정규원, 고원자, 송명자, 김민조(2010). **건강한 인간관계.** UUP.

오기봉(2013). **인간관계의 이해.** 경기 : 양서원.

유수현, 천덕희, 이효순, 성준모, 이종화, 박귀서(2013). **정신건강론.** 경기 : 양서원.

유영달, 이희영, 김용수, 이동훈, 하도겸, 유채은, 박현주, 천성문, 이정희, 박성미, 이희백(2013). **인간관계와 심리.** 서울 : 학지사.

윤명희(2012). 사이버 상호작용의 사회문화적 구성과 대안적 기획. **사이버커뮤니케이션학회지,** Vol. 29, No. 3.

윤영민(2003). **사이버공간의 사회.** 한양대학교출판부.

이은숙(2012). **세계속의 효과적인 인간관계와 의사소통.** 경기 : 양서원.

이재열(2010). **생활속의 인간관계론.** 서울 : 북코리아.

임영식, 김재휘, 부수현(2008). 사이버공간의 도움행동과 현실에서의 인간관계. **한국사회의 방송·통신 패러다임변화연구,** 08-17.

정종진(2011). **교양으로 읽는 생활 속의 심리이야기.** 경기 : 공동체.

조성대(2000). 현대사회와 인간관계의 위기에 대한 연구. 한국인간관계학보, Vol. 5, No. 3.

Buber, M.(1997). **나와 너**[*Ich und Du*]. (표재명 역). 서울 : 문예출판사(원저는 1954년에 출판).

Clark, M. S.(1985). Implications of relationship type for understanding comparability. In W. Ickes(Eds.). *Compatible and incompatible relationships.* New York : Basic Books.

Harris, T. A.(1969). *I'm OK-You're OK.* New York : Haper & Row.

Jourard, S. M.(1971). *Self disclosure : An experimental analysis of the transparent self.* New York : Wiley-Interscience.

Omish, D.(2004). **관계의 연금술**[*Love and Survival*]. (김현성 역). 서울 : 북하우스(원저는 1998년에 출판).

조선일보(2009.5.14). 노후 행복의 열쇠는 인간관계였다.

건강한 인간관계와 성장조건

김유진

학습목표

1. 건강한 인간관계가 무엇인지 간략하게 세 줄 이상 요약할 수 있다.
2. 건강한 인간관계에 영향을 미치는 성장조건을 네 가지 낱말로 제시할 수 있다.

요즘 내가 어떤 사람인지 모르겠다. 어떨 때는 잘난 사람 같기도 하고 어떨 때는 못난 사람 같기도 하고… 내가 가진 것은 너무 많은데… 나보다 잘난 사람을 보면 한없이 작아진다. 사람을 대하면 내가 저 사람보다 높거나 아니면 낮거나 이런 생각이 든다. 중학교 때는 공부를 아주 잘했는데 고등학교에 가서 성적이 떨어지면서 뭘 못 하게 되면 '그럼 내가 그렇지 뭐~ 대충 살자 적당히 그냥~'이라고 생각하게 된다.

그러다가도 어떤 일을 해낼 때 내 안에 있던 창의적인 생각들이나 과제를 수행해내는 능력을 보게 되면 '그렇지 나는 똑똑해' 그리고 '나는 특별해'라는 이중적인 생각을 자주 하게 된다. 그냥 못 하는 아이 같기도 하고… 아주 잘하는 아이인 것 같기도 하고…

사람을 대할 때는 있는 그대로 보지 못하고 수직적인 관계로 사람을 보는 것 같다. 나는 왜 우월한지 열등한지에 집중하는 걸까! 그 누구보다 뛰어나고 특별한 사람이 되고 싶다. 이런 마음 때문에 인간관계가 자유롭지 못한 것 같다.

성찰거리

1. 여러분은 인간관계에서 어떠한 어려움을 느낍니까?

2. 평소에 자신은 어떤 사람이라고 생각합니까?

3. 성장과정에서 자신의 자존감을 충족시켜 준 대상은 누구라고 생각합니까?

심리적으로 성숙하고 건강한 인간을 올포트(Allport)는 '성숙한 사람(mature person)', 로저스(Rogers)는 '충분히 기능하는 사람(fully functioning person)', 매슬로(Maslow)는 '자아실현을 하는 사람(self-actualizing person)'으로 불렀다(설기문, 2006). 즉 성숙하고 건강한 인간은 있는 그대로의 자신을 남에게 개방할 수 있고, 자기 자신을 현실적으로 정확하게 이해하고, 있는 그대로의 자신을 수용하며, 자아실현하는 인간이라고 볼 수 있다. 따라서 이 장에서는 건강한 인간관계의 의미를 간략하게 알아보고 건강한 인간관계를 위한 성장조건을 자기노출, 자기이해, 자기수용, 자아실현의 네 가지로 소개하고자 한다.

제1절 건강한 인간관계

1. 건강한 인간관계란

스마트 빌(2011)의 조사에 따르면 직장인들의 가장 큰 어려움은 인간관계 문제라고 하였다. 직장인 3,640명을 대상으로 조사한 바에 따르면 직장인들의 가장 큰 어려움은 인간관계 43%, 금전 문제 25%, 업무상 문제 23%, 건강 문제 7% 등으로 꼽았다. 또한 이러한 어려움을 극복하는 방법으로는 45%가 시간이 흘러서 저절로 잊어버렸다고 답했으며, 문제에 정면으로 맞섰다는 경우가 24%, 일, 취미, 술 등 다른 것에 빠져 잊었다는 답변이 16%, 사람들의 조언이나 책 등에서 도움을 얻었다는 경우가 13%로 나타났다.

한편, 직장인들이 다른 사람에게 어떠한 도움을 주었는지 묻는 질문에는 44%가 정서적으로 도왔다고 답했다. 이에 비해 이렇다 할 도움을 준 적이 없다고 생각하는 사람들도 31%나 되는 것으로 나타났다. 전문적 지식이나 업무적인 영역의 도움을 주었다는 직장인은 18%였으며 금전적으로 도왔다는 경우는 5%에 그쳤다. 또한 직장인의 45%는 사람들에게 즐거움을 주는 사람으로 기억되고 싶어하는 것으로 조사되었고, 열정적인 사람, 능력 있는 사람으로 기억되고 싶다는 경우는 각각 23%로 나타났다. 7%의 직장인은 멋진 사람으로 기억되기를 바랐다.

나는 다른 사람에게 어떤 도움을 주고 싶은가. 또 어떤 사람으로 기억되고 싶은가?

인간은 항상 누군가와의 관계 속에서 살아가고 그 관계 속에서 자신을 확인하고 재정립해 나간다. 그러면 과연 건강한 인간관계란 어떤 것인가?

부버(Buber)는 인간관계를 '나와 너'의 관계와 '나와 그것'의 관계로 구분하였다. '나와 너'의 관계란 인간 대 인간의 개방적이고 진실한 수평적인 관계를 말한다. 이 관계에서는 관계 자체가 목적이기 때문에 관계를 통해서 어떤 이득이나 목적을 달성하고자 하지 않는다. 반면에 '나와 그것'의 관계는 겉으로 꾸민 가면적인 모습으로 교류하는 일종의 역할을 수행하는 것으로 게임과 같은 관계이다. 이 관계에서 타인은 나의 목적달성을 위한 수단적 대상에 불과하다(유영달 외, 2013). 우리 사회는 이러한 '나와 너'의 관계와 '나와 그것'의 관계가 서로 얽혀 있다. 그러나 '나와 너'의 관계를 무시하고 오로지 '나와 그것'의 관계로만 인간을 대하다 보면 반드시 인간관계의 어려움이 따르게 된다.

주라드(Jourard, 1971)에 의하면 모든 인간은 두 가지 측면의 '나'를 가지고 살아가고 있다고 한다. 한 측면은 '있는 그대로의 나'이고 다른 한 측면은 남에게 보이기 위하여 꾸며진 '가식적인 나'이다(정종진, 2011). 정도의 차이는 있지만 대부분의 사람들은 있는 그대로의 자신을 부적절하다고 생각하거나 부끄러워함으로써 숨기거나 방어하려고 한다. 즉 '있는 그대로의 자신'을 용납하고 수용하거나 남에게 개방하기보다는 거부하거나 은폐하려는 수단으로 남을 대할 때 가면을 쓰고 그럴 듯하게 꾸미는 태도를 보이게 된다는 것이다. 이렇게 사람들이 '있는 그대로의 자신'을 숨기려 하고 남에게 '가식적인 자신'을 나타내려고 하는 유일한 이유는 만약 '있는 그대로의 자신'을 상대방에게 드러낸다면 상대방은 나 자신을 좋아하지 않을 것이며 배척할지도 모른다는 두려움을 지니기 때문이다(정종진, 같은 곳).

이것은 대부분의 사람들이 다른 사람들을 신뢰하지 못하고 있다는 것을 의미한다. 그래서 우리는 진정한 의미에서의 다른 사람과 서로 주고받음이 없는 외로움을 경험하게 될 뿐 아니라 성장에도 방해를 받는다. 그러므로 건강한 인간관계는 내가 있는 그대로의 모습으로 남아 있을 수 있고 상대방 역시 있는 그대로 존재하면서 동시에 '나와 그것'의 관계가 아닌 '나와 너'의 관계가 이루어질 때 만족스러운 만남이 가능하며 그 과정을 통하여 상호 간에 성장이 일어나는 관계를 의미한다. 결국 건강한 인간관계는 '나와 너'의 진정한 만남을 통해 서로가 성숙해지고 행복해지는 관계이다(박문태 외, 2010).

각기 서로 다른 성격과 개성, 가치관 등을 지닌 사람들이 만나 서로를 의미 있는 존재로 만들어가는 과정에서 많은 일들이 일어날 수 있다. 그러므로 건강한 인간관계를 만들어가기 위해서는 그 대상이 되는 나와 너, 나아가서는 우리 모두에 대한 이해가 필요하다. 타인은 어떤 욕구를 지니고 있으며 어떤 생각을 하고 어떻게 반응하며 나의 말과 행동이 그에게 어떤 영향과 변화를 주는지 등에 대한 이해가 깊을수록 인간관계는 더욱 효율적이고 원활하게 된다.

제2절 건강한 인간관계와 성장조건

1. 자기노출

나는 다른 사람에게 나의 모습을 잘 내보이는가?
또 다른 사람이 나에 대해서 어떤 생각을 가지고 있는지 잘 아는가?

자기 자신을 다른 사람에게 어떻게 나타내 보이는가는 사람마다 차이가 있겠지만 인간관계에서 자기 자신을 다른 사람에게 드러내 보이는 일은 매우 중요하다. 이런 과정은 서로에 대한 경계심을 없애고 신뢰감을 가지게 하는 효과를 가져다준다. 따라서 서로가 좀 더 솔직하고 깊이 있는 대화가 가능해지며 서로에 대한 개방성과 신뢰가 높아지게 되어 효과적인 인간관계를 맺을 수 있는 계기가 된다. 또 인간관계에서 다른 사람들이 나를 어떻게 생각하고 느끼고 있는지를 아는 일 역시 중요하다. 다른 사람의 반응을 통해 나의 모습을 보고, 다른 사람의 피드백(feedback)을 얻음으로써 자기이해가 깊어지고 자신의 행동에 대한 조절 능력이 커지기 때문이다. 만나는 모든 사람에게 자신을 개방할 필요는 없지만 긍정적인 자기개방은 건강한 인간관계에 많은 도움이 될 것이다.

이런 의미에서 조해리의 '마음의 창'을 소개해본다.

1) 조해리의 창

미국의 심리학자 루프트(Joseph Luft)와 잉검(Harrington Ingham)은 두 사람의 이름을 합성하여, 조해리(Johari)의 마음의 창문(window of mind)이라는 자기개방 모형을 개발하였다. 조해리의 창은 개인의 자기공개와 피드백의 특성을 보여주는 네 영역으로 구분된다. 네 영역은 각각 공개적 영역, 맹목적 영역, 숨겨진 영역, 미지의 영역으로 나누어진다(박문태 외, 2010).

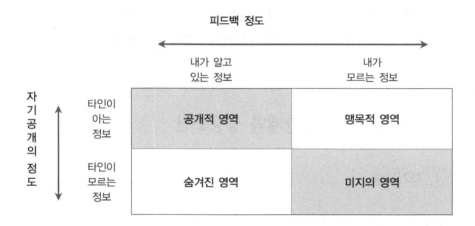

① 공개적 영역(open area)은 나도 알고 있고 다른 사람에게도 알려져 있는 나에 관한 정보를 의미한다.

② 맹목적 영역(blind area)은 나는 모르지만 다른 사람은 알고 있는 나의 정보를 뜻한다. 사람은 이상한 행동습관, 특이한 말버릇, 독특한 성격과 같이 '남들은 알고 있지만 자신은 모르는 자신의 모습'이 있는데 이를 맹목적 영역이라고 할 수 있다.

③ 숨겨진 영역(hidden area)은 나는 알고 있지만 다른 사람에게는 알려지지 않은 정보를 의미한다. 달리 말하면, 나의 약점이나 비밀처럼 다른 사람에게 숨기는 나의 부분을 뜻한다.

④ 미지의 영역(unknown area)은 나도 모르고 다른 사람도 알지 못하는 나의 부분을 의미한다. 심층적이고 무의식의 정신세계처럼 우리 자신에게 알려져 있지 않은 부분이 미지의 영역에 해당된다. 그러나 자신의 행동과 정신세계에 대한 지속적인 관심과 관찰을 통해서 이러한 부분은 자신에게 인식

될 수 있다.

2) 네 영역

사람마다 마음의 창모양이 다르다. 개인이 인간관계에서 나타내는 자기 공개와 피드백의 정도에 따라 마음의 창을 구성하는 네 영역의 넓이가 달라진다. 이렇게 다양하게 나타나는 창모양은 어떤 영역이 가장 넓은가에 따라 다음과 같은 네 가지 유형으로 구분된다.

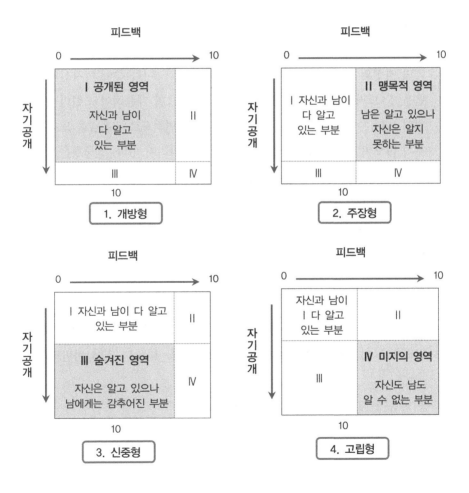

① 개방형은 공개적 영역이 가장 넓은 사람이고 대체로 인간관계가 원만한 사람들이다. 이들은 적절하게 자기표현을 잘할 뿐만 아니라 다른 사람의 말도

잘 경청할 줄 아는 사람들로서 다른 사람에게 호감과 친밀감을 주게 되어 인기가 있다. 그러나 지나치게 공개적 영역이 넓은 사람은 말이 많고 주책스러워 경박한 사람으로 비쳐질 수도 있다.

② 맹목적 영역이 가장 넓은 것이 주장형이다. 이들은 자신의 기분이나 의견을 잘 표현하며 나름대로의 자신감을 지닌 솔직하고 시원시원한 사람일 수 있다. 그러나 이들은 다른 사람의 반응에 무관심하거나 둔감하여 때로는 독단적이며 독선적인 모습으로 비쳐질 수 있다. 주장형은 다른 사람의 말에 좀 더 진지하게 귀를 기울이는 노력이 필요하다.

③ 신중형은 숨겨진 영역이 가장 넓은 사람이다. 이들은 다른 사람에 대해서 수용적이며 속이 깊고 신중한 사람들이다. 다른 사람의 이야기는 잘 경청하지만 자신의 이야기는 잘 하지 않는 사람들이다. 이들 중에는 자신의 속마음을 잘 드러내지 않는 크렘린형의 사람이 많으며 계산적이고 실리적인 경향이 있다. 이러한 신중형은 잘 적응하지만 내면적으로 고독감을 느끼는 경우가 많으며 현대인에게 가장 많은 유형으로 알려져 있다. 신중형은 자기개방을 통해 다른 사람과 좀 더 넓고 깊이 있는 교류가 필요하다.

④ 미지의 영역이 가장 넓은 고립형이 있다. 이들은 인간관계에 소극적이며 혼자 있는 것을 좋아하는 사람들이다. 다른 사람과 접촉하는 것을 불편해하거나 무관심하여 고립된 생활을 하는 경우가 많다. 이런 유형 중에는 고집이 세고 주관이 지나치게 강한 사람도 있으나 대체로 심리적인 고민이 많으며 부적응적인 삶을 살아가는 사람들도 많다. 고립형은 인간관계에 좀 더 적극적이고 긍정적인 태도를 가질 필요가 있다. 인간관계의 개선을 위해서는 일반적으로 미지의 영역을 줄이고 공개적 영역을 넓히는 것이 바람직하다.

다음 물음에 대해 자신을 평가해보자.

나의 대화 스타일 진단

번호	나의 대화 스타일은 무엇일까요?	그렇지 않다	그저 그렇다	매우 그렇다
1	나는 상대방 의견에 공감하면 이를 바로 인정한다.	1 2 3 4	5 6 7 8	9 10
2	상대방의 잘못을 지적할 필요가 있을 때에는 직접 말한다.	1 2 3 4	5 6 7 8	9 10
3	나는 상대방으로부터 납득하기 어려운 말을 들을 경우, 상황 파악을 위한 질문을 하고 잘 들어본다.	1 2 3 4	5 6 7 8	9 10
4	나의 의견에 대해 상대방이 어떻게 생각하는지를 물어본다.	1 2 3 4	5 6 7 8	9 10
5	나는 나의 느낌을 상대방에게 솔직하게 표현한다.	1 2 3 4	5 6 7 8	9 10
6	나는 상대의 감정을 존중한다.	1 2 3 4	5 6 7 8	9 10
7	걱정거리가 생길 경우 다른 사람에게 터놓고 의논한다.	1 2 3 4	5 6 7 8	9 10
8	나는 혼자 이야기를 계속하여 상대방을 불안하게 하지 않는다.	1 2 3 4	5 6 7 8	9 10
9	나는 진심으로 상대방의 이야기를 들어준다.	1 2 3 4	5 6 7 8	9 10
10	나는 누군가가 찾아오면 그의 의견을 듣고 대화를 독단적으로 끌고 가지 않는다.	1 2 3 4	5 6 7 8	9 10
11	상대방이 서운한 점을 표현하면 차분하게 그에게 설명한다.	1 2 3 4	5 6 7 8	9 10
12	나는 상대방의 의견을 잘 받아들인다.	1 2 3 4	5 6 7 8	9 10
13	나는 달가운 일이 아닐지라도 상대방이 알아야 할 사항이라면 알려준다.	1 2 3 4	5 6 7 8	9 10
14	상대방의 의견이 나와 다를 경우, 나의 생각을 말하고 함께 검토해 본다.	1 2 3 4	5 6 7 8	9 10
15	나는 말하기 거북한 내용이라도 상대방에게 솔직히 말한다.	1 2 3 4	5 6 7 8	9 10
16	나는 나의 실수에 대해 상대방에게 변명하지 않고 비판에 귀를 기울인다.	1 2 3 4	5 6 7 8	9 10
17	나는 상대방에게 있는 그대로를 나타내며 가식이 없는 편이다.	1 2 3 4	5 6 7 8	9 10
18	나는 나의 의견에 찬성하지 않는 사람이라도 그의 의견을 끝까지 듣는다.	1 2 3 4	5 6 7 8	9 10
19	나는 상대방에게 그의 생각을 편하게 말하도록 권장한다.	1 2 3 4	5 6 7 8	9 10
20	내가 옳다고 확신하는 것은 상대방을 잘 설득한다.	1 2 3 4	5 6 7 8	9 10

채점 및 해석

번호	1	2	5	7	11	13	14	15	17	20	총점
값											
번호	3	4	6	8	9	10	12	16	18	19	총점
값											

출처 : 김종운 외, 2014.

문항 1, 2, 5, 7, 11, 13, 15, 17, 20의 점수를 더하여 10으로 나눈 점수는 말하기(자기공개 정도)이고, 문항 3, 4, 6, 8, 9, 10, 12, 16, 18, 19의 점수를 더하여 10으로 나눈 점수는 듣기(피드백을 얻는 정도)이다. 말하기에 해당하는 점수를 가로선으로 긋고, 듣기에 해당하는 점수를 세로선으로 긋는다. 그러면 4분면이 생기고 가장 넓은 영역에 해당하는 것이 자신의 유형이 된다.

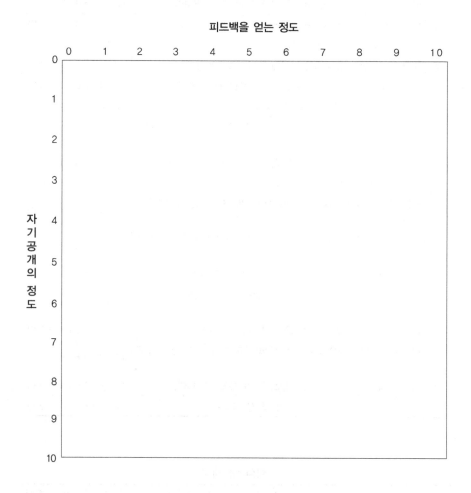

2. 자기이해

자기이해는 자신이 누구인지에 대한 이해이다. 이러한 이해는 자아개념과 관련이 있으며 생의 초기에 많은 영향을 받으며 일생 동안 타인과의 상호작용을 통해 변화한다. 긍정적인 자아개념을 위해서는 자아존중감과 무조건적인 긍정적 존중이 필요하다.

1) 자아개념

인간은 자신을 어떻게 생각하느냐에 따라 다른 사람을 대하는 태도가 달라진다. '나는 누구인가'라는 질문에 스스로 대답하는 모습들을 심리학에서는 자아개념(self-concept)이라고 한다. 자신이 어떤 사람이며, 어떻게 행동하고, 주위 환경에 어떻게 반응하는지에 대한 자신의 핵심이자 중심(core and center)으로 자신에 대해 갖는 상(image)이다. 이것은 인간관계의 개선 및 발달에 중요한 요인이다(박세훈, 1997). 자신에 대하여 긍정적인 자아개념을 지니고 있는 사람이 있는 반면, 부정적인 자아개념을 지니고 있는 사람도 있다. 이 개념은 자신의 극히 주관적인 생각인 동시에 객관적으로 판단되는 태도, 특질, 능력, 감정, 신체적 특성의 집합체이기 때문에 의식하는 주체(subject)로서의 '나'와 관찰대상(object)으로서의 '나'로 개념화할 수 있다. 이 주관적인 개념은 인간관계를 맺는 데 지속적인 영향을 미치기도 하지만 개인이 성장하고 다양한 경험을 함에 따라 변화될 수도 있다. 인간은 자신이 생각하는 대로, 즉 자아개념과 일치하는 방향으로 행동하려는 경향이 있는데 이를 자기충족적 예언 또는 자성예언이라고 한다. 아이가 태어나서 가장 먼저 상호작용을 하는 대상은 부모로 갓난아이에게 자기가 누구인지를 알려주는 거울은 엄마다. 아이는 엄마라는 거울을 통해 자신의 모습을 본다. 따라서 아기가 엄마의 얼굴을 바라볼 때, 아기는 엄마를 보는 것이 아니라 자기 자신을 보는 것이다. 즉 아기는 엄마의 표정을 통해 자신에 대한 정체성을 갖는다. 엄마가 웃으면 아기는 자신이 사랑스러운 존재라고 여긴다. 엄마가 안아주고 달래주면 아기는 자신이 안전하다고 느낀다. 엄마가 아기의 욕구에 반응을 보여주면 아기는 자신이 중요한 존재라고 인식한다. 그러나 엄마가 웃지도, 안아주지도 않고 달래주지도 않고 사랑해주지도 않는다면 아기는 자신을 무가치한 존재로 느낀다(최광현, 2012). 이러한 의미에서 생의 초기에 주 양육자의 양육태도는 자아개념 형성에 매우 중요한 영향을 미친다고 보겠다.

또한 에릭슨(Erikson)은 인간의 행동을 설명하는 데 있어 자아(ego)의 기능을 강조하였다. 개인의 생리적 발달수준이 그 연령의 사람에 대해 사회가 가진 기대들과 결합하여 각 단계에 특징이 되는 심리사회적 위기를 발생시키는데 전 생애에 걸쳐 이러한 심리사회적 위기를 자아가 잘 해결해나가야 건강하고 적응적으로 발달한다고 보았다. 다음 〈표 2-1〉은 에릭슨이 제안한 생애의 8단계로 인간이 성장하면서 자아가 발달시켜야 하는 핵심주제와 그것을 이루었을 때의 관련 덕성을 제시하고 있다(김교헌 외, 2012).

〈표 2-1〉 에릭슨의 생애의 8단계

시기(연령범위)	심리사회적 주제	핵심질문	관련 덕성
영아기(0~1세)	기본적 신뢰 대 불신	어떻게 안정적일 수 있을까?	희망
유아기(2~3세)	자율성 대 수치와 회의	어떻게 독립적일 수 있을까?	의지
어린 아동기(4~5세)	주도성 대 죄의식	어떻게 힘을 가질 수 있을까?	목표
아동기(6~11세)	근면성 대 열등감	어떻게 잘할 수 있을까?	유능
청년기(12~20세)	정체감 대 역할혼미	나는 누구이며 어떻게 성인세계에 잘 맞출 수 있을까?	성실
초기성인기(20~30세)	친밀감 대 고립감	어떻게 사랑할 수 있을까?	사랑
성인기(30~65세)	생산성 대 침체성	어떤 선물을 줄 수 있을까?	배려
노년기(65세)	통합성 대 절망감	어떤 선물을 받을 수 있을까?	지혜

출처: 민경환, 2002.

요약하면, 자아개념의 중요한 부분은 생의 전반기에 형성되며, 자신을 둘러싸고 있는 사람들과 환경에 의해서 결정적인 영향을 받는다. 이것은 역동적으로 순환되는 힘이라고 볼 수 있다.

2) 자아존중감(자존감)

여러분은 자신을 가치 있는 존재로 생각하고 있습니까?

자존감이란 자신의 가치에 대한 종합적인 평가로 자아존중감 혹은 줄여서 자존감(self-esteem)이라고 한다. 김선남(1997)에 의하면, 자아존중감이 높은 사람은 긍정적 자아개념을 가졌다고 본다. 부정적 자기를 소유한 사람은 자기 속에 부정적 감정들을 많이 담고 산다고 본다. 남녀가 결혼하여 한 단위의 가족을 이루면, 부부가 상호작용하여 둘의 성질 및 규칙들을 만들고, 이때 자녀가 태어나면 그 자녀의 자기는 이미 만들어진 가족구조에 의해 조형되기 시작한다. 가족체제의 개인수준에서 자기들의 됨됨이를 조작적으로 정의하기 위해 자존감이란 개념을 사용한다. 자존감은 '높다' 혹은 '낮다'로 표현되는데, 자존감이 높은 사람은 자기가 자신의 가치를 높게 평가하여 통합성, 정직성, 책임성, 정열, 사랑의 감정이 넘친다. 따라서 그가 살고 있는 세계는 좋은 장소이고 자신의 능력을 신뢰하기 때문에 스스로 결정할 뿐만 아니라 결정한 것에 최선을 다하며, 자신의 가치를 인정하기 때문에 타인들을 존중한다. 그러기에 관계에서 긍정적인 피드백을 받게 되고 자신감을 갖게 되는 순환 고리를 만든다. 또한 자신의 모든 것을 인간적으로 수용하여 결과적으로 긍정적 정서나 삶의 만족도가 높다.

반면에 자존감이 낮은 사람은 자신에 대한 불확실감과 함께 자신에 대한 무가치감을 경험한다. 그것이 드러나는 것이 두려워 이기심이나 방어적 행동을 하게 된다. 예를 들면 다른 사람들이 자신을 속이거나 짓밟을 거라 생각하고 불신감과 외로움, 소외의 감정을 갖게 된다. 이렇게 꽉 찬 감정은 새로운 관계에서도 타인의 말을 정확하게 듣지 못하게 하여 부정적 피드백을 받게 되는 악순환의 고리를 만든다. 자신의 실패를 정당화시키기 위해 실패했을 때 자기가 능력이 없어서라기보다 환경이나 타인을 탓함으로써 자신을 보호하고자 한다. 뜻밖의 성공에 대해서는 허풍으로 자신을 과시하기도 하고, 자신의 허물에 대해서는 다른 사람에게 투사하여 자신을 잘못을 인정하지 않으려고 자기합리화를 한다. 특히 부모에게 지나치게 의존하며 자신의 자율성과 개성을 발휘하지 못한다. 때로는 성역할의 정체감마저 확립하지 못하기도 한다(김교헌 외, 같은 곳).

그렇다면 자존감을 높일 수 있는 방안에는 어떤 것이 있을까? 자존감은 어릴수록 손상이 빠르지만 회복도 빠르다. 점점 굳어져 제2의 인생을 준비하는 청년기 후기에 왔다면 에릭슨이 말하는 과거의 자신과 미래의 자신을 통합하여 자아정체감을 확립해나갈 수 있다. 즉 자신을 어떻게 생각하는가는 자신이 결정할 수 있는 시기이다. 셀리그먼(Seligman)은 진정한 행복을 이루기 위해 자신의 대표적 강점을 알아보고 이를 매일 사용하는 방법을 추천한다. 혹은 매일 밤 그날 하루 동안 자신이 잘했다고 생각하는 것이나 좋았던 것을 생각하고 그 이유를 자신의 내면에서 찾아보는 것도 자존감을 증진시키는 데 도움이 될 수 있다. 이렇게 증진된 자존감은 '자격 있는' 자존감을 쉽게 손상하지 않을 것이다. 또한 다른 사람에게 친절을 베푸는 것은 자신을 관대한 사람으로 느끼게 하고, 자신감과 효능감 및 통제감 등을 느끼게 하며, 다른 사람으로부터 감사와 친사회적 보답을 받게 되므로 자존감을 증진시킬 수 있는 좋은 방법이라고 하였다(김교헌 외, 같은 곳). 따라서 건강한 자기애는 안정된 자존감과 연결된다. 자존감은 자기 자신에 대한 전반적인 평가를 뜻하며 우리가 살면서 부딪치는 크고 작은 결정에 영향을 미친다. 자존감은 누구나가 가진 존엄성의 가치이기 때문에 공부를 못한다고 얼굴이 못생겼다고 자신을 자책하지 않는다. 최광현(2013)의 『가족의 두 얼굴』이란 책을 예로 들면 마릴린 먼로는 얼굴이 그렇게 예뻤음에도 왜 불행했을까! 그녀는 어린 시절 채워지지 않은 사랑에 대한 집착으로 상처가 컸으며 끝내는 약물과다 복용으로 힘든 삶을 마감했다. '나는 괜찮은 사람이야'라는 자신의 존재 자체에 대한 마음의 소리를 듣지 못했다. 그러나 『미운 오리새끼』의 작가 안데르센은 어린 시절의 아픔이 있었지만 먼로와는 다른 선택을 했다. 현실의 고통을 단순히 지워버리고 싶은 기억으로 생각하지 않고 행복으로 가기 위한 여정이라는 관점에서 바라보았다. 그리하여 지금도 아이들은 『성냥팔이 소녀』, 『미운 오리새끼』, 『왕자와 거지』의 동화에서 감동을 받는 것이다. 따라서 자신을 사랑하는 그 힘으로 타인에게도 긍정적으로 대하며 건강한 인간관계를 유지할 수 있는 것이다.

3) 무조건적 긍정적 존중

여러분은 성장하면서 조건적 수용을 더 많이 받았나요? 무조건적 수용을 더 많이 받았나요?

로저스(Rogers)는 인생의 초기에 가지고 태어나는 유기체의 가치부여 평가능력, 성장지향 또는 자기실현 경향성과 견줄 만한 또 하나의 선천적인 욕구를 '무조건적 긍정적인 존중(unconditional positive regard)'으로 보고 있다(박문태 외, 같은 곳). 이것은 태어나면서 지니고 있던 내적·성장지향적인 동기를 성취하는 데 도움이 된다. 아이들은 여러 가지 자신의 감정이나 느낌, 하고 싶은 것, 하기 싫은 것을 분명하게 가지고 있다. 그러나 부모가 조건적으로 수용한다면 아이는 수용될 수 있는 감정만을 표현하려 할 것이고, 수용될 수 있는 욕구만을 표현하려 할 것이다. '나는 이것을 하고 싶은데 이것은 받아주지 않을 거야.', '나는 이런 감정이 드는데…', '이 감정을 공감받은 적이 없어.' 할 때 아이는 조건에 맞추려고 충분히 자기실현을 하지 못한다. 조건적 수용을 예로 든다면 "공부를 잘 해서 네가 좋아.", "깨끗하게 하니까 네가 좋아.", "그림을 잘 그려서 네가 좋아."라는 말은 그 아이가 그 일을 했을 때만 수용받기 때문에 진짜 자기를 표현하기 어렵다. 로저스는 인간은 스스로 성장지향적인 유전인자를 갖고 태어난다고 본다. 이것이 바로 생명력이다. 식물의 씨앗 하나에도 그런 성장의 힘이 있는데 하물며 인간이 가진 생명력은 무한하지 않겠는가! 그러나 조건적으로 자기가 받아들여진다면 여러 가지 신경증의 원인이 되기도 한다. 누구도 개인의 세계를 이해할 수 없지만 분명한 것은 타인이 그 아이가 자랄 수 있는 방향을 조종하지는 못한다는 것이다. 삶의 조종자는 자신이며 이것을 진행해가는 것이 자기실현이다. 최근의 엄마들은 칭찬의 중요성을 인식하고 칭찬을 많이 해주려고 한다. 그러나 알고 보면 그 칭찬이 때로는 유인작전이 되기도 하고 부모가 원하는 쪽으로 아이를 끌어오기 위한 외적 평가가 되기도 한다. 칭찬은 아이의 잠재적 능력을 찾아 구체적으로 표현해주는 성장지향적인 방향으로 나가야 한다. 좋지 못한 칭찬의 예로는 '잘했어'라는 표현이 있다. 이럴 때 아이는 무엇을 잘했는지 구체적으로 모르기 때문에 그냥 잘하려고 한다. 즉 평가를 잘 받고 잣대에 맞추기 위해 살아가기 때문에 인생의 주인이 자신이 아닌 환경이 되는 것이다. 이럴 때도 충분한 자기실현이 이루어지지 못한다. 인간은 때로 부정적인 감정을 느낀다. 그런데 남의 칭찬만 받고 거기에 익숙한 사람들은 자신의 부정적인 감정이 올라올 때 수치심이나 죄책감을 지나치게 느낄 수가 있다. 착한 아이 콤플렉스와 같은 것이다. 그러나 격려는, 아이 스스로 선택한 행동의 결과가 좋지 못하더라도 '나는 사랑받고 있으며 능력 있다.', '가치 있는 존재이다.'라고 느낄 수 있게 해주려는 것이다. 격려는 부모-자녀 관계를 개선하기 위한 가장 중요한 기술 중의 하나이다. 자녀의 장점과 한 일에 대해 초점을 맞춤으로써 자녀에게 자신감과 자아존중감을 갖게 하는 과정이 된다. 부모가 자녀를 격려함으로써 자녀는 자기 자신을 믿게 되고 자기능력을 신뢰하게 된다. 자녀를 격려하는 부모는 자녀의 실수를 인정하고 그것으로부터 스스로 배우도록 도와준다. 즉 부모는 자신의 자녀가 불완전하더라도 기회를 주어 더욱 발전하게 한다. 격려에 관한 표현의 예를 표로 나타내면 다음과 같다(이경우 외, 2014).

〈표 2-2〉 격려 표현의 예

의미 구분	표현의 예
수용을 나타내는 말	"그거 정말 좋은 생각이구나.", "네가 그렇게 좋아하니까 나도 기쁘다.", "네 생각은 어떠니?"
신뢰를 나타내는 말	"네가 잘 생각하고 결정했을 거라고 믿어.", "넌 해낼 수 있을 거야."
공헌, 장점 및 가치 인정을 나타내는 말	"고맙다. 네가 도와줘서 많은 도움이 됐어.", "네 덕분에 오늘 정말 즐거웠어."
노력과 개선을 인정하는 말	"정말 열심히 한 것 같다.", "오랫동안 생각한 것 같구나.", "정말 노력의 대가구나.", "정말 달라졌구나."

칭찬과 함께 타인의 긍정적인 측면에 대하여 인정해주고 지지해주는 것도 좋은 일이지만, 그 방식에 따라서 상대방에게 지나친 부담을 줄 수도 있다. 쉽게 말해서 칭찬도 좋지만, 외적 평가가 아닌 수용하고 격려하는 말일 때 더 효과적이다(박문태 외, 같은 곳). 따라서 로저스가 말하는 무조건적인 긍정적 존중은 아이의 감정을 읽어주는 공감과 격려로 표현될 수 있으며 긍정적 자아개념을 길러주고 건강한 인간관계를 유지하는 데 필요한 성장에너지라고 볼 수 있다.

3. 자기수용

여러분은 자신을 얼마나 수용하고 있나요?

인간은 완벽할 수 없기 때문에 부족한 점이 누구에게나 있다. 이것을 온전히 수용하느냐가 자기수용의 측면이다. 자신의 단점이든 장점이든 있는 그대로를 받아들이고 수용하는 것이다. 다시 말해 자기수용 능력이 있는 사람들은 자신의 장점만을 받아들이려 하지 않고 단점에 대해서 스스로를 무능력하다고 생각하지 않는다. 매키네스(Macinnes, 2006)는 심리적 건강을 강화하는 개념으로 자기수용(self-acceptance)을 언급하였는데, 자기수용이란 자기 자신을 있는 그대로 만족스럽게 받아들이고 인정하는 것을 의미한다. 이는 자신의 장단점, 자신의 느낌, 생각, 행동 등 여러 가지 심리적인 현상을 포함한 것까지 자기의 것으로 인정하고 책임지는 것이다. 자기의 특정부분을 미워하고 부인하는 것이 아니라 순간순간의 생각과 행동을 있는 그대로 자기의 것으로 시인하고 책임지는 것이며 애써 변명하지 않고 있는 그대로를 인정하고 수용하는 것이다. 자존감과 자기수용의 차이를 설명하면서 자존감은 우울, 불안과 같은 특정한 정서적 개념과 관련이 있는 반면 자기수용은 일반적인 심리적 건강과 관련 있다는 연구결과를 제시하였다(김교헌 외, 같은 곳). 즉 건강한 사람은 자신의 부족한 점도 받아들이고 그것을 개선하기 위해 노력하는 데 에너지를 사용한다. 실수와 부족함을 통해 배움의 기회를 삼는다는 것이다. 개인 심리학자 아들러(Adler)는 자신의 열등감을 발전의 계기로 삼는다. "열등감은 연약한 인간에게 자연이 준 축복이다."라고 하면서 열등상황을 극복하여 우월의 상황으로 밀고 나아가게 하는 자극제 또는 촉진제로서의 역할을 한다고 강조하였다. 우리는 어린 시절 불우한 환경이나 가난이 자신의 잘못이 아닌데도 남들과 끊임없이 비교하면서 자신의 행복을 무너뜨리기도 한다. 자기수용이 높은 사람은 자신의 한계를 인정하고 자신의 능력 내에서 최선을 다하려고 자신뿐 아니라 상대방까지 수용할 수 있게 되어 건강한 인간관계를 유지할 수 있다. 반면, 자기수용이 낮은 사람은 보기 싫은 부분을 감추려 하고 은폐하려 한다. 따라서 가식적인 행동을 하게 되고 자신을 추정하거나 왜곡할 수도 있다. 자신이 자신을 수용하지 않는 것은 인생에 책임을 지지 않는 것과 같다. 따라서 인간관계에서도 내면으로 숨어들게 되고 '체'하는 사람이 된다. 부족한 점을 보이기 싫어 갑자기 관계를 단절하기도 하고 때로는 인격장애가 되기도 한다. 현실 속에서의 관계보다 인터넷이나 게임 속에서 자신의 수용을 기대하기도 한다. 따라서 자기수용은 포용성을 의미하기도 한다.

4. 자아실현

인간욕구에 대한 이론 중에서 매슬로의 욕구단계 이론은 심리학을 비롯한 여러 사회과학 분야에서 크게 인용되고 있는데, 이 이론을 통해서 우리가 다른 사람들과 인간관계를 형성하게 되는 심리적 배경을 이해하는 데 도움을 얻을 수있다. 매슬로는 미국의 유명한 심리학자로 인간의 욕구를 생리적 욕구, 안전의욕구, 사회적 욕구(애정 및 소속의 욕구), 존중의 욕구, 자아실현의 욕구와 같이크게 다섯 가지로 분류하였다. 그런데 그 욕구들은 위계질서를 이루고 있기 때문에 낮은 단계의 욕구가 충족되어야 그 다음 단계의 욕구가 출현하여 충족될 수있다고 할 수 있다(설기문, 같은 곳).

자아실현의 욕구는 욕구의 계층상 가장 상위에 있는 것으로 자신의 능력으로가능성을 실현하고 싶어하는 욕구이다. 어떤 직위에 있건 간에 어떤 사람이 그자리에서 유능하고 창조적이며 행복하게 자기역할을 수행하려는 욕구가 그것이다. 모든 사람이 자아실현의 욕구를 모두 충족할 수 있는 것은 아니다. 당대의10%만이 이 욕구를 충족한다고 매슬로는 보고 있다. 따라서 자아실현의 욕구는자신의 인생의 목표를 달성한 소수의 창조적이고 성숙된 인간에게서 쉽게 찾아볼 수 있다(박세훈, 같은 곳). 역사적으로 자아실현을 한 인물은 스피노자, 링컨, 아이슈타인, 루스벨트 같은 인물들이다. 따라서 자아실현은 다른 사람들이 그들을 좋아하고 다른 사람들에게 받아들여지는 존재로서 그 자신을 인식할 수 있어야 한다. 세계의 여러 가지 문제와 직면할 수 있는 존재로서, 개인에게 있어서는실질적이고 진정한 자아가 되고자 하는 욕구이다. 이러한 자아실현은 건강한 인간관계는 물론 성숙한 관계를 지향하는 욕구라고 볼 수 있다.

자아존중감 척도 설문지

아래의 문항들은 '여러분이 자신을 어떻게 보느냐' 하는 자신에 대한 생각을 나타내는 문항입니다. 여러분의 생각을 잘 나타내주는 난에 √표를 해주시기 바랍니다.	대체로 그렇지 않다	보통 이다	대체로 그렇다	항상 그렇다
1. 나는 내가 다른 사람들처럼 가치 있는 사람이라고 생각한다.	1	2	3	4
2. 나는 좋은 성품을 가졌다고 생각한다.	1	2	3	4
3. 나는 대체적으로 실패한 사람이라는 느낌이 든다.	1	2	3	4
4. 나는 대부분의 다른 사람들과 같이 일을 잘할 수가 있다.	1	2	3	4
5. 나는 자랑할 것이 별로 없다.	1	2	3	4
6. 나는 내 자신에 대하여 긍정적인 태도를 가지고 있다.	1	2	3	4
7. 나는 내 자신을 대하여 대체로 만족한다.	1	2	3	4
8. 나는 내 자신을 좀 더 존경할 수 있으면 좋겠다.	1	2	3	4
9. 나는 가끔 내 자신이 쓸모없는 사람이라는 느낌이 든다.	1	2	3	4
10. 나는 때때로 내가 좋지 않은 사람이라고 생각한다.	1	2	3	4

개인의 자아존중감, 즉 자기존중 정도와 자아승인 양상을 측정하는 검사로서 로젠버그(Rosenberg, 1965)가 개발한 자아존중감 척도(Self-Esteem Scale)가 있다. 국내에서는 전병제(1974)가 이를 번안하였다.

모두 10문항으로 구성되어 있고, 이를 리커트 4점 척도로 응답하게 되어 있다. 부정적 문항(3, 5, 9, 10)에 대한 응답은 채점할 때 역으로 처리하며 점수범위는 10점에서 40점까지이고 점수가 높을수록 자아존중감이 높은 것을 의미한다.

출처 : 김계현 외, 2012.

1. 건강한 인간관계의 의미 중 조해리의 창에서 말하는 의미는 무엇입니까?

2. 자존감이 낮은 사람들의 인간관계의 특성은 어떠합니까?

3. 건강한 인간관계에 영향을 미치는 성장요인을 네 가지로 요약하면 무엇입니까?

4~5. 다음은 에릭슨의 생애의 8단계 내용입니다. 다음 빈 칸에 들어갈 내용은 무엇입니까?

시기(연령범위)	심리사회적 주제	핵심 질문	관련 덕성
영아기(0~1세)	①	어떻게 안정적일 수 있을까?	희망
유아기(2~3세)	자율성 대 수치와 회의	어떻게 독립적일 수 있을까?	의지
어린 아동기(4~5세)	주도성 대 죄의식	어떻게 힘을 가질 수 있을까?	목표
아동기(6~11세)	근면성 대 열등감	어떻게 잘할 수 있을까?	유능
청년기(12~20세)	②	나는 누구이며 어떻게 성인세계에 잘 맞출 수 있을까?	성실
초기성인기(20~30세)	친밀감 대 고립감	어떻게 사랑할 수 있을까?	사랑
성인기(30~65세)	생산성 대 침체성	어떤 선물을 줄 수 있을까?	배려
노년기(65세)	통합성 대 절망감	어떤 선물을 받을 수 있을까?	지혜

6. 아래 ( ) 안에 들어갈 내용은 무엇입니까?

> 매슬로의 욕구단계 이론 중 (　　　　　) 욕구는 계층상 가장 상위에 있는 것으로 자신의 능력으로 가능성을 실현하고 싶어하는 욕구이다. 어떤 직위에 있건 간에 어떤 사람이 그 자리에서 유능하고 창조적이며 행복하게 자기역할을 수행하려는 욕구다.

7. 로저스가 말하는 유아의 자기실현을 위해 부모가 해야 할 일이 <u>아닌</u> 것은?

① 무조건적인 긍적적 존중   ② 평가 및 칭찬

③ 실패경험에 대한 격려   ④ 아이의 감정에 대한 공감

8. 자아존중감이 높은 사람의 인간관계의 특징은 무엇인가?

① 자신의 단점을 알고 열등감을 느낀다.

② 자신의 부족함 때문에 대인관계에서 위축되고 잘 드러내지 않는다.

③ 자신의 불우한 과거에 집착하지 않고 성장의 과정으로 본다.

④ 이상적인 자아에 초점을 맞추고 현재의 시간에 만족할 줄 모른다.

9. 자기수용을 실천한 사람은 누구인가?

① 철민이는 첫인상에서 자신과 맞지 않는 사람을 선별하였다.

② 가영이는 작은 키에 대하여 안정감을 느끼기 위해 작은 사람들과 어울렸다.

③ 민아는 항상 명품가방이나 옷으로 자신을 표현하였다.

④ 하은이는 부정적 평가에 대하여 인정하고 그것을 개선하기 위해 노력하였다.

10. 건강한 인간관계에 영향을 미치는 성장조건 요인이 <u>아닌</u> 것은?

① 자기노출   ② 자기수용   ③ 자존심   ④ 자기이해

김계현, 황매향, 선혜연, 김영빈(2012). 상담과 심리검사. 서울 : 학지사.

김교헌, 김경의, 김금미, 김서진, 원두리, 윤미라, 이경순, 장은영(2012). 젊은이를 위한 정신건강. 서울 : 학지사.

김선남(1997). 개인성장 관계발달 가족기능화. 서울 : 중앙적성출판사.

민경환(2002). 성격심리학. 서울 : 법문사.

박문태, 박외숙, 정규원, 고원자, 송명자, 김민조(2010). 건강한 인간관계. 울산 : UUP.

박세훈(1997). 인간관계론. 서울 : 한국심성교육개발원.

설기문(2006). 인간관계와 정신건강. 서울 : 학지사.

유영달, 이희영, 김용수, 이동훈, 하도겸, 유채은, 박현주, 천성문, 이정희, 박성미, 이희백 (2013). 인간관계와 심리. 서울 : 학지사.

이경우, 이인용(2014). 당신도 유능한 부모가 될 수 있다. 서울 : 창지사.

이민규(2001). 현대생활의 적응과 정신건강. 서울 : 교육과학사.

정종진(2011). 교양으로 읽는 생활 속의 심리이야기. 경기 : 공동체.

최광현(2012). 가족의 두 얼굴. 서울 : 부키.

Buber, M.(1997). 나와 너[Ich und Du]. (표재명 역). 서울 : 문예출판사(원저는 1954년에 출판).

Harris, T. A.(1969). I'm OK-You're OK. New York : Haper & Row.

Rogers, C.(1994). 상담과 심리치료[Counseling and Psychotherapy]. (김기남 역). 서울 : 중앙적성출판사(원저는 1942년에 출판).

제**3**장

개인차에 대한 이해

김수정

제1절 MBTI로 본 인간관계의 이해
제2절 Holland 검사로 본 인간관계의 이해

학습목표

1. MBTI의 상반되는 네 가지 지표를 열거할 수 있다.
2. 각 지표의 선호경향을 두세 가지로 열거할 수 있다.
3. 홀랜드의 육각형 모형을 간략하게 설명할 수 있다.

사례 1

수영이는 조용하고 단짝인 친구와 오랜 기간 동안 우정을 이어가고 있다. 수영이는 처음에는 친하기 어려우나 시간이 지날수록 친해지는 성격이다. 수영이는 노트에 필기를 꼼꼼하게 하고 주어진 기간에 맞추어 과제물을 제출한다. 공부할 때에는 현실감각을 발휘하고 경험 위주의 학습을 선호하는 편이다. 수영이는 친구의 이야기를 잘 들어주고 친구가 도움을 필요로 할 때는 언제든지 도와주는 따뜻한 마음을 지녔다.

성찰거리

1. 수영이가 어떤 성격을 지니고 있는지 적어보시오.

2. 내 주변에 있는 지인들은 어떤 성격을 지니고 있는지 적어보시오.

사례 2

지수는 상상력과 감수성이 풍부하며 자유분방하다. 또한 개방적이고 독창적이어서 아이디어가 많고 궁금한 것은 참지 못하는 호기심도 가지고 있다. 지수 부모님께서는 한국은행 신입사원 채용공고가 떴다고 지원을 하라고 권하신다.

성찰거리

1. 지수가 채용되어서 일을 한다면 업무의 어떤 부분에서 스트레스를 받을까요?

2. 지수의 성향을 보고 어떤 직업적 가치관을 가지고 있을지 추측해보시오.

우리는 사회라는 울타리 속에서 공생하며 살아간다. 이를 위해서는 타인을 이해하고 나를 이해하는 관점이 필요하다.

건강한 인간관계에 필요한 성격의 중요성을 깨닫고, 스스로의 성격을 통찰해 봄으로써 인간관계의 패턴을 살펴볼 필요가 있다. 또한 자신의 성격을 파악하여 자신을 보다 정확히 이해하고, 성숙한 인간관계를 가지기 위해 필요한 요소들을 내면화하여 건강한 인격으로 성장해야 할 것이다(유영달 외, 2013). 이를 위해 성격유형론 중 MBTI 성격유형론과 Holland 직업적 성격유형론의 특성을 살펴보고자 한다.

제1절 MBTI(Myers-Briggs Type Indicator)로 본 인간관계의 이해

1. MBTI 성격유형

MBTI는 외향-내향, 감각-직관, 사고-감정, 판단-인식의 지표로 이루어져 있다. 각각의 지표마다 가지는 특성을 김정택, 심혜숙, 제석봉(1994)을 참고하여 살펴보자.

〈표 3-1〉 MBTI의 네 가지 선호경향

지 표	선호경향	주요 활동
외향-내향	에너지의 방향은 어느 쪽인가?	주의초점
감각-직관	무엇을 인식하는가?	인식기능
사고-감정	어떻게 결정하는가?	판단기능
판단-인식	채택하는 생활양식은 무엇인가?	생활양식

출처: MBTI 프로파일.

1) 외향성(E : Extraversion)과 내향성(I : Introversion)

외향성과 내향성은 에너지의 방향 및 주의초점이 어디로 향하는가를 기준으로 분류한 것이다.

(1) 외향형(E)

외향형을 지닌 사람은 외부세계를 지향하므로 외부의 사람이나 사물에 관심을 쏟는다. 이러한 사람은 외부세계의 중요성을 확인하고 영향력을 행사하고 싶어한다. 이들은 외부세계에 초점을 두면서 행동지향적이며, 자기표현을 잘하는 편이며 인간관계의 폭이 넓은 편이다. 여러 사람과 한꺼번에 대화가 가능하며, 자신을 잘 드러내는 편이며 활달하고 활동적으로 보인다.

(2) 내향형(I)

내향형을 지닌 사람은 내부세계를 지향하고 그들의 인식과 판단 역시 자신의 내부세계에 더 초점을 두는 경향이 있다. 내부 활동을 할 때 집중력을 보이고 편안함을 느끼며 더 많은 흥미를 가지게 된다. 혼자 있는 것을 편안해하고 힘이 나는 편이다. 대인관계를 맺을 때에도 자신을 서서히 드러내는 편이고 다수보다는 소수의 사람들과 깊은 인간관계를 맺는다. 또한 생각한 다음 행동을 옮기기 때문에 신중하고 실수가 적고 조용하다.

일반적으로 외향형은 여러 사람들과 잘 어울리고 내향형은 부끄러움이 많다고 한다. 그러나 융과 마이어스가 사용하는 외향형, 내향형 개념은 우리가 생각하는 일상적인 의미보다 더 많은 의미를 가지고 있다. 외향형이나 내향형이나 모두 사회에 필요한 성향이며 각각의 특성을 통하여 사회에 기여한다.

2) 감각형(S : Sensing)과 직관형(N : iNtuition)

감각형과 직관형은 주로 어떻게 정보를 얻고 주의를 기울이며 기억하는가를 기준으로 분류한다.

(1) 감각형(S)

감각형이란 보고, 듣고, 만지고, 경험하는 등 우리의 감각을 통해 관찰하는 인식을 말한다. 지금-여기에 주목을 하고 실제의 경험을 중요시하기 때문에 사실적이고 구체적인 것에 집중을 한다. 자신이 경험한 것을 믿고 주위 사람들을 잘 챙기는 편이며 사건 묘사를 사실적으로 잘 한다. 변함없이 일관성을 추구하며 일상성을 중요시한다. 관찰능력이 뛰어나 상세한 것까지 기억을 잘하는 편이다. 그래서 일처리에 있어서도 꼼꼼하고 철저하며 성실 근면하다.

(2) 직관형(N)

직관형이란 가능성, 의미, 관계를 통찰을 통해 인식한다. 융은 무의식에 의해 나타나는 인식을 직관으로 보고 있다. 직관형들은 통찰 또는 육감에 의존하고 가능성과 비전을 추구하는 편이다. 또한 미래에 일어날 수 있는 일을 포함하여 감각으로 보이지 않는 것들을 인식하게 한다. 타인들의 가능성을 잘 찾아내며 다양성과 변화를 추구하고 상상력이 풍부해 가상세계를 즐기는 사람들로 자신들의 창의성에 강한 자긍심을 갖는다. 새로운 것에 도전하길 좋아하며 세상을 넓게 볼 수 있는 안목을 가지는 특징이 있다.

3) 사고형(T : Thinking)과 감정형(F : Feeling)

사고형과 감정형은 어떻게 의사를 결정하고 결론을 이끌어내는가를 기준으로 분류한 것이다.

(1) 사고형(T)

사고형이란 객관적인 사실을 중시하기에 논리적이고 이성적이며 냉정하고 분석적인 편이다. 인정에 얽매이지 않고 인과원리에 따라 이루어진다. 설명을 할 때에도 핵심을 짚어가며 간단명료한 것을 선호하고 원리원칙을 중시한다. 이들은 논리적으로 설득하면 자신의 이성에 근거해 쉽게 설득되는 경향이 있다. 인간관계에 있어서는 한 발 물러서는 경향을 보이고 얼굴에 감정이 잘 드러나지 않는 편이다.

(2) 감정형(F)

감정형이란 자신의 주관적인 가치판단에 따라, 선택을 하면서 받는 느낌에 따라 결정한다. 이들은 관계를 중요시하고 동정심이 많고, 남을 인정하고 도와주는 따뜻한 마음을 지니고 있다. 객관적인 원리나 이성적 논리보다는 보편적인 선을 지향하고 타인의 감정에 쉽게 동화되며 사람에 대한 관심이 많다. 의사결정을 할 때에도 상대방의 입장을 고려하고 이해하려 한다. 또한 어떤 문제에 있어서도 기술적인 면보다는 인간적인 면을 더 중시한다.

4) 판단형(J : Judging)과 인식형(P : Perceiving)

판단형과 인식형은 어떤 상황에서 어떻게 인식하는가를 기준으로 분류한 것이다.

(1) 판단형(J)

판단형의 사람은 빨리 결정을 내리려 하고 정보를 얻었다 싶으면 재빨리 결론에 도달한다. 또한 스스로를 조절하고 통제하기를 잘하며 계획을 세우고 질서정연하다. 일에 있어서는 체계적이고 논리적인 것을 선호한다. 이들은 분명한 목적이나 방향성이 있고, 맡은 일에 있어서는 기한을 엄수하는 면이 있다. 사전계획을 철저히 하고 체계적이며 구조화하는 것을 선호한다. 여기서 말하는 판단이란 의사결정, 판단의 실행, 또 가치 있는 도구라는 사실을 이해해야 한다.

(2) 인식형(P)

인식형의 사람은 자신에게 들어오는 정보 그 자체를 즐긴다. 개방적이고 삶을 통제하기보다는 이해하려고 노력하는 편이다. 일어날 모든 상황에 열려 있고 일하는 과정을 즐길 줄 아는 편이다. 또한 인식적 태도를 선호하는 사람들이 외부로 나타내는 행동을 보면 자발성을 가지고 있어 어떤 상황이든 대처할 수 있는 역량이 있고, 호기심이 왕성해 어디로 튈지 모르는 유연함도 갖고 있다.

우리의 성향은 전 생애에 걸쳐서 일어난다. 이런 발달과정을 통해 우리는 이상적 성향으로 발전시킬 수 있다. 자신의 성향을 자유롭게 계발할 수 있다는 것은 큰 축복이 아닐 수 없다. 성격이 잘 발달된다는 것은 대인관계에서도 원활한 소통을 할 수 있고 새로운 관계를 이어갈 수 있는 흥분되는 일이 아닐 수 없다.

그러므로 우리는 MBTI의 네 가지 선호지표를 파악하여 보다 나은 건강한 인간관계를 유지할 수 있다. 다음 해당 표현들을 보고 선호지표는 무엇인지 체크해 보자.

해당 표현	선호지표							
	E	I	S	N	T	F	J	P
① 말하기를 좋아한다.								
② 주관적인 감정보다는 객관적인 사실이 더 중요하다.								
③ 아이디어가 많은 사람이라고 불리기를 원한다.								
④ 조용하게 공부할 때 집중이 더 잘된다.								
⑤ 활발하다는 말을 많이 들었다.								
⑥ 사람의 관계를 중요하게 생각한다.								
⑦ 목표가 분명하다.								
⑧ 객관적이고 논리적이다.								

제2절 Holland(홀랜드) 검사로 본 인간관계의 이해

1. 코드별 이해

홀랜드는 대부분의 사람들을 여섯 가지 성격 유형(R : 실재형, I : 탐구형, A : 예술형, S : 사회형, E : 기업형, C : 관습형)으로 분류하였다. 사람들이 생활하는 환경 또한 여섯 가지 환경으로 분류하였으며, 사람들은 자신이 가지고 있는 기술과 능력을 발휘하고 자신의 태도와 가치를 표현할 수 있다. 또한 사람들은 문제와 역할을 수용할 수 있는 환경을 찾는 경향이 있으며, 개인의 행동은 자신의 성격과 환경 특성 간의 상호작용에 의해 결정된다는 등이 핵심 가정이자 원리이다(안창규, 1996). 홀랜드는 성격유형의 개인차를 도식화하며 육각형 모형으로 제시하였는데 이는 다음과 같다.

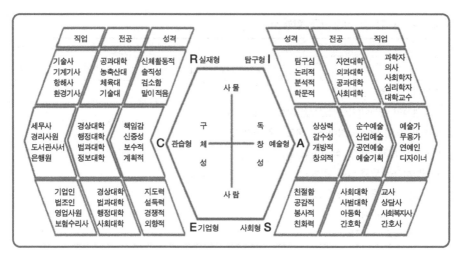

[그림 3-1] Holland의 육각형 모형(Hexagonal Model : 임은경, 1997)

홀랜드의 직업적 성격유형론을 살펴보면 개인의 성격유형이 진로선택과 진로발달에 중요한 영향을 미친다. 또한 동일 직업에 종사하는 사람은 서로 유사한 성격과 개인발달사를 지니는 경우가 많기에 성격과 직무환경의 불일치는 직무불안과 낮은 직무수행의 원인이 된다.

2. 홀랜드 직업적 성격유형의 주요 개념

1) 일관도

성격유형(흥미, 성격특성, 환경유형)들 간에 이루어지는 관계의 정도를 말한다.

① 육각형 모형에서 인접한 유형(R-I, I-A, A-S, S-E 등)끼리 일관도가 높다.
② 육각형 모형에서 한 칸씩 건너뛴 유형(R-A, I-S, A-E, S-C 등)들은 일관도가 중간 정도이다.
③ 대각선상에 위치하는 유형들(R-S, I-E, A-C)은 일관도가 가장 낮다.

2) 변별도(분화도)

한 개인의 성격유형이 어떤 유형과는 유사하고 다른 유형과는 유사하지 않을 경우 변별도(분화도)가 높다.

　① 여러 가지 유형에서 점수 차가 나지 않으면 변별도가 낮다.

　② 여러 코드 간의 점수 차이가 10점 이상이 나면 변별도가 높다.

3) 일치도

개인의 성격유형과 환경유형(전공, 직업 등) 간의 일치 정도

S형(사회형)의 사람이 S형의 직업(상담사, 사회복지사, 교사 등)에 종사할 경우 일치도가 가장 높아서 직무만족도가 높은 반면에, R형(실재형)의 직업(엔지니어, 기술자, 농부, 운동선수 등)에 종사할 때 일치도가 가장 낮다.

4) 보편성

RIASEC 유형의 빈도가 높아서 흔한 유형이면 보편성이 높고 그렇지 않으면 보편성이 낮다. 이것은 진로코드가 두 자리일 때 더욱 뚜렷이 나타나는데, RI(IR)나 SA(AS), SE(ES) 유형은 매우 빈도가 높지만 CA(AC)나 RS(SR) 같은 유형은 드문 경우이다.

3. 성격과 환경의 상호작용

홀랜드 이론은 다양한 사람들을 대상으로 연구한 것에 기초를 두고 있다. 30여 년 전에 소개된 홀랜드 이론은 지금까지 진로관련 연구에 영향을 미치고 있다(김미경, 2012; Swanson, & Chu, 2000). 홀랜드(1997)는 유사한 성격과 비슷한 개인사를 가진 사람들이 한 직업군에 있을 것이라고 가정한다. 홀랜드의 네 가지 가정을 통한 핵심이론은 성격유형과 환경의 성격에 대해 말하고 있으며, 성격유형과 환경이 결정되는 과정과 사회적 · 직업적 · 교육적인 현장에서 어떻게 상호작용을 하는지 아래와 같이 보여준다(김미경, 2012).

　① 홀랜드는 대부분의 사람들이 여섯 가지 성격유형 중에 하나로 분류될 수 있다고 하였다. 각 성격유형은 개인적 요인과 다양한 문화 간의 상호작용의

결과이고 사람마다 선호하는 활동들이 다르다. 이에 자신의 성격유형에 맞는 활동에 흥미를 느끼고 특별한 흥미와 능력을 발휘하도록 요구하는 집단에 속할 수 있게 나타난다고 보고 있다.

② 작업환경 또한 여섯 가지 유형 중의 하나로 분류될 수 있다. 이러한 환경은 그 환경을 구성하는 사람들이 어떤 성격유형인지에 따라 결정된다. 서로 다른 성격유형의 사람들은 다른 유형의 기술이나 능력을 가지고 있어서, 자신과 다른 유형의 사람들과 일하는 것을 더욱 선호한다. 각각의 환경은 다른 활동, 다른 능력을 필요로 하고 주어지는 보상도 다를 수밖에 없다.

③ 대부분의 사람들은 자신의 능력에 맞는 환경을 찾는다. 자신의 능력과 기술을 발휘하고, 자신의 가치나 행동을 표현하는 환경을 찾는다(Holland, 1997). 환경도 사회적 상호작용이나 채용과정 등을 통해 그 환경에 적합한 사람을 찾는다.

④ 성격유형과 환경이 서로 상호작용을 하면서 행동으로 나타난다. 개인이 자신의 성격유형과 환경유형의 일치 정도를 알면 진로선택이나 근로지속기간 및 직업의 전환, 직무의 만족 등에서 만족스런 결과를 예측할 수 있다.

4. 홀랜드 유형의 특성

홀랜드의 여섯 가지 유형의 특성을 살펴보면 다음과 같다(김병숙, 2008; 최민서, 2013).

1) 실재적(Realistic) 유형

자신을 평가할 때 기계적이고, 기술적인 능력과 뛰어난 운동능력을 갖고 있다고 생각한다. 성격의 특성은 솔직하고, 검소하며 말이 적고 직선적이며 단순하고 남성적이다. 기계나 도구를 다루거나 사물을 조작하는 활동을 선호하며, 작은 그룹이나 혼자 일하는 환경을 선호한다. 교육이나 치료와 관련된 활동은 싫어하고, 사회적이고 교육적인 재능은 부족한 편이다. 대표적인 직업으로는 기술자, 엔지니어, 농부, 운동선수 등이 있다.

2) 탐구적(Investigative) 유형

과학적이고 학문적인 활동을 선호하며, 문제해결 및 조사활동을 좋아하며 자연과 사회현상에 대한 관심이 많다. 논리적이고 지적이며 호기심이 많은 성격이면서 독립적으로 결정하는 능력을 갖는 것에 가치를 둔다. 반면, 남을 설득하거나 사회적인 활동 또한 반복활동을 싫어한다. 그들만의 신념, 가치를 가지고 있기 때문에 분석적이고, 조심성이 있고, 비판적인 성향이 있다. 대표적인 직업으로는 학자, 의사, 사회과학연구원, 시장조사연구원 등이 있다.

3) 예술적(Artistic) 유형

예술형의 사람들은 스스로 자유롭게 표현하고, 상상력이 풍부하며, 창조적이고 예술적인 재능을 가지고 있다. 구조화된 상황보다는 비구조화된 상황에서 일하기를 선호한다. 따라서 재능이나 기술, 독창력을 활용한 작품활동을 선호하며 자기표현을 위한 재능활용을 선호한다. 이러한 특성으로 인해 예술적 능력을 가지고 있지만 비판적이고 체계적인 능력은 미흡하다. 대표적 직업으로는 연예인, 예술가, 시인, 음악가, 무대감독 등이 있다.

4) 사회적(Social) 유형

인간의 문제와 성장, 인간관계 등을 지향하며, 사람과 직접 일하기를 좋아하고 원만한 관계를 갖는다. 격려와 보상을 받으면서 사회적 활동을 촉진시키는 환경을 선호하고 사회적인 기법과 타인의 변화를 촉진시키는 능력을 존중한다. 사회형 사람들은 협동적이며, 친절하고, 재치가 있고, 다른 사람들을 잘 이해한다. 그러나 기계적 능력은 부족한 편이다. 대표적 직업으로는 교사, 상담사, 사회복지사, 간호사, 성직자 등이 있다.

5) 기업형(Enterprising) 유형

언변이 뛰어나고 설득력과 영향력이 있으며 관리나 경제적인 목표 등에 관련된 언어 사용을 선호한다. 주장이 강하고 지배적이며, 새로운 도전을 가치 있게 여기고 자기 확신을 갖는 경향이 있다. 반면에 관찰을 필요로 하거나 상징적이고 체계적인 일에는 흥미가 없는 편이다. 대표적 직업으로는 정치가, 기자, 영업사원, 변호사, 판사 등이 있다.

6) 관습적(Conventional) 유형

규칙을 따르고 기준을 따르는 활동을 선호한다. 이들은 근거를 갖고 일하기를 좋아하며, 타인의 지시에 기꺼이 따르고 세밀한 활동을 하는데, 막연하고 예견되지 않은 것에 대해 책임지는 것을 선호하지 않는다. 조직하는 일을 좋아하고, 체계적인 작업환경에서 사무적·계산적 능력을 발휘하는 것을 선호한다. 하지만 자유롭고 비구조화된 활동은 싫어한다. 대표적 직업으로는 금융분석가, 은행원, 사무원, 비서 등이 있다.

1. MBTI의 네 가지 지표는 무엇인가?

2. 판단기능을 하는 MBTI의 지표는 무엇인가?

3. 홀랜드의 주요 개념 중에서 성격유형들 간에 이루어지는 관계의 정도를 말한 것으로 인접할수록 높아지는 개념은 무엇인가?

4. 홀랜드의 성격유형 중에서 도구를 다루거나 사물을 조작하는 활동을 선호하고 교육을 싫어하는 유형은 무엇인가?

5. 외향형에 대한 설명으로 바른 것은?
   ① 혼자 있는 것을 편안해 한다.
   ② 생각한 다음에 행동으로 옮기기에 신중하고 조용하다.
   ③ 인간관계가 폭넓고 자기표현을 쉽게 한다.
   ④ 변함없는 일관성을 추구한다.

6. 인식형에 대한 설명으로 바르지 않은 것은?
   ① 개방적이고 삶을 통제하기보다는 이해하려고 한다.
   ② 분명한 목적이나 방향성을 지닌다.
   ③ 호기심이 왕성해서 어디로 튈지 모른다.
   ④ 어떤 상황이든 대처할 수 있는 역량을 가지고 있다.

7. 각 유형에 대한 설명으로 바른 것은?

① 사고형은 자신의 주관적인 가치판단을 중요시한다.

② 판단형은 일어나는 모든 상황에 열려 있기에 당황하지 않는다.

③ 감각형은 타인의 가능성을 잘 찾아내고 상상력이 풍부하다.

④ 감정형은 보편적인 선을 지향하고 타인의 감정에 쉽게 동화된다.

8. 홀랜드 검사에서 말하는 성격과 환경의 상호작용에 대한 설명으로 바르지 않은 것은?

① 사람마다 선호활동이 같기에 특별한 흥미와 능력을 발휘할 수 있는 집단에 속할 수 있다.

② 사람들은 자신과 다른 사람들과 함께 일하는 것을 더 선호한다.

③ 환경도 사회적 상호작용이나 채용과정 등을 통해 환경에 적합한 사람을 찾는다.

④ 자신의 성격유형과 환경유형의 일치 정도를 알면 진로선택이나 직무만족 등에서 만족스런 결과를 예측할 수 있다.

9. 기업적 유형에 대한 설명으로 바른 것은?

① 규칙을 따르는 활동을 선호한다.

② 새로운 도전을 가치 있게 여기고 언변이 뛰어나다.

③ 비구조화된 상황에서 일하기를 선호한다.

④ 독립적으로 결정하는 것에 가치를 둔다.

10. 홀랜드 성격유형과 직업의 연결이 바르지 않은 것은?

① 실재적 - 기술자, 엔지니어, 운동선수

② 탐구적 - 사회과학연구원, 학자, 시장조사연구원

③ 사회적 - 사회복지사, 교사, 간호사

④ 관습적 - 사무원, 영업사원, 비서

김미경(2012). 충북대학교 토목공학과 학생의 직업유형과 진로선택의 분석 : 홀랜드식 적성
　　탐색검사. 충북대학교 산업대학원 석사학위논문.

김병숙(2007). 직업심리학. 서울 : 시그마프레스.

박건예(2000). Holland의 RIASEC유형에 따른 성격형용사 분석. 부산대학교 대학원 석사
　　학위논문.

심혜숙, 김정택, 제석봉(1994). MBTI 개발과 활용. 서울 : (주)한국심리검사연구소.

안창규(1996d). 진로 및 적성탐색검사의 해석과 활용. 서울 : 한국가이던스.

안창규, 최태진, 홍준자(2005). Holland의 직업적 성격유형에 따른 고등학생의 의사결정
　　방식 분석. 상담학연구, 6(2), 449-468.

유영달, 이희영, 김용수, 이동훈, 하도겸, 유채은, 박현주, 천성문, 이정희, 박성미, 이희백
　　(2013). 인간관계의 심리. 서울 : 학지사.

이경애(2003). 진로집단상담 프로그램이 청소년의 진로정체감 향상 및 진로장애 요인 감소
　　에 미치는 효과. 부산대학교 교육대학원 석사학위논문.

최민서(2013). Holland 유형별 대학생의 진로결정 상태에서 진로걱정의 매개효과. 경기대
　　학교 대학원 석사학위논문.

Holland, J. L.(1997). *Making vocational choices : A theory of vocational personalities and
　　work environments*(3rd ed.). Odessa, FL. : Psychological Assessment Resources.

제2부

건강한 인간관계 기술

제**4**장

건강한 의사소통

정수인

학습목표

1. 의사소통의 효과적인 촉진기술을 다섯 가지 이상 설명할 수 있다.
2. 효과적인 언어적 의사소통을 위한 기법을 두 가지 이상 제시할 수 있다.
3. 비언어적 의사소통 기술의 두 가지 영역을 열거할 수 있다.

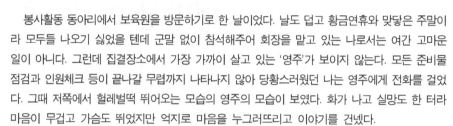

봉사활동 동아리에서 보육원을 방문하기로 한 날이었다. 날도 덥고 황금연휴와 맞닿은 주말이라 모두들 나오기 싫었을 텐데 군말 없이 참석해주어 회장을 맡고 있는 나로서는 여간 고마운 일이 아니다. 그런데 집결장소에서 가장 가까이 살고 있는 '영주'가 보이지 않는다. 모든 준비물 점검과 인원체크 등이 끝나갈 무렵까지 나타나지 않아 당황스러웠던 나는 영주에게 전화를 걸었다. 그때 저쪽에서 헐레벌떡 뛰어오는 모습의 영주의 모습이 보였다. 화가 나고 실망도 한 터라 마음이 무겁고 가슴도 뛰었지만 억지로 마음을 누그러뜨리고 이야기를 건넸다.

"네가 우리와 약속한 시간에 나타나지 않았을 때, 나는 놀라고 당황했어. 왜냐하면 우리들은 이미 만장일치로 약속시간을 정했을뿐더러, 보육원 방문시간이 지나면 아이들이 우리를 많이 기다린다는 걸 알기 때문이야. 그렇게 되면 미안하기도 하고, 그 어린아이들을 실망시킬까봐 가슴이 조마조마하거든. 특히 난 기다리는 것을 좋아하지도 않지만 우리들의 계획과 여러 가지 관련된 일들을 어렵게 만들어버릴 수 있기 때문이지. 다음부터는 네가 약속된 시간에 꼭 맞춰 참석해주었으면 좋겠어." 내 이야기가 끝나자 영주는 미안하다고 나와 동아리회원 모두에게 사과를 하였다. 우리는 박수를 친 후 늦지 않게 보육원을 향해 출발할 수 있었다.

성찰거리

1. 일상적인 대화과정에서 다른 사람들이 상대방의 말을 어떻게 받아들이고 반응하는지 알아보자.

2. 나는 평소에 어떤 의사소통방식으로 이야기를 하는지 생각해보자.

3. 나의 의사소통방식의 개선점을 생각해보자.

인간은 만남을 통해 성장한다. 사회적 존재로서의 인간은 의식적이든 무의식적이든 여러 형태의 인간관계를 맺으면서 살아간다. 날마다 만나야 할 사람이나 한평생 인간관계를 맺어야 하는 사람의 수는 참으로 많고 다양하다. 현대사회의 구조적 특성이 인간을 여러 사람과 복잡한 관계를 맺으며 살아갈 수밖에 없는 사회적 존재로 만들고 있는 것이다.

인간관계는 개인의 안녕과 복지에 많은 영향을 미친다. 그것은 개인적인 성장과 정체감 형성, 그리고 삶의 의미와 질을 결정하며, 나아가 심리적 안정과 자아실현뿐 아니라 직업적인 성공과 생산성에도 영향을 준다. 또한 인간관계는 다른 사람과 깊은 유대를 맺거나 애정을 나누고 싶은 기본적 욕구를 충족시키며 그로부터 삶의 활력을 얻는 터전이 되기도 한다. 그러한 인간관계의 욕구는 다양하게 나타나며 여러 유형의 사람들과 친밀한 관계를 형성함으로써 충족할 수 있다. 모든 사람에게 인간관계는 삶을 영위하기 위한 필수적인 요소이지만 다양한 상황과 사람 간에 부딪치는 인간관계에서 적응하기란 쉽지 않다.

현대사회는 소통의 시대다. 인간관계는 소통이 기본적인 전제가 되며, 그에 따른 우리의 사회활동은 기본적으로 대화를 통한 활동이라고 할 수 있다. 대화는 목적에 따라 다양한 방법으로 일어나며 대화하는 양식에 따라 더 많이 사용하는 대화방법과 덜 사용하는 대화방법이 발생한다. 언어적이거나 비언어적인 수단을 통해서 감정이나 태도, 정보 등을 교류하는 바람직한 방법을 학습하는 것은 보다 친밀한 인간관계를 맺는 데 유용하다. 따라서 이 장에서는 보다 원활한 인간관계를 촉진하는 중요한 도구인 의사소통의 적절한 기술들을 살펴보고 학습하고자 한다.

제1절 의사소통의 의미와 구성요소

1. 의미

우리는 살아가면서 끊임없는 인간관계를 맺고 살아간다. 그중에서도 타인의 말을 잘 이해하고, 전하고자 하는 의미를 정확하게 전달해야 하는 의사소통을 통하여 관계를 형성하고 유지하며, 또한 인간관계는 그러한 의사소통을 통하여 활성화된다.

의사소통이란 용어는 영어의 커뮤니케이션(communication)에서 찾을 수 있는데, 일반적으로 의사전달이라는 의미를 가지며 본질적으로는 의사의 전달뿐만 아니라 의사의 상호소통까지도 포함하는 것이다.

커뮤니케이션을 통해 정보나 감정도 동시에 전달한다. 따라서 둘 또는 그 이상의 사람들 사이에 사실, 생각, 의견 또는 감정의 교환을 통하여 공통적인 이해를 이룩하고 상호 간의 의식이나 태도 또는 행동에 변화를 일으킨다고 할 수 있다. 이처럼 모든 인간은 태어나면서부터 죽을 때까지 의사소통을 하면서 살아가고, 의사소통을 잘하는 사람은 일반적으로 좋은 인간관계를 형성, 유지하는 능력을 지녔다고 할 수 있다. 대화를 통한 관계 속에서의 언어는 비언어적인 모든 것을 포함하는데, 얼굴표정이나 침묵, 몸짓, 접촉, 그리고 그 밖의 비언어적인 상징과 신호 등이 있다. 결과적으로 의사소통이란 모든 방법을 동원하여 사람들이 서로 간에 영향을 주고 서로를 이해해가는 과정을 의미한다.

2. 구성요소

의사소통에서 발생되는 문제 가운데 대부분은 의사소통이 상호 교류적인 과정이라는 것을 망각함으로써 시작된다. 의사소통은 정보를 보내는 것과 받는 것을 모두 포함한다. 만약 정보를 보내기만 하고 받지 않는다면 의사소통은 일방적인 것이고 소모적인 것일 뿐이다(이근후 외, 1998).

의사소통 과정은 개인의 감정과 생각, 태도 등을 상대방에게 전달하고 전달받는 과정이다. 그 형태를 살펴보면 두 가지를 들 수 있는데 그것은 내용과 관계의 메시지로 나뉜다. 내용은 사용되는 단어를 의미하며, 관계는 저변에 있는 감정을 의미한다. 상호적인 의사소통은 내용과 관계의 정보를 주고받는 것이라고 할 수 있다.

1) 웬버그(Wenburg)와 윌모트(Wilmot) 의사소통의 구성요소

웬버그와 윌모트에 의해 개발된 의사소통 모형에서 제시하는 의사소통과정의 구성요소들을 살펴보면 다음과 같다(김수지 외, 2001).

① 송신자 : 송신자는 전달과정을 시작하는 사람으로서 메시지를 부호화하는 사람이다. 메시지의 전달은 언어와 비언어로 이루어진다.

② 수신자 : 메시지를 수신하는 사람은 해독자이다. 부호화와 해독은 동시에 발생하고 송신자와 수신자 모두에게서 일어나는 활동이다. 송신자와 수신자의 과거와 현재 경험은 상호 교류에 영향을 미친다.

③ 메시지 : 메시지는 수신된 정보의 단위, 즉 정보 내용인 것이다. 메시지는 다양한 언어적 또는 비언어적인 변수들로 구성되어 있다.

④ 메시지 변수 : 메시지 변수들은 내외적 환경으로부터 선택된 언어와 비언어적 자극들로서 메시지의 형태와 방향 및 초점을 제시한다. 의사소통의 교류에 있어서 거의 35%는 언어적 의사소통이고, 그 나머지인 65%는 비언어적 의사소통에 의해서 표현된다.

⑤ 소음 : 소음은 의사소통 체계 내에서 정확한 전달을 방해하는 장애요소이다.

⑥ 의사소통 기술 : 전달의 의미를 관찰하고 듣고 파악하고 확인하기 위해 메시지의 변수 등을 사용하는 송신자와 수신자의 능력이 포함된다.

⑦ 상황 : 의사소통이 일어나는 시대적 및 지리적 상황을 뜻한다. 좁은 의미로는 의사소통이 일어나는 분위기, 장소, 시간, 수신자와의 관계 등을 말할 수도 있고 넓은 의미로는 사회적 및 정치적 체제, 세계정세 등 사회적·정치적 및 문화적 배경까지를 포함한다.

⑧ 매체 : 듣고 보고 만지고 맛보고 냄새를 맡는 등의 메시지를 운반하는 감각기관의 채널이다.

⑨ 피드백 : 메시지를 동시에 부호화하고 해독하는 송신자와 수신자의 반응들을 계속해서 해석하는 것이다. 피드백은 정보를 전달하고 우리가 이해한 것을 분명하게 해주는 과정이라고 할 수 있다. 피드백은 자동조절 렌즈가 있는 카메라의 조작에 비유할 수 있다. 즉 카메라는 빛과 거리에 따라 렌즈가 조절되고 이에 따라 상이 명백해지고 초점이 맞추어진다. 피드백은 정보의 의미를 정정하거나 조정하며 정보내용은 명확히 하고 초점을 맞추어주는 과정이다(이근후 외, 1998). 다른 사람이 위협적인 정보를 우리에게 제공할

때, 우리는 방어적으로 되기 쉽다. 우리의 피드백이 아무리 정확하다 하더라도 만약 다른 사람이 잘 받아들이지 않거나 지나치게 방어적이라면 우리의 피드백은 왜곡되거나 쓸모가 없게 될 것이다.

⑩ 환경 : 환경은 내적 환경과 외적 환경으로 구분되는데, 외적 환경의 요인들은 모두 같이 볼 수 있지만 서로 다르게 지각한다. 실내온도, 소음수준, 냄새와 조명은 외적 환경들의 예이다. 내적 환경요인의 영향은 오직 그 개인만이 알 수 있기 때문에 그 외 다른 사람이 동일한 경험을 하지 않는다. 피로감, 위장의 불편감, 한기 등은 내적 환경요인의 예이다(김수지 외, 2001).

2) 효과적인 의사소통 방법

의사소통의 구성요소들 중에서 건설적이고 효과적인 피드백을 제공하기 위한 몇 가지 방법들을 소개하면 다음과 같다.

(1) 상대방의 성격보다는 행동에 대해서 말하기

자신의 메시지가 상대방을 공격하는 것으로 지각되면 상대방은 방어적이 된다. 메시지가 상대방의 성격을 모욕하는 인상을 주게 되면 그것은 적절한 피드백이라고 할 수 없다. 타인의 실제 모습이 어떻다고 생각하기보다는 타인의 행동이 어떻다는 데 관심을 집중하는 것이 타인의 방어의식을 감소시킨다.

(2) 판단하기보다는 정보를 교환하기

정보교환은 일어난 일을 보고하고 동기를 평가하고 행동을 기술하는 것과 관련된다. 딱 잘라 판단적으로 이렇다 혹은 저렇다고 말해주는 것보다는 규모, 범위, 전체적인 윤곽에 대해서 정보를 제공하는 차원에서 말해주는 것이 더 효과적이다.

(3) 충고나 해결방안보다는 대안을 제시하기

선택안, 생각, 지각 등에 대하여 서로 의견을 교환하는 것은 다른 사람으로 하여금 자신이 고려해야 할 대안에 관한 정보 제공의 기회가 된다. 그리고 의사결정은 당사자에게 맡겨야 한다.

(4) 타인에게 자유로운 제안을 하되 강요하지 않기

피드백은 상대방의 욕구를 채워주기 위한 것이지, 자신을 위한 것이 아니다. 또한 한번에 받아들일 수 있는 피드백의 양에는 한계가 있다. 만일 상대방으로 하여금 더 많은 정보를 받아들이도록 강요한다면 그것은 상대방을 위한 것이 아니라 자신의 욕구표현에 불과하다.

3) 효과적인 의사소통을 위한 기법

건강한 인간관계 형성을 위한 의사소통을 효과적으로 활용하기 위한 기법들은 다음과 같다(길귀숙, 2003).

① 관심 기울이기 : 상대방이 이야기를 할 때 몸짓, 얼굴표정, 시선, 혹은 간단한 말이나 동작으로 상대방의 이야기에 관심을 갖고 있음을 나타낸다.

② 경청하기 : 상대방의 이야기를 잘 듣고 그 말의 뜻을 정확하게 파악한다.

③ 반영하기 : 상대방이 전달하고자 하는 의사의 본뜻을 스스로 볼 수 있게 반사, 혹은 반영해준다.

④ 명료화하기 : 어떤 문제에 대해 갖고 있는 혼돈된 느낌을 분명하게 가려내어서 이해할 수 있게 도와준다.

⑤ 요약하기 : 요약의 기술을 이용하여 의사소통 과정의 진행을 돕는다.

⑥ 해석하기 : 상대방의 행동이나 징후에 대하여 간접적으로 해석해준다.

⑦ 질문하기 : 적절할 때 적절한 질문으로 상대방의 느낌을 유도 내지 지난 경험을 상기시킨다.

⑧ 연결 짓기 : 한 사람의 말과 행동을 다른 사람의 관심에 관련지어줌으로써 인간관계를 맺는 사람들 간의 상호작용을 증진시킨다.

⑨ 맞닥뜨리기 : 상대방이 부적절한 행동을 할 때 이를 솔직하게 지적해줌으로써 고쳐나가게 한다.

⑩ 마음으로 지지해주기 : 상대방이 위기에 직면해 있거나, 미지의 행동을 모험적으로 감행하려 할 때, 바람직하지 못한 행동을 고치려고 노력할 때 이를 지지해준다.

⑪ 행동을 제한하기 : 상대방의 바람직하지 못한 행동을 제한한다.

⑫ 촉진하기 : 다양한 방법을 동원하여 의사소통 과정을 촉진해나간다.

⑬ 피드백 주고받기 : 바람직한 방법으로 피드백을 주고받을 수 있도록, 즉 타인의 행동에 대한 자신의 생각을 상호 간에 솔직히 이야기해줌으로써 행동에 변화가 오도록 도와준다.

⑭ 자기 노출하기 : 상대방이 유사성과 친근감을 느낄 수 있도록 우리 자신에 관한 정보를 적절히 노출시킨다.

⑮ 강화해주기 : 상대방의 말과 행동에 적극적인 피드백을 주어 그 특정행동을 강화, 조장해 나간다.

⑯ 저항의 처리 : 의사소통 과정에서 나타내는 상대방의 제반 저항행동을 적절히 처리한다.

⑰ 전이의 취급 : 상대방으로 하여금 그 자신의 과거가 현재의 행동에 어떤 영향을 미치고 있는지를 이해할 수 있도록 도와주고, 과거의 경험 때문에 타당치 않은 행동을 보일 경우, 이를 잘 극복할 수 있도록 도와준다.

⑱ 역전이 현상의 취급 : 우리 자신이 상대방에 대해 느끼는 의식적·무의식적 감정을 상대방에게 솔직히 이야기함으로써 자신의 감정 때문에 의사소통 과정을 그르치는 일이 없도록 한다.

⑲ 적시성에 유의하기 : 우리는 적절한 시기에 적절한 기술을 사용할 수 있는 시간감각이 있어야 한다.

다음의 표는 효과적인 의사소통에 있어서 바람직한 태도와 바람직하지 않은 태도를 비교해본 것이다.

〈표 4-1〉 바람직한 의사소통

종류	바람직한 태도	바람직하지 않은 태도
얼굴 표정	따뜻하고 배려하는 표정 다양하고 적절한 생기 있는 표정 자연스럽고 여유 있는 입 모양 간간이 적절하게 짓는 미소	눈썹 치켜뜨기 하품 입술을 깨물거나 꼭 다문 입 부적절한 희미한 미소 지나친 머리 끄덕임
자세	팔과 손을 자연스럽게 놓고 상황에 따라 적절한 자세 상대방을 향해 약간 기울어진 자세	팔짱 끼기 상대방으로부터 비껴 앉은 자세 계속해서 손을 움직이는 태도

	관심을 보이는, 그러나 편안한 자세	의자에서 몸을 흔드는 태도 몸을 앞으로 수그리는 태도 입에 손이나 손가락을 대는 것 손가락으로 지적하는 행위
눈 맞춤	직접적인 눈 맞춤(문화를 고려한) 상대방과 같은 눈높이 적절한 시선 움직임	눈 마주치기를 피하는 것 상대방보다 높거나 낮은 눈높이 시선을 한곳에 고정하는 것
어조	크지 않은 목소리 발음이 분명한 목소리 온화한 목소리 상대방의 느낌과 정서에 반응하는 어조 적절한 말 속도	우물대거나 너무 작은 목소리 주저하는 어조 너무 잦은 문법적 실수 너무 긴 침묵 들뜬 듯한 목소리 너무 높은 목소리 너무 빠르거나 느린 목소리 신경질적인 웃음 잦은 헛기침 큰 소리로 말하기
신체적 거리	의자 사이는 1~2.5m	지나치게 가깝거나 먼 거리
옷차림과 외양	기관의 특성에 맞추어 상대방의 특성에 맞추어 보통 단정하고 점잖게	

출처 : 길귀숙, 2003.

4) 의사소통의 방해요인

의사소통의 구성요소 중에서 의사소통을 방해하거나 의사소통이 왜곡되는 요인들을 살펴보고자 한다. 때로 우리는 의사소통 과정에서 상대방의 문제를 알게 되어 무엇인가 도움을 주고 싶어하지만, 오히려 상대방의 감정을 건드려 오해하게 만드는 경우를 볼 수 있다. 고든(Thomas Gordon)이 제시하는 의사소통의 걸림돌을 크게 12가지 유형으로 나누어볼 수 있다(세브란스 호스피스, 1998).

① 명령 및 강요 : "너는 꼭 ~해야 한다."
② 경고 및 위협 : "만약 ~하지 않으면 그때는…"
③ 훈계 및 설교 : "~하는 것이 너의 책임이야."
④ 충고 및 해결방법 제시 : "너를 위해서 하는 말인데, 내가 말하려는 것은~"
⑤ 논리적인 설득 및 논쟁 : "네게 문제가 되는 것은~"
⑥ 비난과 비평 및 비판 : "너는 왜 그렇게 게으르니?"
⑦ 칭찬 및 찬성 : "야, 너 참 잘했다. 너는 참 착하구나."

⑧ 욕설 및 조롱 : "그래 너 참 잘했다.", "멍청이 같으니라고."
⑨ 분석 및 진단 : "무엇이 잘못인가 하면 말이야."
⑩ 동정 및 위로 : "앞으로 잘되겠지."
⑪ 캐묻기 및 심문 : "왜 그랬어?"
⑫ 빈정거림 및 화제 바꾸기 : "네가 그럼 그렇지~"

제2절 효과적인 언어적 의사소통 기술

의사소통 훈련은 상대방에게 적절히 반응하는 방법을 의미한다. 그러나 이 훈련은 단순히 말하고 듣는 기법을 훈련하는 것이 아니라 대인관계를 어떻게 할 것인가에 대한 끊임없는 노력의 과정이라고 할 수 있다. 의사소통이 이루어지는 상황에서는 언어적인 것과 비언어적인 것이 섞여서 나타나기 때문에 그 기법을 명확히 구분하기는 어렵다. 또한 의사소통하는 사람들 간의 전 과정은 끊임없는 상호작용을 통해 이루어지기 때문에 의사소통을 잘한다는 것은 상대방과의 신뢰를 쌓아가는 일이라고 할 수 있다. 인간관계에서의 효과적인 언어적 의사소통을 위한 촉진기술을 살펴보면 다음과 같다.

1. 나-메시지(I-message)

원만한 인간관계를 위해서 상대방에게 자신의 생각이나 입장을 전할 때는 '나-메시지'를 활용하여 적절하게 표현하는 것이 좋다. 즉 자신의 감정상태에 대한 정보를 제공하고, 자신이 느끼는 감정의 원인을 알려주고, 상대방의 행동이나 행동변화에 대한 바람(희망사항)을 포함하는 메시지를 정확하게 전달하여야 한다.

'나-메시지'를 사용하면 상대방의 감정을 상하지 않게 하면서 자신이 하고자 하는 말을 정확하게 전달할 수 있다. 이는 자신의 권리를 침해당하거나 타인에 의해 이용당할 때, 이를 그대로 방치하는 경우(소극적 상호작용)나 타인의 권리를 희생시킴으로써 자신의 권리를 옹호하고자 하는 경우(공격적 상호작용)에서 볼 수 있는 부정적인 상호작용을 개선시켜 줄 수 있다.

'나 메시지(I-message)'가 사용되는 경우를 예로 들면 다음과 같다.

상황 : 약속 때마다 지각하는 친구가 또 시간을 어기고 늦게 나타났다.	
"나는 네가 번번이 시간 약속을 지키지 않았을 때 무척 화가 난다."	↻ 감정상태에 대한 정보 진술
"왜냐하면 네가 그렇게 행동하는 것이 나를 무시하는 것같이 생각되어서 나의 감정을 불쾌하게 만들었기 때문이야."	↻ 감정의 원인 진술
"나는 네가 시간약속을 잘 지켜주기를 바란다."	↻ 행동변화에 대한 희망사항 정보 진술

상대방의 불쾌한 말과 행동으로 인해 상처를 받고 속앓이를 하면서 '나중에 바뀌겠지…' 하고 막연히 기대하는 것은 올바른 해결책이 될 수 없다. 자신의 감정을 분명하게 파악하고 상대에게 명료한 주장을 담은 '나 – 메시지'를 사용하여 공격적이지 않으면서도 분명하게 요구함으로써 상대방과의 관계를 개선시킬 수 있다(김혜숙 외, 2008).

2. 적극적 경청(Active listening)

경청이란 의사소통의 기본적인 과정으로서 상대방이 전달하고자 하는 메시지 내용에 주의를 기울이고 이해하려 노력하는 행동을 말한다. 훌륭한 경청은 말하는 사람에게 관심을 기울이는 것을 기본으로 한다. 특히 말하는 상대에게 관심을 기울이는 경청자세는 대인 간 의사소통의 지속과 발전에 필수조건이다. 이것은 우리가 상대방이 말하고자 하는 것에 흥미와 관심을 가지고 있다고 보여주는 것을 말한다. 훌륭한 경청자가 되기 위해서는 말하는 사람을 향해서 몸은 부드럽게 이완된 자세로 말하는 사람 쪽으로 기울이고, 시선은 말하는 사람의 눈을 마주하면서 듣고 말하는 태도가 바람직하다. 또한 말하는 사람의 비언어적 신호에 주의를 기울여야 한다. 경우에 따라서는 비언어적 신호가 언어적 신호보다 훨씬 많고, 정직한 메시지를 전달할 수 있다는 사실에 유의할 필요가 있다(이성태, 2010).

경청은 말하는 사람의 언어적 의미를 해석하고 이해하는 심리적 과정으로 구별하고 있다(Bolton, 1979). 십대들이 하는 말 가운데 이런 말을 들을 때가 종종 있다. "우리끼리는 잘 통하는데 어른들하고는 안 통해!" 이 말은 '친구들은 내 말을 듣고 이해하려고 하는데(경청), 엄마는 내 말을 듣는 것 같아도 이해하려고 하지 않아(말소리 듣기)'로 바꾸어 말해볼 수 있다. 상대방의 말을 경청해서 그렇게 말하는 사람의 심정을 충분히 이해하고 그것에 맞게 상대방에게 응답할 때 이를 적극적 경청(active listening) 혹은 공감적 이해(empathic understanding)라고 한다.

적극적 경청 혹은 공감적 이해는 상대방의 행동이나 말을 '맞다, 틀렸다', '잘 했다, 못했다' 등으로 평가하는 것이 아니므로 상대방을 변화시킬 수 있는 힘을 가지고 있다.

3. 반영적 경청(Reflective listening)

반영적 경청은 듣는 사람이 상대방이 한 말의 내용과 감정의 상태에 대해 이해와 수용을 보이는 방법으로 재진술하는 것을 말한다. 반영적 경청의 기법으로서 흔히 사용되는 것이 의사확인(paraphrasing) 기법이다. 이것은 말하는 사람이 한 말의 내용에 관해서 듣는 사람이 이해한 것을 자신의 말로 바꾸어 상대방에게 말해주는 반응기법이다. 또한 이것은 상대방이 말한 바를 내가 바로 이해했는가를 확인하는 방법이다. 예를 들면 다음과 같다.

> 친구 1 : 난 참 어려워. 취업을 하는 게 좋을까? 아니면 대학원에 진학해서 공부를 하는
> 게 더 좋을까? 나는 내가 좋아하는 일을 하는 것도 좋을 것 같은데 생각해보니
> 공부를 더 해서 전문성을 키우는 일도 좋을 것 같고 생각이 오락가락해!
> 친구 2 : 너는 지금 어떻게 해야 할지 갈등하고 있는 것 같네. 자신의 일을 하고 싶은 마음
> 도 있고, 또 한편으로는 공부를 더 해서 전문성을 키우고 싶어하는 것 같아. 그런
> 거야?
> 친구 1 : 그래, 네 말이 맞아.

좋은 반영적 경청자는 요약반영 기법을 함께 사용하기도 한다. 이것은 대화 속에 조각들로 나열·표현되는 정보들을 말하는 사람들의 감정들과 말하고자 하는

중심주제에 맞추어 요약해서 반응하는 것이다(이성태, 같은 곳).

4. 피드백(Feedback)

피드백은 듣는 사람에게 전달되어 나타난 효과에 관한 메시지를 들은 사람이 말하는 사람에게 되돌려 반응해주는 것을 말한다. 피드백을 통해서 우리는 말하는 사람에게 그가 자신의 생각들을 다른 사람들에게 얼마만큼 이해시켰는가를 알려줄 수 있다. 훌륭한 청취자는 빠르고, 정직하고, 분명하고, 유익한 피드백을 준다.

이형득(1982, p. 145)은 건설적으로 피드백을 주기 위해 고려해야 할 사항들을 여러 학자들의 기술들을 종합하여 다음과 같이 기술하고 있다.

① 피드백을 받는 사람의 행동을 변화시키려 하거나 충고를 주는 것보다 오히려 피드백을 주는 사람이 갖는 생각과 정보를 함께 나누어 가지는 형식으로 이루어질 때 상대방에게 더 잘 받아들여질 수 있다(비강요성).
② 피드백을 받는 편에서 그것을 생산적으로 처리할 준비가 되어 있는지 주의 깊게 고려한 후에 주어져야 한다(준비성).
③ 피드백은 그런 말이나 행동을 하게 된 이유나 그 뒤에 숨어 있는 동기들에 대해서보다는 오히려 그 말이나 행동 자체에 대한 자신의 생각이나 느낌을 분명하게 보고하는 형식으로 주어지는 것이 바람직하다(진술성).
④ 피드백은 가능한 한 그 반응을 일으킨 말이나 행동이 있은 직후에 주어질 때 가장 효과적이다(즉시성).
⑤ 피드백은 변화가 가능한 언어행동에 한해서 주어져야 한다. 아무리 정확한 피드백을 준다 하더라도 인간의 노력으로 변화시킬 수 없는 것이라면 무용한 것이다(가변성)(이성태, 같은 곳).

5. 'Do 언어(행동지적 언어)'와 'Be 언어(성격규정 언어)'

'Do 언어'는 상대방의 문제가 되는 행동을 구체적으로 가리켜 표현하는 말이다. 예를 들면 "너는 약속시간보다 30분이나 늦었어", "지난번에 했던 약속을 지키지 않았어." 이 경우에는 상대방의 문제행동을 평가나 비판 없이 구체적으로 지적해주기 때문에 상대방이 자신의 어떤 행동이 잘못된 것인지를 인식하고 태도나 행동을 변화시킬 수 있다.

'Be 언어'는 상대방의 문제행동을 지적해준다기보다는 그 행동을 전반적인 성격특성이나 인격으로 확대시켜서 표현하는 말이다. 예를 들면 "당신은 약속도 제대로 지키지 않는 게으름뱅이군요.", "너는 나쁜 사람이구나." 이 경우에는 구체적인 문제행동을 명백하게 전달하지 않고 하나의 행동을 전반적인 특성으로 일반화해 버린다. 상대방은 자신의 인격이 평가된 듯한 느낌을 받고 상호 간에 감정이 손상될 우려가 있다(이영실 외, 2013).

제3절 효과적인 비언어적 의사소통 기술

비언어적 의사소통은 언어를 사용하지 않고 정보를 전달하는 소통방식이다. 우리가 비언어적 의사소통을 생각할 때 가장 많이 떠오르는 것은 자세, 몸짓, 얼굴표정과 같은 신체언어라고 할 수 있다. 의사소통에 있어 '열린' 몸자세에 관한 연구에 따르면 꼬고 있던 다리를 풀기, 몸을 앞으로 구부리기, 전반적인 이완 등은 상대방을 좋아하거나 그 사람에게 호감을 느끼고 있음을 나타낸다. 머리 끄덕이기, 몸을 곧바로 앞으로 향하기, 빈번한 몸짓과 자세 바꾸기는 사람들이 상대방에게 친밀감을 느끼거나 관심을 가질 때 흔히 나타난다(Kleinke, 1975). 따라서 이러한 비언어적 의사소통에는 어떤 영역이 있는지를 살펴보고, 보다 효과적인 의사소통으로 연결시킬 수 있는 여러 가지 의미의 범주를 살펴보고자 한다.

1. 가시적 채널

1) 거리

홀(E. Hall, 1959)은 대인적 상호작용에 대한 네 가지 기본 구역을 다음과 같이 제시하였다(홍대식 역, 1989 재인용).

<표 4-2> 대인적 상호작용과 심리적 거리

구분	거리(cm)	사례
친밀한 거리 (intimate distance)	46	부부 또는 아기를 돌보는 어머니 사이의 거리
개인적 거리 (personal distance)	46~122	친밀감을 느낄 수 있는 대화가 가능한 거리
사회적 거리 (social distance)	122~213	공식적인 입장 또는 사업상 만남을 위한 거리
공적 거리 (public distance)	213~762	청중 앞에서 강의하는 거리

출처 : Hall, 1959 : 재조직.

2) 얼굴표정

얼굴표정은 개인의 감정을 표현하는 비언어적 수단이다. 미소를 짓는 것은 상대방에 대한 호감, 기쁨, 만족을 표시하는 것이며 인상을 찡그리거나 입술을 깨무는 것과 같은 행동은 상대방에 대한 불쾌감, 분노 혹은 단호한 의지를 나타내는 것일 수 있다. 에크먼과 프리슨(Ekman & Friesen)에 따르면 놀람, 두려움, 혐오, 분노, 행복, 슬픔과 같은 정서가 얼굴표정을 통해 분명히 나타나며, 각 정서의 정도에 따른 미묘한 차이와 행복, 놀람과 같은 복합정서도 표출될 수 있다. 이처럼 의사소통 과정에서 우리는 자신의 감정을 얼굴표정으로 분명하게 드러내는 것이 필요한 경우가 있는가 하면 절대 드러내지 말아야 할 경우도 있다. 또한 상대방의 얼굴표정을 통해 그의 감정과 태도를 정확하게 간파하는 것도 의사소통에서 매우 중요한 일이다.

3) 눈 맞춤

대화를 하면서 눈을 마주치고 있다는 것은 상대방에 대한 관심을 표현하는 것이 될 수 있다. 엘스워스와 칼스미스(Ellsworth & Carlsmith)의 연구에 따르면 빈번한 눈 맞춤은 상호작용을 한층 강화시키고 전달하는 정서를 고조시킨다. 가령, 지영이가 세정이와 즐겁게 이야기하고 있을 때 눈 맞춤을 자주하면 그 상황이 한층 더 즐거워지고 서로 간의 호감도도 높아진다. 아질과 딘(Argyle & Dean, 1965)도 눈 맞춤이 상호작용에 있어 서로 느끼는 정서가 그 어떤 것이라도 강화한다는 생각을 지지하였다.

눈 맞춤의 회피나 중단은 관심이 없다는 신호가 될 수 있으며 눈빛(강렬, 온화, 적의), 응시 시간, 정도에 따라 다양한 의미를 내포한다. 때로 눈 맞춤은 친밀감 뿐만 아니라 위협적인 의미로 사용될 수 있다는 양면성을 지닌다. 그 감정의 내용이 긍정적인지 부정적인지는 맥락에 따라 달리 해석될 수 있다.

4) 제스처-신체언어

의사소통 과정에서 손, 팔, 머리, 몸통 등 신체의 움직임을 적절히 사용함으로써 메시지의 의미를 더욱 분명하게 전달하거나 강력하게 할 수 있다. 즉 어떤 사람의 자세나 신체적 움직임을 관찰함으로써 그 사람의 생각이나 그가 말하고자 하는 내용을 정확히 알아낼 수 있게 된다. 대화 중에 팔짱을 끼거나 다리를 꼬는 행동, 테이블을 사이에 두고 마주 앉은 상대방 쪽으로 기울이는지 혹은 멀어지려고 하는지의 자세, 혹은 가슴을 펴고 목에 힘을 주며 몸을 뒤로 젖히는 자세 등에 따라 상대방에 대한 호감의 정도나 태도를 파악할 수 있다. 한 가지 주의할 점은 신체적 제스처는 다양한 정보를 전달할 수 있지만 제스처에 대한 의미가 항상 동일하게 해석되지는 않는다는 것이다. 따라서 각각의 상황에 대한 맥락이나 그 행위를 하는 사람, 그리고 그가 속한 문화의 이해가 수반되어야 하며, 이것이 고려될 때 메시지의 정보를 보다 정확히 파악할 수 있게 된다.

2. 부언어적 기술

부언어는 말의 내용이 끝났을 때 말 속에 담긴 의미가 신호에 남아 있는 것이라고 할 수 있다.

1) 준언어

목소리의 높낮이와 크기, 말의 속도, 강조하거나 머뭇거림, 리듬, 억양 등이 그 요소들이다. 이러한 요소들은 대화의 과정 속에서 상대방에게 많은 정보를 제공해줄 수 있다. 대화를 하다가 특정부분을 강조할 때는 그 부분에 힘을 주어 크게 말하거나 오히려 천천히 이야기할 수 있다. 오히려 더 작은 소리와 말의 속도를 느리게 함으로써 상대의 집중도를 높일 수 있는 것이다. 따라서 준언어 역시도 사용되는 맥락에 따라 다르게 해석될 수 있다는 점에 유의하면서 주의를 기울일 필요가 있다. 데이비츠(Davitz, 1964)에 의하면 언어패턴으로부터 정서를 읽어내는 능력에는 개인차가 있다고 한다. 이러한 능력은 매우 중요하며 훈련과 연습을 통해 어느 정도 개선될 수 있다.

2) 비언어적 표현에서 속이기와 알아차리기

사람들은 때때로 다른 이들에게 자신의 진정한 기분을 속인다. 에크먼과 프리슨((Ekman & Friesen)에 의하면 사람들은 대개 세 가지 방법을 사용한다.

첫째, 사람들은 실제로는 느끼지 않는 정서를 느끼는 체한다. 예를 들어 별로 만나고 싶지 않은 사람과 마주쳤을 때 매우 호들갑을 떤다든지, 마음에 들지 않는 선물을 받고도 "내가 갖고 싶었던 건데"라고 하는 경우이다. 둘째, 사람들은 그들이 느끼는 정서를 느끼지 않는 척한다. 예를 들어 여자 친구와 길을 걷다가 좋아하는 다른 여자를 만났을 때 전혀 모르는 사이인 척, 반갑지 않은 척하기 등이다. 셋째, 사람들은 한 정서를 다른 정서로서 뒤집어씌우는 경우가 있다. 예를 들면, 경쟁자의 실패가 내심 기쁘면서도 안타까움으로 가장하는 모습을 보인다(장연집 외, 2012). 이상에서와 같이 비언어적 의사소통은 언어적 의사소통 과정을 보다 효과적으로 진행시키는 데 도움을 줄 수 있으며 언어적 의사소통만으로는 표현하기 어려운 복잡하고 미묘한 감정이나 태도 등을 전달하는 데 매우 유용한 것이라 할 수 있다(김혜숙 외, 2008).

1. 타인의 행동에 대한 자신의 생각을 상호 간에 솔직히 이야기해줌으로써 행동에 변화가 오도록 도와주는 것을 무엇이라고 하는가?

2. 상대방이 전달하고자 하는 의사의 본뜻을 스스로 볼 수 있게 해석해서 되돌려주는 것을 무엇이라고 하는가?

3. 자신의 메시지가 상대방을 공격하는 것으로 지각되면 상대방은 방어적이 된다. 의사소통에 있어 상대방의 어떤 부분에 관심을 집중하는 것이 타인의 방어의식을 감소시키는 데 도움을 줄 수 있는가?

4. 상대방의 감정을 상하지 않게 하면서 자신이 하고자 하는 말을 정확하게 전달할 수 있게 하는 의사소통 기법을 무엇이라고 하는가?

5. 다음 중 언어적 의사소통 방법과 관계 없는 것은?
   ① 나 메시지   ② 적극적 경청   ③ 반영적 경청   ④ 눈 맞춤

6. Hall의 상호작용에 대한 기본거리에서 친밀감을 느낄 수 있는 거리는?
   ① 46cm   ② 46~122cm   ③ 122~213cm   ④ 213~762cm

7. 둘 또는 그 이상의 사람들 사이에 사실, 생각, 의견 또는 감정의 교환을 통하여 공통적인 이해를 이루고 상호 간의 의식이나 태도 또는 행동에 변화를 일으키는 행동을 무엇이라고 하는가?

① 자기주장　　② 의사소통　　③ 반영적 경청　　④ 성격특성

8. 의사소통 과정의 구성요소가 <u>아닌</u> 것은?

① 송신자　　② 메시지　　③ 태도　　④ 피드백

9. 의사소통의 구성요소들 중에서 건설적이고 효과적인 피드백을 제공하는 방법이 <u>아닌</u> 것은?

① 상대방의 성격보다는 행동에 대해 말하기
② 상대방의 행동에 대해 판단하고 알려주기
③ 충고나 해결방안보다 대안제시
④ 자유로운 제안을 하되 강요하지 않기

10. 건강한 인간관계 형성을 위한 효과적인 의사소통 방법으로 활용하기 위한 기법이 <u>아닌</u> 것은?

① 명료화하기　　② 요약하기　　③ 지적하기　　④ 해석하기

권석만(2008). 젊은이를 위한 인간관계. 서울 : 학지사.

김수지 외(2001). 호스피스총론. 한국호스피스협회.

김종운, 박성실(2014). 인간관계 심리학. 서울 : 학지사.

김혜숙 외(2008). 인간관계론. 서울 : 양서원.

세브란스 호스피스(1997). 호스피스봉사자 교육교재. 세브란스 호스피스.

유수현 외(2009). 인간관계론. 서울 : 양서원.

이성태(2010). 인간관계론. 서울 : 양서원.

이영실, 이윤로, 유영달(2013). 정신건강론. 서울 : 창지사.

이형득(1982). 인간관계 훈련의 실제. 서울 : 중앙적성출판부.

장연집, 박경, 최순영(2012). 현대인의 정신건강. 서울 : 학지사.

홍대식 역(1998). 사회심리학. 서울 : 박영사.

Argyle, M., & Dean, J.(1965). Eye-contact, distance and affiliation. *Sociometry*, 18, 289–304.

Bolton, R. C.(1979). *People skills*. New York : Touchstone.

Davitz, J. P.(1964). *The communication of emotional meaning*. New York : McGraw-Hill.

Ekman, P., & Friesen, W. V.(1975). *Unmasking the face*. Englewood Cliffs, N. J. : Prentice-Hall.

Ellenson, A.(1998). 사회적응을 위한 인간관계. (이근후, 박영숙 역). 서울 : 하나의학사.

Ellsworth, P., & Carlsmith, J.(1968). Effects of contact and verbal content on adjective response to a dynamic interaction. *Journal of personality and Social Psychology*.

Hall, H.(1959). The Silent Language, Garden City. NY : Doubleday, *Psychology*, 10, 15–20.

Kleinke, C. L.(1975). *First impressions*. Englewood Cliffs, N. J. : Prentice-Hall.

제5장

대인신념의 변화

김수정

제1절 엘리스의 인간관 및 주요 개념
제2절 REBT의 활용

학습목표

1. 비합리적 신념과 합리적 신념을 나누어볼 수 있다.
2. 엘리스의 ABCDE 모형을 간략하게 서술할 수 있다.
3. 엘리스가 제시한 중요한 인지적 · 정서적 · 행동적 기법을 간략하게 설명할 수 있다.

어렸을 때부터 외롭게 자란 지수는 항상 자기 주변에 있는 모든 사람에게 사랑받기 위해 많이 노력하였다. 그러다가 사랑하는 사람을 만나 결혼을 하고 세 명의 아이까지 낳아 행복하게 살았다. 하지만 그녀는 친구의 꾐에 빠져 남편 몰래 집을 담보로 대출을 하여 부동산에 투자하였으나 결국 친구로부터 사기를 당하고 현재 전셋집으로 이사 가기도 힘든 형편이 되었다. 남편은 이 사실을 최근에야 알고 처음에는 자주 화를 내고 부부싸움도 많이 했으나 최근에는 지수에게 거의 말도 하지 않고 무관심하게 지내며 매일 술을 마시고 밤늦게 귀가하고 있는 실정이다.

성찰거리

1. 남편의 지수에 대한 무관심은 '부동산 사기로 인한 피해'라는 사건 때문인가?

2. 아니면 '남편에게 상의도 없이 부동산에 투자하여 사기를 당한 지수는 아내로서 자격이 없고 몰염치한 사람이다'라는 신념 때문인가?

많은 사람들은 주로 자신에게 일어난 사건들이 직접적으로 자신의 감정과 행동에 영향을 미치는 것이라 생각한다. 하지만 엘리스(Albert Ellis, 1913~2007)는 일어난 사건보다 우리가 그 사건을 어떻게 생각하는지의 신념체계가 우리의 감정이나 행동에 더 많은 영향을 미친다고 주장하였다. 즉 인간의 정서적 문제는 여러 가지 사고 중에서 어떤 상황이나 외부에서 주어진 자극을 합리적으로 받아들이지 못한 방식으로 지각하고 받아들이기 때문에 일어난다고 보는 것이다. 따라서 이러한 비합리적 사고로 인해 나타나는 문제를 해결하기 위해서는 비합리적 사고를 합리적인 사고로 바꾸어야 한다는 것이다. 이러한 논리로 엘리스는 개인의 행동이나 정서에 부정적인 영향을 주는 비합리적이고 비논리적인 신념을 합리적이고 논리적인 신념으로 대체하도록 도와줌으로써 정서장애나 부적응적 행동을 제거하는 REBT(Rational Emotive Behavior Therapy : 합리적 정서적 행동 치료)를 제안하였다(홍경자, 1995). 엘리스는 내담자들이 지닌 많은 문제들의 원인이 과거의 미해결된 무의식적 갈등 때문이 아니라 자신에게 일어난 사건들을 비합리적으로 지각하는 데 기인하고 있다고 주장한다.

이 장에서는 우리의 행동에 영향을 미치는 합리적 신념과 비합리적 신념에 대해 알아보고 비합리적 신념을 합리적으로 바꾸는 데 도움을 주는 ABCDE 원리에 대하여 알아보고자 한다.

제1절 엘리스의 인간관 및 주요 개념

1. 인간관

엘리스는 인간이 합리적이고 건강한 사고를 할 수 있고, 비합리적이고 건강하지 못한 사고를 할 수 있는 양면성을 가지고 있다는 가정에 기초한다. 인간은 타고난 합리적 신념에 의해 사랑하고, 행복을 추구하며 스스로를 성장시킬 수 있는 경향을 가지고 있고, 동시에 타고난 비합리적 신념을 통해 자신을 비난하고 자기파괴적이거나 성장을 방해할 수 있다고 본다. 또한 엘리스는 사람들이 자신의 인지, 정서, 행동 과정을 변화시킬 수 있는 능력을 가졌다고 본다. 이러한 엘리스의 인간에 대한 견해를 요약하면 다음과 같다(김춘경 외, 2013).

① 인간은 선천적으로 이중적 존재이다. 즉 인간은 합리적이면서도 비합리적인 존재이다.
② 인간은 비합리적 사고의 결과로 정서적 문제를 만들어내는 존재이다.
③ 인간은 자신의 인지, 정서, 행동을 변화시킬 수 있는 존재이다. 즉 인간은 특정상황에 대한 신념을 바꿈으로써 자기패배적인 행동과 부적절한 감정을 변화시킬 수 있는 역량을 지니고 있다.
④ 인간은 왜곡되게 생각하려는 생리적 · 문화적 경향성이 있으며 자신이 스스로를 방해하는 존재이다.
⑤ 인간은 비합리적인 생각이나 태도, 행동을 합리적인 것으로 바꾸며 성숙한 사람으로 변화할 수 있는 존재라고 결론지었다.

엘리스는 인간은 자기와 대화할 수 있고, 자기를 평가할 수 있고, 자기를 유지할 수 있는 존재로 보고 합리적 신념에 의한 자신과의 대화 및 평가는 건전한 생애의 목표를 달성하지만 비합리적 신념에 의한 자신과의 대화 및 평가는 부정적 사고를 통해 역기능적인 행동을 하고 불행한 삶을 살도록 할 것이라고 설명하였다(김춘경 외, 같은 곳).

2. 합리적 신념과 비합리적 신념

1) 합리적 신념

합리적 신념이란 나 아닌 다른 사람들도 다른 목표를 위해 삶을 살아가고 있다는 점을 인정하고 그 목표가 어떤 것이든 그 목표를 달성하는 데 도움을 주는 생각이나 느낌 그리고 행동을 의미한다. 또한 합리적 신념을 가지면 어떤 사건이나 사실에 대해 먼저 자기수용적인 태도를 보이며 적절하고 바람직한 감정과 행동 반응을 나타낸다(박문태 외, 2010).

2) 비합리적 신념

엘리스에 의하면 사람들은 어떤 사건을 자신이 가지고 있는 비합리적 사고방식으로 해석하기 때문에 정서적 문제를 경험하게 된다고 한다(천성문 외, 2013). 예를 들어 친구와 약속을 했는데 그 친구가 약속을 지키지 않아 기분이 상한 경우, 엘리스는 친구가 약속을 어긴 사건을 어떻게 받아들이느냐에 따라 화가 날 수도 있고 화가 나지 않을 수도 있다고 본다. 친구가 약속을 어긴 것보다는 그 사건을 어떻게 받아들이느냐에 따라 화가 난다는 것이다. 화를 내는 사람은 약속이란 꼭 지켜야 되는 것이란 생각을 가지고 있을 것이다.

엘리스는 인간이 흔히 범하기 쉬운 비합리적 신념을 11가지로 제시하면서 이 비합리적 신념들로 인해 인간은 적개심, 죄의식, 열등감, 불안, 분노, 자포자기, 무력감 등의 심리적 고통을 겪게 된다고 하였다. 엘리스가 제시한 11가지 비합리적 신념은 다음과 같다(Ellis, 1989).

〈표 5-1〉 REBT에서의 11가지 비합리적 신념

번호	비합리적 신념	내용
1	인정의 욕구	주위의 모든 사람들로부터 사랑과 인정을 받아야만 한다.
2	과대한 자기 기대감	모든 영역에서 완벽하게 유능하여 반드시 성공을 거두어야 가치로운 인간이다.
3	비난성향	자신에게 해를 끼치거나 악행을 저지르는 사람은 나쁘고 야비하며, 비열한 사람이므로 반드시 비난과 처벌을 받아야 한다.
4	좌절적 반응경향	어떤 일이 뜻대로 되지 않을 때 인생은 끔찍스럽고 아무런 가치가 없다.
5	정서적 무책임	행복이란 외부 사건들에 의해 결정되므로 우리는 통제할 수 없다.
6	과잉 불안	위험하거나 두려운 일이 일어날 가능성을 항상 마음속에 품고 있어야 한다.
7	문제 회피	삶의 어려움이나 자기가 져야 할 책임은 직면하는 것보다 회피하는 것이 더 쉽다.
8	의존성	사람은 다른 사람에게 의지하여야 하며, 자신이 의지할 수 있는 더 강한 누군가가 필요하다.
9	무력감	개인의 과거 경험은 그 사람의 현재 행동을 결정하며, 사람은 과거의 경험에서 벗어날 수 없다.
10	지나친 타인 염려	사람은 다른 사람의 문제나 곤란함에 대해서도 크게 신경을 써야 한다.
11	완전 무결주의	모든 문제엔 언제나 완전한 해결책이 있으며, 그것을 찾지 못하면 큰일이다.

3. ABCDE 모형

엘리스 이론의 핵심이 되는 ABCDE 모델은 인간이 비합리적 신념으로 인해서 부정적인 정서와 행동에 고착되는 것을 잘 설명해준다. REBT는 자기패배적인 증상을 제거하는 것이 목적이 아니라 스스로 가지고 있는 여러 가지 사고와 가치 중에서 부정적 사고나 가치관을 검토하여 긍정적 사고로 변화시키는 것이다. 자신의 비합리적인 신념을 검토함으로써 자기의 문제를 인지하여 부정적 사고를 극복하는 방법으로 ABCDE 모형을 제시하였다(박문태, 같은 곳).

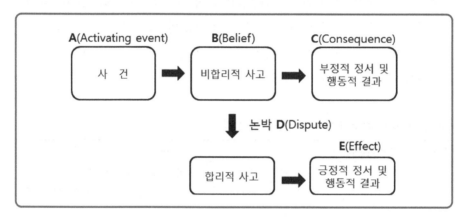

[그림 5-1] ABCDE 모형

1) A(Activating Event = Antecedent, 선행사건)

인간의 정서를 유발하는 어떤 사건(agent)이나 현상 또는 행위(activity)를 말한다.
예) 시험 불합격, 이혼, 실직, 부부싸움

2) B(Belief, 신념)

어떤 사건이나 행위 등과 같은 환경적 자극에 대해서 각 개인이 갖게 되는 태도, 즉 개인의 신념체계, 또는 사고방식, 비합리적인 신념체계란 위와 같은 사건이나 행위를 아주 수치스럽고 끔찍한 현상으로 해석하여 스스로를 징벌하고 자포자기하여 세상을 원망하게 하는 사고방식을 말한다.

3) C(Consequence, 후속 결과)

유발사건에 접했을 때 개인의 태도 및 사고방식으로 그 사건을 해석함으로써 느끼게 되는 정서적·행동적 결과를 말한다. 비합리적 사고를 가진 사람들의 대부분은 지나친 불안, 원망, 비판, 좌절감 등과 같은 감정을 느끼게 된다.

4) D(Dispute, 논박)

자신의 비합리적인 신념이나 사고에 대해서 도전해보고 과연 그 신념이 이치에 맞는 것인지 다시 한번 점검해보도록 상담자 또는 스스로가 돕는 것이다.

5) E(Effect, 효과)

내담자가 가진 비합리적인 신념을 철저하게 논박함으로써 합리적인 신념으로 대치한 이후에 느끼게 되는 자기수용적인 태도와 긍정적인 감정의 결과를 지칭한다. 인지적 효과(cognitive Effect)는 논박을 통해 바뀐 생각을 말하며 이는 어떤 사건에 대해 합리적인 사고를 할 수 있으리라 생각한다.

정서적 효과(emotional Effect)는 인지적 효과를 통해 갖게 되는 합리적인 감정을 뜻하며 행동적 효과(behavioral Effect)는 어떤 사건에 대해 사고와 감정이 달라짐으로써 나타나는 행동의 변화를 말한다.

이러한 과정을 통해 충분히 수용받는다는 것을 인식함으로써, 전에는 할 수 없다고 생각했던 것을 해낼 수 있다는 확신을 얻게 되면, 비록 자신의 행동에 불신을 갖고 있다 할지라도 다시 시도해볼 수 있게 된다는 것이다. 그리고 자신의 불안으로 인해 상대방을 비난해왔으며, 자신 안에 문제를 일으키는 원인이 있다는 것을 깨닫고, 방어를 감소시키는 등의 경험을 하게 됨으로써 보다 긍정적이고 적극적으로 살아갈 수 있게 된다고 할 수 있다(박문태, 같은 곳).

4. 정서적 결과

정서적 결과는 적절한 정서와 부적절한 정서로 구분되는데 이 두 가지를 구분하는 기준이 엄밀히 정해진 것은 아니지만 다음과 같이 구분할 수 있다.

1) 적절한 정서

적절한 정서는 우리가 살아가면서 어떤 상황에 부딪혔을 때 지나치게 좌절하거나 고통을 느끼지 않고 보다 행복하게 살아갈 수 있도록 도움을 주는 그러한 감정으로 '~하기를 좋아한다, ~하기를 바란다'라는 생각과 관련된다. 긍정적인 적절한 정서는 선호하는 것이나 소망이 이루어졌을 때 생기는 즐거움, 기쁨, 행복 등 활력을 주는 정서를 말하고 부정적인 정서는 좋아하는 것이나 원하는 것이 이루어지지 않았을 때 생기는 걱정, 초초 등과 같은 불쾌한 감정이다.

2) 부적절한 정서는 '반드시 ~해야 한다', '절대로 ~해서는 안된다'라는 식의 절대적 명령이나 요구와 관련된 정서로서 자기가 좋아하거나 원하는 일이 이루어지지 못할 때 느끼는 우울, 불안, 분노, 죄책감, 무가치함 등의 감정이다. 이런 정서는 자기패배적인 생각, 즉 '나는 ~ 때문에 쓸모없는 사람이다, ~은 참고 견딜 수가 없다.'와 관련된 정서이다. 부적절한 정서는 바람직한 상황을 바꾸는 데 도움이 되지 못할뿐더러 바람직한 상황을 더욱 악화시키며, 목적달성에 방해가 되는 정서이다(고명규, 1999).

제2절 REBT의 활용

1. 비합리적 신념 찾기

1) 합리적 신념과 비합리적 신념을 구분해보자.

상황별 내용	신념	합리적 신념	비합리적 신념
상황 1. 오늘 등산을 가기로 하였는데 한 친구가 아직도 집에	① 친구가 빨리 출발하면 좋을 텐데!		
	② 아직 출발하지도 못하고 다른 친구들에게 피해를 주면 안된다.		

서 출발을 하지 않았다.	③ 약속시간을 어기고 다른 친구들에게 성실하지 못한 모습을 보여선 안된다.		
	④ 이 친구도 늦을 수밖에 없는 상황이 있었을 것이다. 이 친구가 더 속상할 수 있다.		
상황 2. 친구와 도서관을 가기로 했는데 연락도 없고, 휴대폰도 꺼져 있다.	① 먼저 공부하자고 하고서는 연락도 없고, 나를 무시하는 것이다.		
	② 무슨 사정이 생기면 미리 연락을 해야 한다.		
	③ 혹시 친구에게 무슨 일이 생긴 건 아닌지 염려가 된다.		
	④ 친구라면 연락을 해야 하는데 이렇게 아무 연락도 없는 건 있을 수 없는 일이다.		
상황 3. 나는 책상정리를 하지 않는 걸로 동생에게 늘 잔소리를 한다.	① 책상은 늘 깨끗하게 정리되어 있어야 한다.		
	② 이번에 말하지 않으면 동생은 평생 정리하지 못할 것이다.		
	③ 책상을 정리하는 것은 동생에게는 별로 중요하지 않은 것이다.		
	④ 동생도 시간이 지나면 언젠가는 정리할 때가 있을 것이다.		

2. 비합리적 신념을 합리적 신념으로 바꾸어보기

예시) 상황 1. 나는 이번 시험에 꼭 합격해야만 한다.	1) 시험은 다음에도 있다. 2) 시험난이도에 따라 합격여부는 달라질 수도 있다.
▶ 비합리적 신념 : 꼭 합격해야만 함	3) 내가 공부한 만큼 결과가 나올 것이다.
예시) 상황 2. 남자친구로부터 사랑을 받지 못하면 안된다.	1) 나는 혼자서도 소중한 존재이다. 2) 내가 스스로 사랑할 때 그 가치를 타인들도 인정해준다.
▶ 비합리적 신념 : 남자친구에게 사랑을 받아야 함	3) 남자친구를 내가 사랑해주면 된다.
상황 3. 오늘 친구와 오해가 생겼다. 하지만 친구는 나에게 잘못했다고 하며 가버렸다. 오해를 풀지 않고 가버린 친구 때문에 화가 나고 속상하다. ▶ 비합리적 신념 :	1) 2) 3)
상황 4. ▶ 비합리적 신념 :	1) 2) 3)

3. ABCDE 모형의 활용

1) 당신이 속상하고 화가 날 때마다 ABC를 분석하고 자기논박을 통해 정서적이고 행동적인 효과를 찾아봅시다.

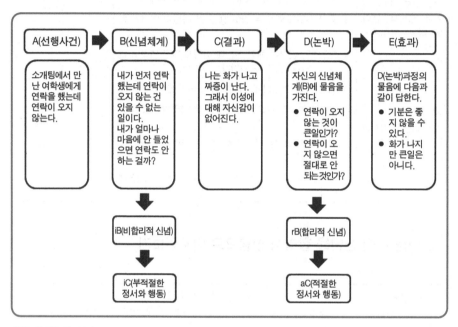

출처: 천성문 외, 2013.

[그림 5-2] ABCDE 모형 예시

2) 예시를 보고 자신의 생활 속에서 느끼는 문제나 사건들 중 비합리적 신념을 찾아
논박해보세요.

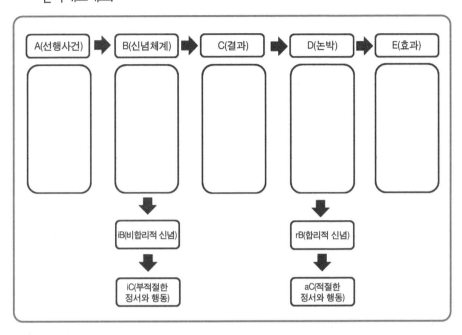

1. REBT에서의 11가지 비합리적 신념 중 생각나는 것 다섯 가지만 기술하시오.

2. 어떤 일이 뜻대로 되지 않을 때 인생은 끔찍스럽고 아무런 가치가 없다는 것은 비합리적 신념 11가지 중 무엇인가요?

3. ABCDE 모형에서 자신의 비합리적 신념이나 사고에 대해 도전해보고 과연 그 신념이 이치에 맞는 것인지 다시 한 번 점검해보도록 하는 영역은 어디인지 적으시오.

4. 비합리적 신념으로 인해 인간이 겪게 되는 심리적 고통을 세 가지만 말하시오.

5. 인간이 합리적이고 건강한 사고를 할 수 있고, 비합리적이고 건강하지 못한 사고를 할 수 있는 양면성을 가지고 있다고 주장한 학자는 누구인가요?

   ① 엘리스   ② 로저스   ③ 부버   ④ 프로이트

6. 아래 보기를 보고 ABCDE 모형 중 어느 영역인지 찾아보시오.

> 내가 먼저 연락했는데 연락이 오지 않는 건 있을 수 없는 일이다. 내가 얼마나 마음에 안 들었으면 연락도 안 하는 걸까?

   ① 선행사건   ② 신념   ③ 후속결과   ④ 논박

7. 비합리적 신념을 합리적 신념으로 바꾼 것이다. 합리적 신념이 <u>아닌</u> 것은 무엇인가?

　① 나도 나의 감정을 말할 권리가 있다.

　② 감정을 표현하지 않는 것이 아니라 어떻게 표현하는지가 중요하다.

　③ 하고 싶은 말을 모두 하는 것은 품위 없는 사람이다.

　④ 내가 말해야 상대방은 나의 입장을 분명히 알 수 있다.

8. ABCDE 모형 중 후속결과 내용으로써 <u>틀린</u> 것은?

　① 정서적 결과로서 적절한 정서와 부적절한 정서로 나뉜다.

　② 부정적 정서로서 원하는 일이 이루어지지 않았을 때 자기 패배적 생각이며 상황을 악화시킬 뿐이다.

　③ 비합리적 사고를 가진 사람은 대부분 희망, 즐거움, 설렘과 같은 감정을 느끼게 된다.

　④ 합리적인 신념은 적절한 정서와 행동을 가져오지만 비합리적인 신념은 부적절한 정서와 행동을 가져온다.

9. 적절한 정서와 관련된 내용이 <u>아닌</u> 것은?

　① '~하기를 좋아한다, ~하기를 바란다'라는 생각과 관련된 정서이다.

　② 이 정서에는 긍정적인 정서와 부정적인 정서가 있다.

　③ 즐거움, 사랑, 행복 등과 같은 생활에 활력을 주는 정서이다.

　④ 좋아하거나 원하는 일이 이루어지지 못할 때 느끼는 감정이다.

10. 다음 중 부적절한 정서의 감정은 어떤 것인가?

　① 걱정　　② 우울　　③ 사랑　　④ 초조

고명규(1999). REBT에 관한 이론적 접근. **학생생활연구, 제19권, 37.** 제주대학교 학생생활
　　연구소.

박경애(1997). **인지 · 정서 · 행동치료.** 서울 : 학지사.

박문태(2010). **건강한 인간관계.** 울산 : UUP.

이세미(2004). **Albert Ellis의 REBT에 대한 연구.** 고신대학교 대학원 석사학위논문.

천성문, 박명숙, 박순득, 박원모, 이영순, 전은주, 정봉희(2009). **상담심리학의 이론과 실제**
　　(2판). 서울 : 학지사.

Ellis, A.(1989). Overview of clinical theory of rational-emotive therapy. In Grieger, F., &
　　Boyd, J.(Eds.). *Rational-emotive therapy : A skill-based approach,* 1-31. New York : Van
　　Nostrand Reinhold.

제**6**장

교류분석

하은경

학습목표

1. 구조분석의 자아상태를 간결하게 설명할 수 있다.

2. 교류분석의 세 가지 예를 제시할 수 있다.

3. 네 가지 인생태도를 열거할 수 있다.

　　조별과제를 하려고 지연이, 현수, 령은이가 모였다. 지연이가 눈치를 보면서 "저기 내 부분을 다하지 못했는데~". 이 말을 듣고 화가 난 현수가 "내일 제출해야 하는데 네가 맡은 부분을 해오지 않으면 어쩌겠다는 거니? 우리 학점이 제대로 나오지 않으면 네가 책임을 질 거니? 정말 넌 책임감이 없구나."라고 말하면서 분위기가 냉랭해졌다. 령은이가 두 사람을 보면서 "지금 하지 않은 부분을 책망하고 있을 시간은 없는 것 같아. 지금 이 시점에 우리가 어떻게 해야 할지를 의논해보자."라며 모여 있는 이유를 생각하게 했다.

성찰거리

1. 세 사람은 각각 부모, 어른, 아이 자아상태 중 어떤 자아상태에 머무르고 있나요?

2. 세 사람의 마음속에 있는 다섯 가족이 어떻게 교류하고 있나요?

교류분석은 처음에는 의학적 치료에서 출범했으나 이론이 쉽고 적용 가능성이 높아 빠른 속도로 대중에게 알려지면서 현재는 인간관계를 주제로 하는 거의 모든 영역에서 활용되고 있다. 교류분석은 세 가지 자아상태 모델을 통해 성격의 형성을 보여주는 하나의 성격이론으로서 인간의 성격이 심리적으로 어떻게 구성되어 있는지, 어떻게 행동으로 표현되는지를 보여준다. 또한 교류분석은 의사소통 이론을 제공해주기에 의사소통에서의 문제를 해결하도록 도와 생산적으로 소통할 수 있도록 한다.

제1절 개념

교류분석(Transactional Analysis : TA)은 1950년대 미국의 정신의학자 번(Eric Berne)이 주창한 성격이론이자 상담 및 심리치료이론으로 부모(P), 어른(A), 아이(C)와 같은 세 가지 자아상태를 사용해 나와 다른 사람과의 의사소통 교류를 분석하는 상담으로 인간관계에 존재하는 모든 장면에 적용할 수 있다(Stewart & Joines, 1987).

교류분석에서 우리 각자는 세 가지 자아상태, 즉 부모(Parent), 어른(Adult), 아이(Children)를 가지고 있다고 가정한다. 이 세 가지 자아상태는 프로이트가 정신분석에서 제시한 성격의 구성요소인 초자아, 자아, 원초아와 비슷한 속성을 가지고 있는 개념이지만 정신분석은 무의식에 초점을 두는 반면 교류분석은 관찰할 수 있는 의식적 행동에 초점을 두는 것이 명확한 차이라고 번은 말했다.

교류분석에서는 분석방법으로 구조분석, 교류분석, 게임분석, 각본분석을 사용한다(노안영, 2014). 간략하게 살펴보면 구조분석은 우리 각자의 세 가지 자아상태를 분석해서 자신을 이해하도록 돕는 것이다. 교류분석은 우리가 다른 사람과 관계하는 행동과 언어를 분석하는 것이다. 게임분석은 우리가 다른 사람과 좋지 않은 방법으로 의사소통을 하면서 치르게 되는 시련감정을 경험하게 하는 저의적 교류를 분석하는 것이다. 각본분석은 우리가 수행하는 구체적인 인생각본을 분석하는 것이다. 교류분석은 이러한 분석과정을 통해 자기이해, 타인이해, 자신과 타인의 관계를 이해하게 해서 좀 더 깊은 인간관계를 맺게 하고, 사고, 감정,

행동이 변화하도록 돕는다.

제2절 구조 및 기능 분석

교류분석에서는 인간의 성격이 관찰 가능한 세 가지 자아상태로 구성되어 있다고 가정하고 이 세 가지 자아상태를 통해 인간의 성격을 분석하는 과정을 구조분석이라고 한다. 구조분석에 따르면 병리적 상황을 제외하고는 이 세 가지 자아상태가 머물지 않고 끊임없이 이동한다고 보기에 어떤 자아상태에 많이 머무는가에 따라 인간의 특징이 달라진다고 본다.

한 사람의 성격을 자아상태 모델을 통해 이해한다는 것은 구조 및 기능을 분석한다는 의미이고 이는 이고그램 검사를 통해 알 수 있다(Dusay, 1972).

1. 자아상태 모델

인간의 자아상태는 한 가지 자아상태에서 다른 자아상태로 변화한다고 보며, 자아상태를 부모(P), 어른(A), 아이(C)로 구분한다. 일반적으로 세 개의 자아상태는 세로로 세워진 세 개의 원으로 도식화하고 그 원 안에는 자아상태의 머리글자를 각각 쓴다(김춘경 외, 2010).

P 부모 자아상태

A 어른 자아상태

C 아이 자아상태

2. 자아상태의 특성

세 자아상태의 특성을 설명하면 다음과 같다(김춘경 외, 같은 곳).

부모 자아상태는 개인이 자신이나 타인에게 강요하는 '해야 한다(당위적 명령)'

로 구성되어 있는 자아상태로 6세경부터 발달하기 시작하며 부모의 양육태도, 사회문화적 환경에 영향을 받는다. 부모 자아는 양육적 또는 비판적(통제적) 행동으로 표현된다. 비판적(통제적) 부모(Critical/Controlling Parent : CP)는 양심이나 이상과 관련되어 있어서 주로 비난이나 지적을 하지만 동시에 생활에 필요한 여러 규범이나 가치관 등도 가르친다. 양육적 부모(Nurturing Parent : NP)는 친절, 동정, 관용적인 태도를 나타내며 위로, 격려, 칭찬을 주로 한다. 지나치게 강하면 과잉보호가 되어 간섭이 심해지기 쉬우므로 주의해야 한다.

어른 자아상태는 개인이 현실세계와 관련해서 기능하는 부분으로 18개월부터 발달하기 시작해서 12세경이면 정상적으로 기능한다. 어른 자아는 사고와 합리적 행동이 특징으로 현실검증, 문제해결, 다른 두 자아상태에 대해 중재하는 역할을 한다.

아이 자아상태는 어린 시절에 실제로 경험했던 감정이나 행동으로 자발성, 창의성, 충동, 기쁨, 즐거움, 흥미 등이 특성이다. 아이 자아는 자유로운 또는 순응하는 행동으로 표현된다. 자유스런 아이(Free Child : FC)는 자유로워서 어떤 것에도 구애받지 않고 창의적이며 장난도 좋아하고 유머가 풍부하다. FC에서 예술적 소질이나 창의력, 직관력이 나온다. 순응하는 아이(Adapted Child : AC)는 자신의 감정을 억제하고 다른 사람의 기대에 부응하도록 노력하는 부분으로 주로 부모의 영향 아래 형성된 것이다. 평상시에는 참다가 어떤 사태가 생기면 반항하거나 격하게 분노하는 모습을 보이기도 한다.

자아상태를 표로 나타내면 다음과 같다.

〈표 6-1〉 마음속 다섯 가족에 대한 인식 포인트

구분	특질	말	소리, 말투	자세, 동작, 표정, 몸짓
CP	편견적 봉건적 보수적 비난적 규제한 징벌적 비판적 배타적	당연하지 격언, 속담 인용 이론을 내세운다 말한 대로 해라 못쓰겠군 멍청하군 ~하지 않으면 안된다 나중에 후회할걸	단정적 조소적 의심을 품는다 강압적인 말투 도와주는 척한다 교훈적 설교적 비난을 풍긴다	전능자적(자신과잉) 직접 가르친다 지배적 잘난 척, 상사인 척 도전적 타인을 이해한다 주먹으로 책상을 친다 무시한다

				깔본다 콧방귀를 뀐다 특별취급을 요구한다
NP	구원적 수용적 응석을 받다 보호적 위안 배려 동정	해드리지요 알겠어요 서운하다는 거지요 잘되었어요 염려 말아요, ~ 할 수 있어요 불쌍하게도 참 잘됐군요 힘을 내세요 맡겨두세요 좋은 아이야 걱정 마세요	온화하다 안심감을 준다 기분을 알아주는 동정적 애정이 듬뿍 따뜻한 부드러운	손을 내민다 과보호적 태도 미소를 띠다 껴안아준다 어깨에 손을 얹다 배려가 가득하다 돌보는 데 열중한다 천천히 귀를 기울인다
A	정보 수집 성향 사실 중심주의 분석적 객관적 합리적 지성적 설명적	잠깐! 기다려 누가 언제 왜 얼마 어디에서 구체적으로 말하면 생각해봅시다 나의 의견으로는 정보에 의하면	차분한 낮은 소리 단조로움 일정한 음조 냉정 명료 말이 선정되어 있다 싫증이 난다	주의 깊게 듣는다 냉정 관찰적 기계적 태도 안정된 자세 상대편의 눈과 마주친다 필요한 경우 침묵하여 생각 을 정리한다 생각을 종합한다 대등한 태도 계산되어 있다
FC	본능적 적극적 창조적 직관적 감정적 호기심 자발적 행동적 공상적 낙관적	감탄사 와우~ 멋지다! 좋아요/싫어요 갖고 싶다 부탁한다 해줘요 못해요	개방적 느긋한 모양 큰 소리로 자유로운 자연스러운 감정적 흥분적 밝은 싫증나지 않는 티 없는 즐거운 것 같은	자유로운 감정표현 활발 잘 웃는다 장난을 친다 유머가 풍부하다 씩씩하다 선명하다 때로는 공상적 이완한다 자연스럽게 요구된다 솔직히 응석부린다
AC	순응적 감정 억제 반항적 소극적 의존적 착한 아이 도전적 반항적	곤란한데요 ~해도 좋을까요 잘 모르겠습니다 저 같은 사람이 조금도 알아주지 않는다 네. 따르겠습니다 슬프다/우울하다 쓸쓸하다/분하다	소곤소곤대다 자신이 없다 끄덕지다 조심스럽다 여운이 있는 반응 한스럽다 때로는 격분 애처롭다 힘없이 중얼거리는	정면으로 보지 않는다 다른 사람에게 마음을 쓴다 탄식 동정을 구한다 겁에 질린다 주선하다 침울하다 거절하지 않는다 안색을 살핀다

출처 : 김규수 · 류태보, 1993.

3. 이고그램

다섯 가지 자아의 기능에 따라 인간의 모든 관찰 가능한 언어, 음성, 태도, 표정, 몸짓, 행동 등이 달리 나타난다고 보고 그 발생빈도와 표출되는 에너지양에 따라 분류한 후 막대그래프로 그려 개인의 성격을 알아내는 것이 이고그램이다 (Dusay, 같은 곳).

바람직한 이고그램은 없지만 해석 시 각 자아의 점수 높낮이를 비교해가면서 자신의 높은 자아상태와 낮은 자아상태를 살펴보고 낮은 자아상태를 활성화하여 성장을 돕는 법을 학습할 필요가 있다.

성인용 이고그램검사(한국교류분석학회)

〈보기〉
언제나 그렇다(매우 긍정) ⑤
자주 그렇다(약간 긍정) ④
그저 그렇다(보통) ③
가끔 그렇다(약간 부정) ②
거의 그렇지 않다(매우 부정) ①

*다음 질문에 대한 대답을 보기에서 골라 □난에 기입하세요.
 단, 현재 하고 있는 그대로를 기입하세요.

1. 다른 사람을 헐뜯기보다 칭찬을 한다.	■	□	■	■	■
2. 사태의 흑백을 명백히 가리지 않으면 마음이 편치 않다.	□	■	■	■	■
3. 무슨 일을 할 때 좀처럼 결심을 할 수 없다.	■	■	■	■	□
4. 나는 명랑하게 행동하고 장난을 잘 친다.	■	■	■	□	■
5. 말이나 행동을 냉정하고 침착하게 한다.	■	■	□	■	■
6. 성미가 급하고 화를 잘 낸다.	■	■	■	□	■
7. 인정을 중요시한다.	■	■	□	■	■
8. 호기심이 강하고 창의적인 착상을 잘한다.	■	■	■	■	■
9. 사물의 정돈을 잘한다.	■	■	■	■	■
10. 농담을 하거나 익살부리기를 잘한다.	■	■	■	■	■
11. 의존심이 강하다.	■	■	■	■	□
12. 상대의 이야기를 경청하고 공감하기를 잘한다.	■	■	□	■	■
13. 상대의 부정이나 실패에 대해 엄격하다.	□	■	■	■	■
14. 어려움에 처해 있는 사람을 보면 도와주고 싶어한다.	■	■	□	■	■
15. 숫자나 자료를 사용해서 이야기한다.	■	■	■	■	■
16. 제멋대로 말하거나 행동한다.	■	■	■	□	■
17. 후회의 생각에 사로잡힌다.	■	■	■	■	□
18. 좌절감을 맛보는 경우가 많다.	■	■	■	■	□
19. 6하 원칙(언제, 어디서, 누가, 어떻게, 왜, 무엇을)을 설명한다.	■	■	■	■	■
20. 일을 능률적으로 수행한다.	■	■	■	■	□
21. 요령이 없고 주저주저한다.	■	■	■	■	□
22. 무슨 일이나 사실에 입각해서 객관적으로 판단한다.	■	■	□	■	■
23. 다른 사람으로부터 부탁을 받으면 거절하지 못한다.	■	□	■	■	■

번호 및 내용	CP	NP	A	FC	AC
24. 주변 사람에게 긴장감을 준다.	□	■	■	■	■
25. 봉사활동에 즐겨 참여한다.	■	□	■	■	■
26. 배려나 동정심이 강하다.	■	□	■	■	■
27. 신이 나면 도가 지나쳐서 실수를 한다.	■	■	■	□	■
28. 다른 사람의 장점보다 결점이 눈에 띈다.	□	■	■	■	■
29. 다른 사람의 반대에 부딪치면 자신의 생각을 바꾸고 만다.	■	■	■	■	□
30. 다른 사람에 대해 온화하고 관대하다.	■	□	■	■	■
31. 상대방의 말을 가로막고 자신의 생각을 바꾸고 만다.	□	■	■	■	■
32. 오락이나 술, 음식물 등을 만족할 때까지 취한다.	■	■	■	□	■
33. 계획을 세우고 나서 실행한다.	■	■	□	■	■
34. 완고하고 융통성이 전혀 없다.	■	■	□	■	■
35. 다른 사람의 안색을 살핀다.	■	■	■	■	□
36. 스포츠나 노래를 즐길 수 있다.	■	■	□	■	■
37. 현상을 관찰, 분석하고 합리적으로 의사결정을 한다.	■	■	□	■	■
38. 욕심나는 것을 가지지 않고는 못 배긴다.	■	■	□	■	■
39. 열등감이 심하고 자신의 감정을 참고 억제한다.	■	■	■	■	□
40. 상냥하고 부드러우며 애정이 깃들어 있는 대화나 태도를 취한다.	■	□	■	■	■
41. 일을 빨리 처리하는 것이 장기이다.	■	■	□	■	■
42. 하고 싶은 말을 할 수가 없다.	■	■	■	■	□
43. 상대를 바보 취급하거나 멸시한다.	□	■	■	■	■
44. 노는 분위기에 저항 없이 어울린다.	■	■	■	□	■
45. 눈물에 약하다.	■	□	■	■	■
46. 대화에서 감정적으로 되지 않고 이성적으로 풀어간다.	■	■	□	■	■
47. 부모나 상사가 시키는 대로 한다.	■	■	■	■	□
48. '당연히 …해야 한다', '…하지 않으면 안된다.'는 말투를 잘 쓴다.	□	■	■	■	■
49. '와~ 멋있다!', '굉장하군!', '아하!' 등의 감탄사를 잘 쓴다.	■	■	■	□	■
50. 매사에 비판적이다.	□	■	■	■	■
합 계	□	□	□	□	□
	CP	NP	A	FC	AC

출처 : 우재현 편저, 2010.

*□ 안에 기입된 점수를 세로로 합산해서 다음 페이지에 있는 '나의 이고그램'에 합계를 표시한 후 막대그래프로 나타내시오.

나의 이고그램

	남 여	남 여	남 여	남 여	남 여
점수					
유형					
	A30~50 27~50	A39~50 40~50	A36~50 35~50	A31~50 34~50	A32~50 33~50
	B19~29 17~26	B29~38 30~39	B28~35 25~34	B22~30 23~33	B19~31 22~32
	C 1~18 1~16	C 1~28 1~29	C 1~27 1~24	C 1~21 1~22	C 1~18 1~21
	비판적 부모 CP	양육적 부모 NP	어른 A	자유스런 아이 FC	순응하는 아이 AC

왼쪽 눈금: 50 48 46 44 42 40 38 36 34 32 30 28 26 24 22 20 18 16 14 12 10 8 6 4 2

오른쪽 눈금: 49 47 45 43 41 39 37 35 33 31 29 27 25 23 21 19 17 15 13 11 9 7 5 3 1

제3절 교류분석

교류분석은 인간관계를 눈으로 볼 수 있도록 도식화해서 우리가 다른 사람과 의사소통할 때 어떤 자아상태에 있는지를 각기 분석하여 인간관계에 어떤 장애가 있는지, 어떻게 장애를 제거할 수 있는지를 알아내어 관계를 개선할 수 있는 방안을 제시해준다. 따라서 교류에 대한 분석은 사람들의 솔직하고 생산적인 의사소통에 도움을 준다.

교류를 할 때는 어떤 자아상태에서 보내는지, 상대의 어떤 자아상태에 메시지를 보내는지에 따라 기대하는 반응이 달라진다. 이에 따라 교류를 세 가지로 분류하면 다음과 같다.

1. 상보적 교류

자극을 보낼 때 기대하는 반응이 오는 경우로, 자극과 반응이 평행선을 이루는 상호 지지하는 교류이다. 말이 통해 대화가 된다는 생각을 하게 된다.

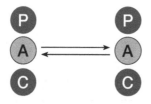

학생 : 이번 과제는 무엇입니까?
교수 : 감사일기 적어오는 겁니다.

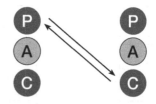

알바 주인 : 또 늦었군. 제때 오라고 했잖아!
알바생 : 죄송합니다. 다시는 늦지 않겠습니다.

2. 교차적 교류

기대했던 반응과 다른 반응이 되돌아오는 경우로 두 사람 사이의 교류가 불편해진다. 이로 인해 대화의 단절, 무시, 침묵, 싸움 등이 되기에 인간관계에서 고통이나 혼란의 근원이 되기도 한다.

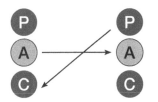

친구 1: 지금 몇 시니?
친구 2: 지금 묻지 마. 강의시간에 늦었어.

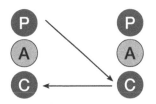

엄마: 과제 안 하고 지금 뭐하고 있는 거니?
아이: 게임부터 할 거예요.

3. 이면적 교류

표면적으로는 아무렇지 않은 메시지가 있지만 실제로 주된 욕구나 의도를 이면에 숨겨놓은 복잡한 교류이다. 메시지나 대화에 주의를 집중하지 않으면 이해할 수 없으며 속임수가 내재해 있어 여러 갈등이나 정신적 질환의 문제가 된다. 그런데 이면적 교류가 반드시 부정적일 수는 없지만 내면적인 메시지가 게임이나 부정적인 결과를 초래하는 경우가 많다.

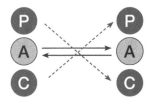

엄마 : 예진이는 장학금을 받았다는구나.
　　　(너도 공부 좀 하렴.)
아이 : 장학금을 받아 기쁘겠네요.
　　　(나도 장학금을 받고 싶단 말이야.)

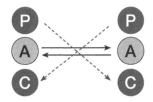

남편 : 휴지 어디 있어? (빨리 갖다 줘.)
아내 : 창고에 있어요.
　　　(찾아보지도 않고 귀찮게.)

제4절 각본분석

어린 시절의 생존을 위한 경험으로 각본을 쓰게 되면 현재의 삶에 영향을 미친다. 보통 출생하면서 쓰기 시작해서 네 살 무렵에 기본 줄거리를 결정짓고 일곱

살쯤 되어 각 부분의 주요 내용을 완성시킨다. 그리고 다듬어가면서 부수적인 것들을 추가하다 청년기에 와서는 실생활에 맞도록 업데이트시키면서 수정해나간다(Stewart & Joines, 같은 곳). 각본은 인생이 한 편의 드라마와 같다고 생각하고 그 가운데 자신이 어떤 연기를 하는가를 의미한다. 따라서 그 각본 안에 어떤 내용이 들어 있는지, 어떻게 드러나는지를 구별하여 설명할 수 있는데 지문처럼 사람마다 다르게 나타난다.

어린 시절에 적은 각본은 지금뿐 아니라 앞으로의 삶에도 영향을 미친다. 각본의 내용은 승리자, 패배자, 비승리자 각본으로 나눌 수 있다(Stewart & Joines, 같은 곳).

1. 승리자 각본

번은 '자신이 설정한 목표를 성취하는 사람'을 승리자라고 했다. 어렸을 때 자신이 성장해서 멋진 만화가가 되겠다고 목표를 정하고 어른이 되어 그것이 이루어졌다면 그를 '승리자'라고 부른다. 승리자 각본을 가진 사람은 자신이 설정한 목표를 달성하기 위해 꿈과 희망을 가지고 열심히 살기에 자신이 설정한 목표를 무리 없이 편안하게 달성하는 것이다. 사회적 잣대와는 상관없이 자신의 처지에 만족하고 매순간 최선을 다하는 사람이면 진정한 승리자라고 할 수 있다.

2. 패배자 각본

승리자와는 달리 '자신이 설정한 목표를 달성하지 못한 사람'을 패배자라고 했다. 훌륭한 군인이 되겠다고 군에 들어갔다가 불명예 제대를 했다면 그는 패배자이다. 인생에 아무런 꿈과 희망, 목표가 없으며 현재의 삶보다는 과거의 기억이나 미래의 기대에 초점을 맞추며 살아간다.

3. 비승리자 각본

승리자와 패배자의 중간에 놓여 있는 사람으로 큰 승리도 큰 패배도 경험하지 않은 사람의 각본이다. 그저 남들과 비슷한 수준에 도달하면 만족해하기에 보통 '평범한' 각본이라고 부른다. 자신이 선택한 목표를 이루기 위해 최선을 다하지도 않고 모험이나 도전을 하지 않고 다른 사람 밑에서 편하게 일한다. 직장에서 임원이 되지 못하지만 해고당하지도 않다가 퇴직을 하게 된다.

제5절 스트로크

사회적 행동에 대해 기본적 동기를 일으키게 하는 것은 스트로크로 일생 동안 지속되는 욕구이다. 스피츠(Spitz, 1945)는 영국 아동시설에서 유아의 사망률을 연구하면서 어린이의 육체적 스트로크 및 접촉범위가 생존에 지대한 영향을 미친다는 것을 알아냈다. 아동은 성장하면서 신체적 스트로크가 주어지지 않으면 타인으로부터 언어적·상징적 스트로크를 얻으려고 방법을 찾기 시작한다. 또한 할로(Harlow)의 영장류 연구에서 어미 없이 길러진 원숭이와 철사 모형에게서 길러진 원숭이는 정서장애와 이상행동을 보이는 것을 발견했다.

우리는 길을 걷다 친구를 만나면 "안녕." 하고 웃으며 말한다. 그러면 친구도 웃으면서 "반가워. 지금 강의 들으러 가는 거니?"라고 대답한다. 이처럼 우리는 하루에도 수없이 스트로크를 주고받는 것이다. 번은 스트로크를 인정의 한 단위로 정의한다(Berne, E., 1964).

스트로크는 타인의 인정을 받는 모든 행위로, 한 사람이 다른 사람으로부터 얻게 되는 신체적 접촉, 심리적 인정을 의미한다. 신체에 보약이 필요하듯 마음에도 필요한 보약을 긍정적 스트로크라고 부르는 것으로 다른 사람들과의 친밀한 작용을 의미한다.

스트로크는 다음과 같이 여러 종류로 나눌 수 있다(Stewart & Joines, 같은 곳).

1. 언어적 스트로크와 비언어적 스트로크

비언어적 스트로크는 태어나서부터 죽을 때까지 중요하지만 네 살이 지나면서 줄어들고 좀 더 언어적이 되는 경향이 있다.

친구와 인사하는 장면에서 우리는 언어적 스트로크와 비언어적 스트로크를 나누었다. '안녕'이라는 말 외에도 여러 가지의 언어적 스트로크를 나누었다. 그리고 웃는 것 외에도 고개를 끄덕이거나 악수를 하는 등의 비언어적 스트로크를 주고받았을 것이다. 대부분의 교류에서는 언어적 스트로크와 비언어적 스트로크가 오간다.

2. 긍정적 스트로크와 부정적 스트로크

개인의 생존에 필수적이기에 긍정적 스트로크가 주어지지 않으면 부정적 스트로크를 찾게 된다. 사람들은 항상 긍정적인 스트로크를 얻고 싶어하지만 현실은 그렇지 못하다. 그리고 스트로크를 받지 못하는 것보다 부정적인 스트로크를 받는 것이 낫다. 두 개의 박스를 나눠 한 박스에 있는 쥐에게는 하루에 여러 번씩 전기 자극을 주고 다른 박스에 있는 쥐에게는 아무 자극도 주지 않았다. 전기 자극이 고통스러웠지만 아무런 자극을 받지 못하는 쥐보다 잘 자랐다는 동물발달 실험연구가 있다. 이에 사람들은 스트로크 없이 방치되기보다 부정적인 스트로크라도 받으려고 한다.

친구에게 인사를 했더니 찡그리며 지나갔다면 부정적인 비언어 스트로크를 준 것이다. "안녕."이라고 인사하자 "너 만나기 전까지는 그랬어." 하면서 지나갔다면 부정적인 언어 스트로크를 준 것이다.

3. 조건적 스트로크와 무조건적 스트로크

조건적 스트로크는 사람이 한 행동에 달려 있고 무조건적 스트로크는 사람 자체에 달려 있다.

4. 병합적 스트로크

① 긍정적, 조건적 : "정말 학점을 잘 받았구나!", "과제를 정말 제대로 해냈구나!"

② 긍정적, 무조건적 : "넌 정말 사랑스런 아이구나.", "네가 있어 얼마나 행복한
　지!"
③ 부정적, 조건적 : "어떻게 그렇게 예의 없이 행동하는 거니?", "공부는 안 하
　고 잠만 자는 너를 보면 짜증이 나!"
④ 부정적, 무조건적 : "넌 참 정이 가지 않는구나.", "난 그냥 네가 싫어!"

제6절 인생태도(생활자세)

　인생태도는 대부분 어렸을 때 부모로부터 어떤 스트로크를 받았는가에 따라
형성되는 것으로 실존적인 가치에 대한 근본적인 자세를 의미한다. 번은 어린 시
절(3세에서 7세 무렵) 각본을 형성할 때 이미 자기 자신, 다른 사람들, 세상에 대
한 어떤 인생태도를 가진다고 했고 이런 인생태도들은 일생 동안 따라다닐지도
모른다. 인생태도(생활자세)들을 요약하면 다음과 같다(Stewart & Joines, 같은
곳).

　네 가지 기본 인생태도는 자신과 타인을 지각하는 데 본질적인 가치를 부여하
는 근본적인 태도를 나타낸다. 이 태도들은 자기 자신이나 다른 사람들의 행동에
대한 단순한 견해 이상으로 이 중 하나를 선택하게 되면 나머지 각본을 여기에
맞추어 작성할 가능성이 높다고 볼 수 있다.

1. 자기 긍정 – 타인 긍정(I'm OK-You're OK)

　이 자세를 선택하면 자신을 사랑스럽고 좋게 여기며 다른 사람도 사랑스럽고
진실한 존재로 보게 된다. 즉 자신과 타인을 있는 그대로 수용하며 신뢰성과 개
방성을 보이며 정신적 · 신체적으로 건강하게 구성되어 있어 참된 자기실현으로
간다.

예 : 강의를 끝낼 때 교수가 과제를 내주시자 나는 기꺼이 받아들이면서 교수가 요구한
　　과제를 충분히 해낼 수 있을 만큼 자신이 유능하다고 생각했고 이 과제를 하는 것이
　　즐거웠다. 그리고 교수도 유능하고 합리적인 분이라고 생각했다.

2. 자기 부정 – 타인 긍정(I'm not OK-You're OK)

고립되거나 우울해지기 쉬운 사람이 선택하는 것으로 자신이 타인에게 희생당하는 주제로 각본을 구성하기에 내향적이고 소극적인 경향을 띠기 쉽다.

예 : 친구가 얼굴을 잔뜩 찡그리며 내게로 오고 있었다. 전에도 학교에 대해 장황하게 불평을 늘어놓으며 조언을 구하고는 받아들이지 않았다. '저 친구가 불평을 늘어놓아도 내가 어떻게 해줄 수 없어. 그리고 내가 어떤 말을 해도 불평을 늘어놓을 거야. 일단 여기서 피해야겠다.'고 생각하고 "미안해. 지금 약속이 있어서 너랑 이야기를 할 수 없어." 하고는 피한다.

3. 자기 긍정-타인 부정(I'm OK-You're not OK)

언뜻 보기에 승리자 각본을 형성할 것 같지만 자신을 높이고 다른 사람을 눌러야 한다는 확신을 가지고 있다. 따라서 자신의 우월성을 드러내며 타인을 지배하려 하고 자신의 문제를 타인에게 투사하거나 타인의 열등성을 비난하는 경향이 있다. 이로 인해 다른 사람들이 배척하게 되면 승리자에서 패배자로 전락하게 될 것이다.

예 : 학생이 과제를 못 해왔다고 하자 교수는 얼굴을 붉히며 "뭐라고? 이 과제를 오늘 중에 내지 않으면 좋은 학점 받기 어려우니 오늘 중으로 해서 당장 제출하도록 해."라고 소리를 지른다. "도대체 내가 학교 다닐 때만큼 열심히 공부하려는 학생이 없는 거야." 라고 화를 내며 혼자 중얼거린다.

4. 자기 부정-타인 부정(I'm not OK-You're not OK)

이 자세를 선택한 사람은 자신의 삶이 무용하고 절망으로 가득 찬 것이라고 지각하기에 허무적이고 절망적인 태도를 취할 것이다. 타인에 대해서도 부정적으로 보기에 아무도 도와줄 수 없다고 여길 것이다. 즉 자신이 배척받고 타인도 배척하는 장면으로 각본을 형성하기에 자신이나 타인에게 상해를 끼치는 공격적 행동을 보이기도 한다.

예 : 조별과제를 하는 친구가 전화를 해서 "큰일 났어. 과제를 어떻게 해야 할지 모르겠어." 한숨을 내쉬었다. "나더러 어쩌란 말이니? 나도 내 부분을 하는 것이 쉽지 않단 말이야. 네가 방법을 찾아봐."라고 말하면서 속으로는 '자기 몫도 제대로 못하면 어떻게 하란 거야?'라고 생각하면서 전화를 끊었다. 진이 빠지고 우울해졌다.

1. 교류분석을 주창한 사람은 누구인가요?

2. 우리가 다른 사람과 관계하는 행동과 언어를 분석하는 방법은 무엇인가요?

3. 자신이 선택한 목표를 이루기 위해 최선을 다하지도 않고 모험이나 도전을 하지 <u>않는</u> 사람이 선택하는 각본의 종류는 무엇인가요?

4. 다섯 가지 자아의 기능에 따라 인간의 모든 관찰 가능한 언어, 음성, 태도, 행동 등을 발생빈도와 표출되는 에너지양에 따라 분류한 후 막대그래프로 그려 개인의 성격을 알아내는 것이 무엇인가요?

5. 구조 및 기능분석에 대한 설명이다. 바르지 <u>않은</u> 것은?

   ① 구조분석에서는 자아상태를 부모(P), 어른(A), 아이(C)로 나누어 살펴본다.

   ② 부모 자아상태는 관용적이고 안심감을 주며 수용적인 모습을 보인다.

   ③ 어른 자아상태는 차분하고 낮은 목소리로 직접 가르치려고 하거나 권위적인 모습을 보인다.

   ④ 아이 자아상태는 자유롭거나 순응적인 모습으로 표현된다.

6. 다음 중 교차교류에 대한 예는 무엇인가요?

① 학생 : 이번 과제는 무엇입니까?

   교수 : 가정에서의 교류분석의 예를 구체적으로 찾아오는 겁니다.

② 아이 : 야! 오늘 과제를 마쳤네. 이제 게임할래요.

   엄마 : 수학문제를 더 풀고 해야 한다.

③ 남편 : 휴지 어디에 있어? (빨리 가져와.)

   아내 : 창고에 있어요. (찾아보지도 않고 귀찮게)

④ 아이 : 너무 피곤해요.

   엄마 : 많이 피곤했구나. 시원한 것을 줄 테니 좀 쉬렴.

7. 인생태도 중에 자기 부정 – 타인 긍정에 대한 설명은 어느 것인가요?

① 자신이 열등하다고 생각하고 고립되기 쉬운 사람이 선택한다.

② 아무런 희망이 없다는 무의미감이 내적 세계를 지배하며 자신과 타인에게 상해를 끼치는 공격적인 행동을 보이기도 한다.

③ 자신의 문제를 타인에게 투사하거나 타인의 열등성을 비난하는 경향이 있다.

④ 자신과 타인을 있는 그대로 수용한다.

8. 스트로크에 대한 예시이다. 다음 중 긍정적 · 무조건적 스트로크는 무엇인가요?

> 길을 걷다 수현이를 만나 ① "안녕."하고 웃으며 말하자 수현이도 ② 웃으면서 "반가워, 지금 강의 들으러 가는 거니? ③ 오늘 강의가 휴강되면 너랑 커피 마시며 수다도 떨고 행복할 텐데 아쉽다."라고 대답을 했다. 나는 수현이를 보며 ④ "아침에 멋진 너를 만나 행복하네."라고 말해주었다.

9. 다음은 다섯 가지 자아상태에 대한 설명이다. 바른 것은?

① CP : 단정적이고 냉정하며 정보를 중요시한다.

② NP : 온화하고 배려가 가득하다.

③ FC : 개방적이지만 거절하지 않고 조심스러울 때가 있다.

④ AC : 상대편과 눈을 마주치며 때로는 격분하기도 하지만 응석을 많이 부린다.

10. 교류분석에 대한 설명이다. 바르지 <u>않은</u> 것은?

① 교류분석은 1950년에 주창된 성격이론이자 상담 및 심리치료이론이다.

② 다른 사람과의 의사소통의 교류를 분석하는 상담으로 인간관계에 존재하는 모든 장면에 적용할 수 있다.

③ 분석방법으로 구조분석, 교류분석, 게임분석, 각본분석 등을 사용한다.

④ 프로이트가 제창한 정신분석과 비슷한 속성을 가지지만 정신분석은 의식에 초점을 두는 반면 교류분석은 무의식에 초점을 두는 것이 명확한 차이라고 할 수 있다.

김규수, 류태보(1993). 교류분석치료. 서울 : 형설출판사.

김춘경, 이수연, 이윤주, 정종진, 최웅용(2010). 상담의 이론과 실제. 서울 : 학지사.

노안영(2014). 상담심리학의 이론과 실제. 서울 : 학지사.

문채련, 이현주(2012). 미술치료와 교류분석. 경기도 : 양서원.

우재현(2008). 교류분석(TA) 입문. 대구 : 정암서원.

유영달, 이희영, 김용수, 이동훈, 하도겸, 유채은, 박현주, 천성문, 이정희, 박성미, 이희백
(2013). 인간관계의 심리. 서울 : 학지사.

조경덕, 장성화, 이도금(2012). 상담심리학. 경기도 : 정민사.

천성문, 이영순, 남정현, 김미정, 최희숙(2010). 인간관계와 정신건강. 충남 : 정인.

Berne, E.(1964). *Games people play*. New York : Grove Press.

Dusay, J.(1972). Egograms and the Constancy Hypothesis. *Analysis Bulletin, 5*, 152.

Harlow, H.(1958). The nature of love. *American Psychologist, 13*, 673-685.

Spitz, R.(1945). Hospitalism : Genesis of psychiatric conditions in early childhood.
Psychoanalytic Study of the Child, 1, 53.

Stewart, I., & Joines, V.(2010). 현대의 교류분석[*TA Today : A New Introduction to
Transactional Analysis*]. (제석봉, 최외선, 김갑숙, 윤대영 역). 서울 : 학지사(원저는
1987년에 출판).

제**7**장

가족 내에서의 인간관계

한만열

학습목표

1. 가족 내에서의 부모-자녀 관계의 특징에 대해 두세 가지로 설명할 수 있다.
2. 건강한 가족의 일반적 특징을 서너 가지 예를 들어 설명할 수 있다.
3. 가족 상호작용 유형이 포함된 가계도를 그릴 수 있다.

사례 1

초등학교 때 성실했던 영훈이는 중학교 1학년에 들어가면서 갑자기 공부를 멀리하고 성적이 급속히 떨어졌다. 설상가상으로 좋지 않은 친구들과 어울려 나쁜 짓까지 하고 다녔다. 영훈이 부모는 왜 갑자기 이러는지 모르겠다며 아이를 상담실로 데리고 왔다. 아들에 대한 걱정만 제외하면 두 부부는 서로 의견대립도 없이 생각이 잘 맞는 사이로 보였다.

그러나 부모님들을 잠시 내보내고 영훈이와 마주앉아 이야기를 나누자, 외견상 관찰되지 않던 문제점이 속속 드러났다. 영훈이가 문제행동을 하게 된 시점은 부모의 결혼 위기 때부터였다. 남편 때문에 너무 속이 상한 아내는 자신이 얼마나 화가 났는지 알게 하려는 의도로 이혼서류를 만들어 와서 화장대에 올려놓았다. 그러나 정작 서류를 보고 충격을 받은 것은 아빠가 아니라 안방에 우연히 들어왔던 아들이었다. '엄마 아빠 사이가 심각해지더니 결국 여기까지 왔구나!' 하는 생각에 영훈이는 크게 상처를 받았다.

그 일 이후 영훈이는 공부에 관심을 잃고 문제행동을 하기 시작했다. 아이 문제를 해결하기 위해 각자 학교와 상담실을 쫓아다니면서 부부 사이에는 오랜만에 평화가 찾아왔다. 자연히 이혼 위기도 수면 아래로 내려가게 되었던 것이다. 이 상태에서 상담실을 찾은 부모는 "우리 가족의 문제는 아들뿐이다. 예전에 성실하고 착하던 녀석이 왜 이러는지 모르겠다."고 말한다.

최광현, 2012, 『가족의 두 얼굴』에서 발췌.

성찰거리 1

1. 이 가족에서 영훈이는 과연 문제아일까, 아니면 희생양일까요?

2. 영훈이가 더 이상 문제행동을 하지 않도록 변화시키기 위해서는 영훈이를 어떤 관점에서 바라보아야 할까?

사례 2

금년에 막 대학에 입학한 민지는 가족에 대한 불만이 한두 가지가 아니다. 24년 전에 아버지는 세 살 연상인 어머니를 피서철에 거제도의 한 해수욕장에서 만나 그야말로 첫눈에 반한 사랑을 했다고 한다. 어머니 역시 처음에는 남동생 같은 젊은 청년이 그냥 자신을 조금 좋아하는 줄만 알았는데 워낙 오랜 기간 동안 쫓아다니면서 끔찍이도 구애를 하기에 동생 같은 청년의 사랑을 받아들였다고 한다. 3년간 연애 후 아버지는 부모님의 완강한 반대에도 불구하고 어머니와 결혼하였으며 결혼한 지 1년 만에 예쁜 딸 민지를 얻었고 그 후 이삼 년 동안은 남부럽지 않은 원앙부부였으나 그 후부터 서서히 어머니와 갈등을 빚었다고 한다. 아버지는 어른스럽고 누나 같은 부인보다는 남편에게 복종하며 깜찍하고 귀여운 부인 역할을 하라고 강요하였으나, 어머니는 원래 나이가 더 많은데 그게 마음대로 되냐면서 버텼다고 한다. 그 후 아버지는 밖에서 술을 마시고 오는 횟수가 잦아졌으며 때로는 어머니에게 괜한 시비를 걸면서 손찌검까지 했다고 한다. 어느덧 아버지는 퇴근 후에도 일찍 귀가하는 경우는 극히 줄어들었으며 어차피 집에 있어봐야 낙이 없으니 밖에서 친구들을 만나 술을 마시는 게 가정의 행복을 지키는 방법이라면서 괜한 궤변을 늘어놓곤 한다. 맞벌이를 하는 어머니도 퇴근한 후 집에만 오면 한숨짓는 시간이 늘어났고 민지에게 아버지에 대한 불평을 늘어놓으면서 "엄마의 유일한 낙은 민지뿐이다."라면서 "엄마는 민지를 영원히 사랑할 테니 민지 역시 어떠한 경우든 엄마를 버려서는 안된다."는 말을 시도 때도 없이 늘어놓곤 한다. 민지도 대학생이 되었으니 학교 친구들과 어울리고 싶고 남자 친구도 사귀고 독립적으로 생활하고 싶지만 집에서 외롭게 혼자 있을 엄마 생각만 하면 자기 뜻과는 달리 발걸음이 집으로 옮겨지는 자신을 발견하곤 한다.

성찰거리 2

1. 사례에서 보듯이 부부(또는 형제) 간의 관계가 나쁠 경우 자녀나 타인 등 다른 사람을 끌어들임으로써 위태롭고 갈등을 빚는 관계를 안정시키려는 유형을 가족치료 학자인 보웬(Bowen)은 '삼각관계'라고 칭한다. 이러한 삼각관계의 예를 위의 사례에서 찾아보시오.

2. 삼각관계의 대상은 주로 가족이나 제삼자일 수도 있으나 때로는 사람이 아닌 존재일 경우도 있다. 사람이 아닌 존재에는 어떤 것이 있을지 예를 들어보시오.

제1절 가족의 개념

1. 가족이란?

가족은 한 쌍의 부부가 중심이 되어 혈연을 매개로 하여 인간관계가 최초로 이루어지는 영역이면서 가장 오래 지속되는 영역이며 주거와 침식을 함께하는 가장 친밀하고도 최소 단위의 생활 공동운명체이다. 또한 인간의 성장과 발달에 가장 큰 영향을 미치는 일차적인 집단인 동시에 사회를 이룩하는 최소한의 기초 집단이다(오기붕, 2013). 그렇지만 나라와 민족, 문화와 종교, 경제의 형태와 사회 계급, 그리고 시간적 흐름에 따라 가족의 형태와 의미가 변하기 때문에 한마디로 정의하기란 결코 쉽지 않은 일이다.

가족이란 우리 인간에게는 최초의 사회적 장소이자 가장 특징적인 사회적 장소이다. 즉 인간의 사회화 과정이 이루어지는 첫 단계가 바로 가족인 것이다. 원래 가족(family)이란 낱말은 '하인의 총체'를 뜻하는 라틴어의 familia라는 낱말에서 유래되었는데 시간이 흐르면서 점차적으로 '남편의 전체 집안', 즉 '부인, 자식, 노예와 가축 등'을 총칭하는 뜻으로 사용되었다. 특히 한 가족 내에서 원만한 부부관계는 부부 개인의 만족감 형성은 물론 또 다른 가족 하위체제인 부모-자녀 관계와 형제-자매 관계에도 큰 영향을 미치므로 매우 중요하다.

오늘날 가족이란 용어를 한마디로 정의하기란 학문분야에 따라 관점이 달라서 쉽지 않지만 가족치료의 관점에서 보면 가족은 신체적·심리적 공간을 차지하는 개인들의 집합체이며 하나의 자연적인 사회체제로 본다(심혜숙, 1995). 또한 각 가족체제는 고유한 특성과 성장주기 및 일단의 가족규칙과 가족 고유의 역할 기능 및 가족 특유의 의사거래유형을 가지고 고유한 문제해결 방법을 발달시켜 나가는 살아 있는 유기체(organism)로 본다. 여기서 체제란 서로 간에 영향을 미치는, 즉 서로 상호작용을 하는 구성요소이므로 각 요소가 다른 요소에 의해 영향을 주기도 하고 또 이와 반대로 다른 요소에 의해 영향을 받기도 하면서 전체 체제를 구성하는 단위로 볼 수 있다.

체제이론에서의 가족이란 기본적으로 서로가 특정한 방식으로 영향을 주고받는 개인들로 구성된 하나의 살아 있고 개방적인 체제라고 본다. 이렇듯 가족을 하나의 단위(초점체제)로 보면 가족은 밖으로는 보다 큰 사회의 다른 체제들(상위체제)과 연관되어 있고 가족 안으로는 또다시 여러 작은 체제(하위체제 : 가족 구성원들 중 일부에게만 규칙이 적용되는 체제)로 구성되어 있다. 이는 마치 초봄에 웅덩이 속에서 관찰할 수 있는 개구리 알의 집단과 비유될 수 있다. 올챙이로 부화되기 전에 개구리 알들은 끈적끈적한 젤리 질 속에서 서로 뭉쳐 성장을 위해 웅덩이의 양지바른 곳에 있으나 환경의 변화가 생겨 웅덩이의 물이 건조하여 수량이 줄어들면(즉 상위체제의 변화가 생기면) 자신들을 감싸고 있는 젤리 질의 건조를 막기 위해 나뭇잎 밑이나 그늘 속으로 같이 피한다. 이 경우에도 비교적 먼저 자란 알들이 성장이 더딘 다른 알들을 양지 쪽으로 밀어냄으로써(즉 하위체제 내의 경쟁을 통해) 보이지 않는 생존경쟁을 하고 있다.

그렇다면 이런 체제론적 관점에서 본다면 개인과 가족과 사회의 관계는 어떤 식으로 작용할까? 이들의 관계는 상호의존적이고 보완적이며 서로가 서로에게 영향을 미치는 유기적 관계에 있다. 즉 가족체제 이론은 가족을 하나의 살아있는 사회체제로 생각하기 때문에 체제의 안정과 보호를 위해 체제의 목표를 형성하고, 그 구조 및 목표를 수정하는 능력도 있다고 본다(이재창·임용자, 1998). 그러므로 가족 내의 개인이나 가족 전체의 문제를 들여다보기 위해서는 이들을 둘러싼 상황적이고 환경적인 맥락을 동시에 보아야만 문제의 성격과 역기능의 원인을 보다 사실에 가깝게 파악할 수 있고 치료의 목표와 방법도 보다 구체적이고 현실적으로 모색할 수 있게 된다. 가족치료를 할 때 흔히들 문제가 있다고 판단되는 가족구성원만 상담을 하지 않고 가족구성원 전체와 상담을 하는 이유도 바로 이런 체제론적 관점으로부터 출발한다. 그러므로 가족을 이해하기 위해서는 가족체제의 특성을 아주 간단하게 언급할 필요가 있을 것 같다. 이를 요약해보면 다음과 같다(심혜숙, 같은 곳).

① 가족규칙 : 가족 내에 항상 존재하는 암묵적인 규칙 또는 가족 사이에서 은연중에 결정된 불문율을 뜻한다. 예를 들면 '아무리 늦어도 밤 11시 이전에는 귀가해야 한다.', '가족끼리 생일선물은 반드시 챙겨줘야 한다.', '평일에는 오전 8시 이전에는 일어나야 하지만 공휴일에는 늦잠이 묵인된다.', '아버지가 뉴스 보는 시간에는 조용히 해야 한다.', '아무리 화가 나도 가족 간

에는 큰 소리를 내서는 안된다.', '아무리 바빠도 자기 양말 정도는 스스로 빨아서 건조대에 말려야 한다.' 등이 있다.

② 가족 하위체제 : 전체 체제를 유지하기 위해 특정한 기능을 수행하는 전체 체제 내의 조직화된 단위를 뜻한다. 예를 들어 부부 체제, 부모-자녀 체제, 형제남매 체제 등이 그것인데 가족구성원은 세대, 성, 흥미, 기능에 따라 새로운 하위체제를 만들 수 있으며(할머니-손자 체제) 여러 하위체제에 동시에 소속되어 각기 다른 역할이나 기능을 수행할 수 있다.

③ 가족경계 : 가족 하위체제들 사이의 가장자리를 뜻하는데, 의사거래에서 누가 어떤 방법으로 영향력을 미칠 수 있는지를 규정하는 규칙이다. 예를 들어 부모와 자녀 간에 명확한(clear) 경계가 있어서 서로 분명하면서 중복되지 않는 역할과 책임이 있을 때 가족체제의 경계는 분명하고 분화된 기능을 수행하기 때문에 바람직하다고 말할 수 있다(Minuchin, 1974). 이에 반해 경직된(rigid) 경계는 체제 간에 강하게 분리된 경계선을 뜻하므로 가족구성원은 체제 내에서 서로 고립되어 있고 혼돈된(diffused) 경계는 가족 간의 밀착된 관계 때문에 서로가 서로의 일에 관여하며 필요하지 않은 경우에도 지지하므로 서로 자립과 자율이 상실된 관계를 뜻한다(한혜빈, 1995).

④ 가족항상성(homeostasis) : 가족환경에서 균형이 깨어질 위협이 생길 때 체제의 균형을 유지하기 위해 안정된 상태를 유지하려는 경향을 뜻한다. 예를 들어 어머니가 갑작스런 병으로 장기 입원하였을 때 가족구성원이 어머니의 집안일과 기타 역할들을 각기 분담함으로써 원래의 안정된 상태를 유지하려는 노력이 이에 해당한다.

⑤ 삼각관계 : 보웬(Bowen)은 가족의 정서적 체계를 이루는 가장 작은 단위를 삼각관계로 본다. 사회집단에서 세 사람은 안정적 인간관계를 맺을 수 있는 최소한의 단위이므로 두 사람 관계에 문제가 생길 경우 약한 사람이 제3의 인물을 끌어들여 삼각관계를 만들어 안정을 취하려고 하지만 그렇다고 해서 두 사람 간의 문제가 해결되는 것은 아니고 긴장을 일시적으로 완화시키는 효과만 가져올 뿐이다. 삼각관계의 대상은 제3자일 수도 있으나 때로는 술이나 도박, 외도, 가정의 안정을 해치는 취미(지나친 낚시, 혼자만의 장기 여행 등) 등이 될 수도 있다.

♣ 위에서 제시된 가족체제의 특성을 다시 한 번 읽고 아래의 문제에 답해보시오.

문제 1. 여러분의 가족 내에 존재하는 가족규칙을 두 가지만 찾아보세요.

(1)

(2)

문제 2. 여러분의 가족 하위체제 중에서 잘 기능하지 않는 가족 하위체제가 있다면 무엇인지 찾아보고 그 이유를 들어보세요.

(1) 잘 기능하지 않는 가족 하위체제 :

(2) 이유 :

문제 3. 여러분의 가족은 세 가지 가족경계 중 어떤 가족경계에 속하는지 골라보고 그 이유를 지적해보세요.

(1) 우리 가족의 가족경계 형태 :

① 명확한 경계   ② 경직된 경계   ③ 혼돈된 경계

(2) 이유 :

문제 4. 여러분의 가족과 관련하여 지금까지 체험한 가족항상성의 예가 있다면 찾아보고 그 예를 기술해보세요.

(1) 우리 가족에서 일어난 가족항상성의 예 :

문제 5. 여러분의 가족 중 또는 잘 알고 있는 가족 중에서 삼각관계를 맺고 있는 사람이 있다면 누구인지 살펴보고 어떤 대상과 삼각관계를 맺고 있는지 찾아보세요.

(1) 가족 중 누가 삼각관계를 맺고 있는가? :

(2) 삼각관계의 대상 :

2. 가족의 기능

가족은 사회의 기본 단위인 만큼 개인의 성장·발달과 사회의 유지·발달을 위해 사회제도로서도 다양한 목적과 기능을 가지고 있다. 가족의 기능은 산업화와 도시화의 영향으로 새로운 변화를 겪게 되었는데, 예를 들어 가족기능의 일부인 성적 욕구 충족 기능과 자녀출산 기능은 성 개방 관념과 가치관의 변동으로 인해 그 기능이 축소 또는 약화되기도 하는 반면에 사회화 기능이나 가족구성원에게 사랑과 애정을 공급하는 정서적 기능은 오히려 확대되거나 강화되고 있다. 가족의 일반적인 기능은 다음과 같다.[1)]

〈표 7-1〉 가족의 기능 분류표

종류	기능	
생물학적 기능	① 성욕 충족 기능	② 자녀 출산 기능
사회적 기능	③ 사회화 기능(또는 교육적 기능) ⑤ 정치적 기능(또는 지위부여 기능)	④ 경제적 기능
부차적 기능	⑥ 종교적 기능 ⑧ 휴식 및 기분전환 기능	⑦ 법적 기능 ⑨ 정신적·정서적 기능

위에 열거된 바와 같이 가족의 기능은 우선 생물학적 기능과 사회적 기능으로 나눌 수 있다.[2)] 여기서 인간이라는 종(種)의 번식이라는 생물학적 기능이 가족이라는 제도를 필요로 하는지에 대해서는 부분적으로 논쟁의 여지가 있긴 하지만 어쨌든 성욕 충족 기능과 자녀 출산 기능은 가족의 생물학적 토대에 속한다. 부부의 성욕 충족 기능은 가족 구성에 대한 대내적 기능인 동시에 대외적으로는 사회 내의 성적 통제라는 의미를 가지며 자녀 출산 기능은 종족보존의 기능으로서 인간의 본능이라 할 수 있다(이수용, 2002). 물론 어떤 부부가 자식을 가질 수가 없어서 부득이 입양을 한 경우나 부부가 아닌 남녀관계에 의해 생산된 아기나 인공수정으로 탄생된 아기는 가족의 생물학적 기능과는 무관하게 가정 외에서 일어나는 예로 볼 수 있으나 가족 이외의 다른 집단이 이 출산기능을 대신할 수

---

1) http://ko.wikipedia.org/wiki; http://de.wikipedia.org/wiki/

2) http://de.wikipedia.org/wiki/Familie#Funktionen_der_Familie

는 없다.

사회적 기능은 기본적으로 세 가지로 나뉠 수 있는데 먼저 사회화 기능이란 자녀의 출생 이후 일정 시기까지 부모의 양육과 교육을 통해 자녀의 정신적·신체적 발달과 성장 및 안전을 도와 사회가 요구하는 바람직한 인간으로 성장하도록 돕는 기능을 뜻한다. 경제적 기능이란 가족구성원에게 물질적 보호와 배려의 제공뿐만 아니라 가족구성원 중 환자나 노인을 부양하고 그들에게 의복 및 주거 제공을 포함하는 일체의 물질적 제공을 뜻한다. 경제적 기능은 단순히 경제적 수입과 지출만 관계되는 것이 아니라 맞벌이 부부나 부업을 해야 하는 자녀처럼 노동의 분담도 포함하고 있다. 정치적 기능이란 우선 가족구성원의 지위 부여 기능을 뜻한다. 즉 정치적 기능은 가족 안에서 태어난 자녀들에게 그때그때마다 사회 안에 있는 합법적인 지위를 부여하고 그에 따른 역할 기대를 뜻한다. 예를 들어 과거 한국의 전통적 가정에서 가장으로서의 아버지의 지위와 역할은 생업을 책임지며 가정의 중대사에 적합한 결정을 내리는 일이었다. 정치적 기능은 정태적 기능과 역동적 기능으로 구분될 수 있는데, 정태적 기능이란 부모-자녀, 삼촌-조카, 조모-손녀 관계처럼 촌수관계를 뜻하며, 역동적 기능이란 이를테면 자녀가 태어난 가정환경과 같은 자녀의 사회적 위치와 그에 따른 발달관계를 뜻한다.

부차적 기능 중에서 종교적 기능은 일종의 신앙적 가치 중재 기능으로서 보통 사회화 기능에서 파생될 수 있는데 현대적인 소가족 체제에서는 예를 들어 아버지의 식사 기도에 자녀가 따르거나 온가족이 힘을 합쳐 크리스마스 트리 장식을 하는 등 부모의 종교에 자녀들이 따르는 경우를 뜻한다. 종교적 기능은 외관상 어느 가정의 독특한 분위기를 반영하기도 한다. 법적 기능은 헌법적으로나 사법적으로는 물론 「가족법」 내에서도 오늘날까지 여전히 살아 있는 기능으로서 가족은 법에 따라 국가의 특별한 보호를 받고 있다. 법적 기능은 사법적 영역에서 「부양법」, 「후견인법」, 「입양법」, 「상속법」 내에서도 수많은 형성권을 지니고 있다. 경제적 기능의 현대적 변인의 하나인 휴식 및 기분전환 기능은 가족이 가족구성원의 건강 유지와 회복을 위한 기반의 역할을 할 뿐만 아니라 기존의 사회적·경제적 조직으로부터 받은 여러 가지 정신적 피로나 스트레스로부터 기분을 전환할 수 있는 가능성을 제공하는 기능을 뜻한다. 그러므로 휴식 및 기분전환 기능은 과거에 비해 오늘날 그 중요성이 더욱 강조되고 있다. 가족은 더 나아가서 정신적 · 정서적 기능을 제공한다. 이 기능은 가족이 정체성을 정립시키고 성인의 나이에도 사회적 정체성과 자화상에 기여하며 확대된 가족 내에서도 지속적으로 설정된 사회적 관계의 기초를 세우게 한다. 특히 인척관계를 통해 이미 유년시절부터 정서적으로 매우 중요한 개인적 결속이 생겨나는데, 이러한 밀접한 관계는 나중에도 대부분 친척의 인생 파트너나 결혼 파트너에게까지 확대되어 늙을 때까지 지속되어 가정의 길흉사가 있을 때에는 서로 방문하는 일이 거듭된다.

현대사회에서 가족의 여러 기능 중에서 사회화, 경제적 · 정치적 · 종교적 기능들은 부분적으로는 다른 사회적 기관(국가, 정치적 공동체, 보험기관, 학교기관, 스포츠 단체)으로 이관되어 가족의 일상사에서는 축소 또는 약화되고 있다. 그렇지만 이러한 현상들도 급변하는 사회의 흐름에 따라 예상치 못한 새로운 변화가 생기거나 긴급 시에는 급속히 변경될 가능성을 배제할 수는 없을 것이다.

♣ 위에서 제시된 가족의 기능을 다시 한 번 읽고 아래의 문제에 답해보시오.

문제 6. 가족의 일반적인 기능 중에서 여러분의 가족이 잘 발휘하고 있는 기능과 그렇지 못한 기능을 한두 개 추려보고 그 이유를 적어보시오.

　　(1-1) 잘 발휘하고 있는 기능 :

　　(1-2) 그 이유 :

　　(2-1) 잘 발휘하지 못하는 기능 :

　　(2-2) 그 이유 :

3. 가족의 형태

가족이란 한 쌍의 부부와 한 명 이상의 자녀로 구성된 가장 기본적인 사회집단이다. 현대의 가족은 과거처럼 조부모까지 포함하는 가족이 아니라 최소의 동거집단을 이루는 핵가족으로 구성되는 경향이 많은데 일반적으로 가족구성원의 크기, 즉 동거하는 세대의 크기와 형태에 따라 다음과 같이 네 종류의 가족으로 구분된다.

1) 핵가족(Nuclear family)

현대 산업사회에서 지배적으로 생겨난 가족형태로서 부부 또는 한부모와 미혼자녀가 함께 거주하는 형태를 뜻한다. 가족 내에서 부부가 중심이며 확대가족에 비해 개인적이고 민주적이며 평등한 인간관계를 유지하는 특징이 있고 소수의 가족구성원으로 이루어진 만큼 상호 개성과 창의성을 중시할 수 있다는 장점이 있으나 자칫 가족의 안정이 깨지거나 가족이 해체될 가능성이 높으며 부부 간의 가치관이 다를 경우 자녀양육 및 노인부양 문제에서 심각한 이견이 생길 수 있다.

2) 확대가족(Extended family)

농경사회에서 지배적이었던 가족형태로서 부모 또는 한부모와 기혼자녀 및 그들의 자녀까지 3세대 이상이 함께 거주하는 가족형태를 뜻한다. 가부장적이고 가족이나 가문의 결속을 중시하고 가풍과 가치관을 전승하는 특징이 있고 안정된 가족생활을 유지할 수 있다는 장점이 있으나 다수의 가족구성원으로 이루어진 만큼 구성원의 개성과 창의성을 존중하기가 힘들며 특히 유교적 가치관을 지닌 동양에서는 여성의 희생이 남성보다 더 강요되는 불평등이 야기될 수 있다.

3) 수정 핵가족(Modified nuclear family)

자식 세대의 맞벌이 부부가 증가하면서 생겨난 변형된 가족형태로서 부모와 결혼한 자식의 가족, 즉 최소 3세대가 외형상으로는 같은 울타리 안에 동거하지만 각각 독립적으로 생활하는 가족을 일컫는다. 이 새로운 가족형태의 장점은 핵가족이 지니는 장점인 각 세대의 독립적인 사생활 유지 및 일상적인 번거로운 접촉의 가급적 배제 등 핵가족이 지닌 자율성을 거의 그대로 보장받을 수 있다는 점이다. 그러므로 각 가계에서 문제가 발생했을 때 문제 해결을 위한 의사결정에 미치는 친족의 영향력은 핵가족의 경우처럼 미약한 편이다.

4) 수정 확대가족(Modified extended family)

부모와 결혼한 자식의 가족, 즉 최소 3세대가 외형상으로는 각기 별개의 가구를 마련하지만 각 가계가 근거리에 살면서 잦은 왕래와 협조가 이루어지는 가족형태를 말한다. 각 가계가 외형적으로 독립되어 있기 때문에 핵가족이 가지는 개별성과 자율성이 보장되는 반면에 서로 가까이 살기 때문에 친족관계를 중시하면서 심리적으로 서로 의존하려는 경향이 강하다. 각 가계에서 문제가 발생했을 때 문제해결을 위한 의사결정에 미치는 친족의 영향력은 수정 핵가족에 비해 상대적으로 강하다.

♣ 위에서 제시된 가족의 형태를 다시 한 번 읽고 아래의 문제에 답해보시오.

문제 7. 여러분의 친구 중에서 수정 핵가족이나 수정 확대가족의 형태로 살고 있는 친구를 찾아보고 그렇게 판단하는 이유를 적어보시오.

(1-1) 수정 핵가족을 이루고 있는 친구 이름 :

(1-2) 판단의 이유 :

(2-1) 수정 확대가족을 이루고 있는 친구 이름 :

(2-2) 판단의 이유 :

4. 건강한 가족의 특징

"훌륭한 가족은 태어나는 것이 아니라 만들어진다."(Stinnet & Defrain, 1985)라는 유명한 어구가 있다. 이는 건강한 가족 또는 기능적 가족(또는 생산적 가족)이 어떻게 형성되는지를 단적으로 지적해주는 좋은 예인데, 가족의 강점이 될 수 있는 요인으로 1960년대에 오토(Otto, 1962)는 양육, 지지, 부모의 규율, 전체 가족구성원의 격려와 성장, 모든 구성원의 정신적 행복, 훌륭한 의사소통, 문제해결기술, 가정 외 활동에 가족구성원들의 유의미한 참여라는 8가지 특성을 설정하였다. 반면에 큐란(Curran, 1983)은 건강한 가족의 특성을 다음과 같이 15가지로 열거하였다.

① 소통하기와 경청하기
② 상호 긍정하기와 지지하기
③ 타인을 존중하는 법 가르치기
④ 신뢰감 발달시키기
⑤ 놀이 감각과 유머 감각 가지기
⑥ 책임감을 공유한다는 것 보이기
⑦ 선과 악에 대한 감각 가르치기
⑧ 풍부한 가족 의식과 전통에 대해 자긍심 가지기
⑨ 가족구성원 간 상호작용의 균형감 지니기
⑩ 종교적으로 중요한 부분 공유하기
⑪ 상호 사생활 존중하기
⑫ 다른 사람에게 봉사하는 것에 가치 두기
⑬ 가족 식사시간과 대화 소중히 여기기
⑭ 함께 여가시간 보내기
⑮ 문제가 있을 때 인정하고 도움 청하기

한편 클라크(Clark, 1987)는 효과적인 가족의 특성으로 10가지 요인을 꼽고 있는데 이를 열거해보면 다음과 같다.

① 자신의 삶을 잘 통제하고 있다는 감정

② 자녀에게 높은 기대가 포함된 빈번한 의사소통

③ 미래에 성공하리라는 가족의 꿈

④ 힘든 일을 성공의 열쇠로 보기

⑤ 능동적이지만 안주하지 않는 인생 스타일

⑥ 주당 총 25~35시간의 가정 중심의 학습

⑦ 가족을 상호 지원 체제이자 문제해결 단위로 보기

⑧ 일관성 있게 집행되었으며 분명하게 이해된 가족규칙

⑨ 교사와의 잦은 접촉

⑩ 정신적 성장 강조하기(타인에 대한 봉사를 통한 내적인 평화와 사랑)

큐란과 클라크가 지적한 건강하고 효과적인 가족에서 나타나는 공통적인 특징의 키워드를 찾아본다면 대충 ① 가족구성원 간 상호 격려와 지지 ② 가족구성원 간 효과적인 의사소통 ③ 가족 내에서 문제 해결하기 ④ 가족구성원끼리 활동 공유하기 ⑤ 가족의 행복에 관심 가지기 ⑥ 가족 간의 결속과 협동 등으로 요약될 수 있을 것 같다.

♣ 위에서 제시된 건강한 가족의 특성을 다시 한 번 읽고 아래의 문제에 답해보시오.

문제 8. 위에서 열거한 큐란과 클라크가 지적한 건강한 가족의 특성 중에서 여러분의 경험상 중요하다고 판단하는 특성 두 가지만 지적해보고 그렇게 판단하는 이유를 적어보시오.

(1-1) 특성 :

(1-2) 이유 :

(2-1) 특성 :

(2-2) 이유 :

제2절 가족 내의 인간관계

건강하고 기능적인 가족을 이루기 위해서는 원만한 부부관계가 가장 중요하겠지만 부모-자녀 간의 신뢰 관계와 형제-자매 간의 긍정적 관계 또한 중요하다. 아래에서는 이 두 가지 관계의 특징을 제시하고자 한다.

1. 부모-자녀 간의 인간관계

부모-자녀 관계는 혈연으로 이루어진 일차적인 관계로서 본능적 애착이 강하게 작용하며 평생 동안 관계가 지속된다는 특성을 갖는다(김혜숙 외, 2008). 또한 형제-자매 관계처럼 수평적인 관계가 아니라 부모가 자녀에 비해 나이와 경험, 위계 및 능력 면에서 우선하는 수직적이고 종속적인 특성을 가지게 된다. 그렇지만 이러한 관계는 자녀가 성장하여 독립하면 의존관계에서 독립관계로 변화하고 그 이후에 부모가 늙어서 자녀보다 신체적 · 정신적 · 경제적 능력이 약화되거나 쇠퇴하면 부모가 자녀에게 의존하는 관계로 변화하게 된다(김혜숙 외, 같은 곳). 부모-자녀 관계에서 발견되는 몇 가지 특징은 다음과 같다(유수현 외, 2009).

(1) 부모-자녀 관계는 인간관계 중에서 가장 혈연적인 관계이다

여기서 가장 혈연적인 관계란 본능적 애착이 가장 강한 관계로서 선택의 여지가 없는 운명적 관계를 뜻한다. 그러므로 좋든 싫든 가입과 탈퇴의 자유가 없이 평생을 유지해야만 하는 관계이다.

(2) 부모-자녀 관계는 가장 수직적이고 종속적인 관계이다

부모는 어리고 미숙한 자녀를 일방적으로 보호하고 양육해야 하는 지배적 위치에 있기 때문에 대부분의 상호작용은 서로 불평등한 자격과 위치에서 일방적이고 수직적으로 나타난다.

(3) 한 인간의 인격 형성에 있어서 가장 중요한 관계가 부모-자녀 관계이다.

자녀는 태어나서 부모와 최초로 인간관계를 맺으며 부모의 양육과 보호 속에

서 신체적·심리적 발달과 인격적 성장을 해나간다.

(4) 부모-자녀 관계는 주요한 교육의 장이다

자녀는 부모를 통해 사회화 과정을 터득하고 도덕적 규범과 가치를 배우며 사회적응 기술을 배운다.

(5) 부모-자녀 관계는 세월이 흐르면서 관계의 속성이 현저하게 변화한다

자녀는 어릴 때에는 부모에게 일방적으로 의존하지만 성장해가면서 점차 독립적 관계로 변화하고 부모가 노쇠하면 오히려 자녀에게 의존하는 관계로 변화된다. 이렇듯 부모-자녀 관계는 세월의 흐름에 따라 역할과 관계가 변화한다.

위에서 열거한 부모-자녀 관계의 특징에서 보듯이 자녀를 양육하는 사람은 부모이고 부모 역시 인간이기 때문에 자녀를 양육하는 데 언제나 완벽할 수만은 없다. 하루에도 수많은 시간 동안 부모가 자녀를 양육하면서 항상 인내와 사랑을 보이고 무조건적인 긍정적 수용이나 관대함만을 보이기는 결코 쉬운 일이 아니다. SBS TV의 유명 프로그램 중 '아이가 달라졌어요!'라는 프로그램을 보면 문제행동을 수정하기 위해 아이를 다르게 양육하는 방법을 알려주는 것이 아니라 대부분 부모의 양육방법 수정만이 아이가 달라지는 지름길임을 제시한다. 이렇듯 부모-자녀 관계에서 문제가 생길 때에는 문제행동의 원인이 부모, 아동, 환경 중 어떤 요인에서 기인하는지를 살펴볼 필요가 있다(김혜숙 외, 같은 곳).

2. 형제-자매 간의 인간관계

같은 부모 혹은 한쪽의 부모로부터 태어난 자녀들과 구성되는 형제-자매 관계는 매우 중요한 인간관계로서 가족의 형태, 자녀의 수와 성별에 따라 다양하게 나타날 수 있다(오기봉, 같은 곳). 형제-자매 관계는 혈연으로 맺어진 일차적 관계이면서 생물학적 유사성을 지닌 혈연적 동료관계이고 출생순위에 따른 서열관계이며 부모에 대해서는 동일한 입장의 수평적 관계를 취하고 유사한 환경을 공유하며 평생 관계가 지속되고 상호 경쟁적인 관계를 지닌다(김혜숙 외, 같은 곳).

형제-자매 관계의 경쟁관계는 때로는 마치 동물의 세계에서의 경쟁과도 흡사하다. 서로 우위를 차지하려고 다투어가는 과정 중에 서로 강해질 수 있으며 서로 경쟁적으로 주장하기도 하고 서로 타협하는 방법을 학습하기도 한다. 또 경우에 따라서는 형제-자매 중에 특별한 재능이 있는 사람이 있을 때 그 사람이 역할모델이 되어 함께 성공할 수 있는 계기가 되기도 한다.

1) 형제-자매 간의 출생순위 관계

아들러(노안영 외, 2003)는 형제관계에서 출생순위가 개인의 성격 및 생활양식의 형성에 중요한 영향을 미친다고 보았다. 즉 출생순위와 가족 내에서의 위치에 대한 해석은 성인이 되었을 때 세상과 상호작용하는 방식에 큰 영향을 미친다는 것이다. 그러므로 가족의 역동에서 출생순위에 따른 형제-자매 간의 관계는 매우 중요하다. 아들러가 제시한 출생순위에 따른 성격의 특징과 관계형성 유형은 다음과 같다(박문태 외, 2010).

① 첫째 아이 : 처음 태어난 아이로서 부모의 사랑을 독차지하다가 동생이 태어나면 '폐위된 왕'이 된다. 즉 부모의 관심과 보호를 동생에게 양보해야 하며 이러한 위치 변화는 보통 열등감을 심화하기 때문에 부모의 관심을 끌기 위해 퇴행이나 지나친 요구를 해보지만 보통 실패한다. 나이가 들면서 부모나 주위 사람들의 관심과 인정을 받기 위해 스스로 자신의 일을 잘 처리하는 독립적인 아이로 성장하며 대체적으로 부모의 가치와 기대를 지키려는 경향이 있다.

② 둘째(또는 중간) 아이 : 둘째 아이의 가장 큰 특징은 경쟁이다. 그 까닭은 출생 이후부터 자신과 비교의 준거가 되는 윗 형제자매가 있기 때문이다. 둘째 아이에게 삶이란 항상 따라잡으려는 끊임없는 경주이지만 형에 비해 항상 열등감을 가지며 반항하거나 타협하는 기술을 보다 쉽게 배우며 형보다 우월하다는 것을 증명하기 위해 노력하는 생활양식을 보인다.

③ 막내 아이 : 막내 아이는 부모나 다른 형에 의해 지나친 관심과 보호를 받기 때문에 과도하게 자기중심적 또는 의존적 성향을 보일 수 있다.

④ 외동 아이 : 부모나 형들의 관심을 독차지하므로 자기중심적이고 의존적인

생활양식을 가지기 쉽다.

2) 형제 – 자매 간의 경쟁관계

비교적 나이차가 많이 나지 않는 형제 – 자매는 경쟁관계에 놓인다. 형제 – 자매 관계는 상호작용을 하면서 부모로부터 받는 애정 표현, 경제적 · 물리적 지원 정도에 따라 서로 경쟁관계를 형성하기도 하고 외모와 매력, 신체적이거나 물리적인 힘, 경제 능력, 지식 또는 기술 보유 능력에 따라 경쟁관계가 형성되기도 한다. 일반적으로 부모는 장남이나 장녀에게 권위를 인정하며 장남이나 장녀의 역할은 동생의 지도와 감독이며 동생에게는 순종할 것을 기대한다.

흔히 "열 손가락 깨물어 안 아픈 손가락이 있겠어?"라는 속담처럼 부모는 자녀에게 차별적인 대우를 하지 않는다고 말하지만 사실 자녀에 대해 똑같은 애정을 지니기도 힘들지만 설령 동일한 애정이 있다 하더라도 겉으로 드러내는 행동은 동일할 수가 없다. 그 까닭은 부모의 입장에서 자녀의 성격이나 능력의 차이나 역할에 대한 기대의 차이에 따라 애정의 표현은 달리 나타날 수밖에 없기 때문이고 이런 점이 자녀의 눈에는 더욱 과장되게 비춰질 수 있기 때문이다(김혜숙 외, 같은 곳). 이렇듯 부모의 차별적 애정 표현뿐만 아니라 부부관계의 불화, 가족관계의 불화는 형제 – 자매 관계의 갈등을 유발할 수 있다.

제3절 가계도를 이용하여 가족체제 이해하기

1. 가계도란?

1) 가계도(Genogram)의 유래

보웬은 가족체제에 대한 정보를 담기 위해서 가족도표(family diagram)라는 개념을 사용하였으며 다세대 가족체계에 관심을 가지고 중요한 자료를 수집하고 정리하기 위해 사용하였다(송성자, 2005). 구에린(Guerin)은 1972년에 논문을 발표하면서 가족도표를 가계도라고 다시 이름을 붙였다. 그렇지만 가계도를 가장

확실하고 분명한 형태로 만든 사람은 맥골드릭(McGoldrick)이었다. 가계도의 주요한 기능은 사정·평가하는 단계에서 자료를 조직하고 치료과정을 통하여 관계 과정과 핵심적인 삼각관계를 추적하는 것이다(송성자, 같은 곳).

2) 가계도란 무엇인가?

가계도란 3세대 이상에 걸친 가족구성원에 관한 정보와 그들 간의 관계를 도표로 기록하는 작성방법이다(McGoldrick & Gerson, 1985; 김유숙 1998). 즉 가계도는 가족에 대한 도표로서 가족 수와 그들의 관계를 나타낸 그림이라 할 수 있다. 가계도는 보웬 가족체계 치료에 사용되는 7개의 기법 중 하나이다. 가계도를 정확히 그리기 위해서는 한 개인이 속한 가장 기본 단위인 가족에 대한 배경을 필히 파악해야 한다. 이러한 가족 이해에 대한 기본적 틀이 곧 가계도(genogram)인 것이다. 가계도는 가족의 구조나 일반적인 정보(예 : 나이, 결혼날짜, 사망일, 종교, 질병, 교육 수준, 취미와 흥미, 고향 등)뿐만 아니라 좀 더 복잡한 정보, 즉 중요한 사건 및 사건에 대한 설명, 여러 세대에 대한 정보 등을 포함하면서(최선화, 1995) 가족관계 등을 상세히 나타냄으로써 가족의 역동적 상태를 쉽게 이해시키는 일종의 도식이라고 할 수 있다.

2. 가계도 그리기

1) 가계도의 필요성

김유숙(1998)에 따르면 가계도를 통한 상담의 필요성을 다음과 같이 언급한다.

① 체계적인 질문을 하기에 용이하므로 치료자에게 좋은 정보를 제공하면서, 동시에 가족 자신도 체계적인 관점에서 문제를 볼 수 있다.

② 가계도는 가족구성원이 자신을 새로운 시점에서 볼 수 있도록 도와줌으로써 치료적 효과가 높다.

③ 가계도는 상담과정에서 새로운 정보가 나타날 때마다 수정될 수 있으므로 시간과 공간을 넘나들면서 가족의 문제를 추적하도록 돕는 체계적 관점을 제공하여, 현재의 가족구성원의 문제와 행동이 다양한 관점으로부터 추적될 수 있다.

2) 가계도의 작성법과 분석

(1) 가계도의 상징기호와 작성법

가계도에는 크게 두 가지 상징기호가 사용된다. 그 하나는 가족구성원들과 구조를 위한 상징들이고, 다른 하나는 구성원들의 관계(상호작용)를 나타내는 상징들이다. 이를 알기 쉽게 정리해보면 다음과 같다.

① 가족구성원들과 구조를 위한 상징 : 가족에 대한 기본 정보로서 예를 들면 부부 간의 결혼 여부, 결혼 연도, 자녀의 유무, 동거 가족들에 대한 정보, 남편과 부인에 대한 배우자 외 혼외 남자와 여자 관계의 유무, 자녀들의 출생순위, 입양과 양자의 여부, 출생에 관한 정보, 유산과 낙태에 대한 정보 등이다.

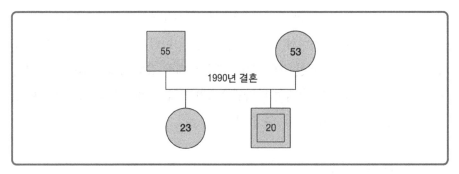

[그림 7-1] 가계도의 기본적 상징

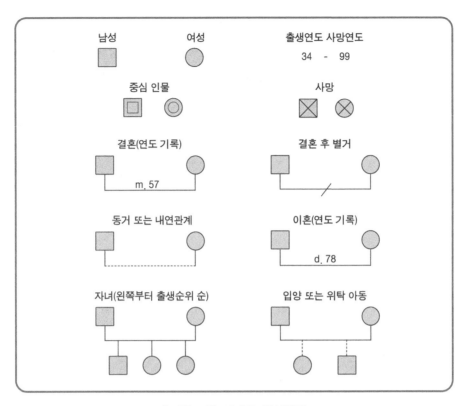

[그림 7-2] 가계도 작성방법

② 가족들 간의 상호작용 또는 관계역동을 나타내는 5개의 상징기호 : (a) 융합
관계[3] (b) 갈등관계 (c) 소원관계 (d) 단절관계 (e) 융합된 갈등관계

[그림 7-3] 상호작용을 나타내는 가계도의 상징

___

3) 보웬은 한 사람이 다른 사람과 정서적으로 상당히 가까워 자신의 감각이나 경계가 다른 사람에게
의존되는 것처럼 보이는 경향을 융합(fusion)으로 보았다. 융합의 특징은 개인의 지적·정서적 체
계를 애매하게 하는 것으로서 자기분화와 대립되는 개념이다. 즉 지적·정서적 체계의 융합은 다
른 사람으로부터 개별성이나 자립을 유지하는 능력을 저하시킨다. 융합관계가 생기면 다른 사람
과의 관계에서 융통성이 적고 적응력이 부족하며 정서적으로 의존적이 된다(김유숙, 1998).

그러므로 가계도를 그릴 때에는 첫째, 가족구성원들의 가족구조를 먼저 도식화한 다음, 둘째로 가족구성원에 대한 이력(연령, 출생 및 사망 시기, 직업 교육 수준), 가족의 역할(가족구성원 각자의 신체, 정서, 행동에 관한 비교적 객관적인 정보), 가족생활 중 중요한 가족사건(과도기, 인간관계의 변화, 이주, 상실과 성공) 등에 관한 정보를 덧붙인 후 마지막으로 그 위에 가족들이 어떻게 상호작용하는가를 한눈에 볼 수 있도록 선으로 그림으로써 가계도를 완성할 수 있다(김유숙, 1998). 가계도는 그리는 과정에서부터 치료를 위한 활동의 방법으로 활용된다.

(2) 간단한 가계도 분석

가족의 구조와 상호작용을 통한 인간관계는 새롭게 유입되어 변화하기도 하고 과거의 유형을 반복하기도 한다. 가계도는 이러한 유형의 반복을 예측 가능하게 한다. 보웬의 가계도 해석은 다른 대부분의 가족치료 접근법과 같이 우선 현재를 중심으로 문제가 있는 가족의 역사에서부터 시작한다. 현재를 중심으로 한 가족의 역사를 올바로 파악하기 위해서는 먼저 가계도상의 가족구조에 주목해야 한다. 즉 가계도상의 선이나 기호가 어떤 형태로 연결되었는지, 또한 형제-자녀의 출생순위, 혼외 남자나 여자 관계가 있는지 등등을 먼저 살펴본 후 가족치료의 주제 등을 미리 염두에 둘 수 있다.

가족치료 전문가는 개인이 아니라 가족구성원 전체와 상담을 하면서 가족의 이야기를 풀어나가야 하는데, 먼저 가족구성원 각자가 자신의 가족문제를 어떻게 받아들이고 해석하는지를 주의 깊게 경청할 필요가 있으며 가족의 역사를 고찰할 때에는 증상을 나타내는 사람부터 그 사람이 포함되어 있는 관계의 망(network)으로 초점을 넓혀나가는 것이 바람직하다(김영애 외, 2004). 가족치료 전문가가 가족의 역사를 제대로 파악하지 못하면 가족이 지니고 있는 문제와 관련된 부분을 놓칠 수 있기 때문이다.

핵가족의 역사를 살펴볼 때에는 부부의 만남과 연애시절부터 질문을 할 수 있으며 가계도상에 있는 핵가족 이외의 영역까지 분석·평가해야 할지의 여부는

---

4) 보웬은 원래 가계도에서 친밀관계는 배제하고 5가지의 부정적 관계도식만 제안하였으나 친밀관계는 그 이후에 편의상 삽입하여 사용하는 듯하다.

핵가족이 겪고 있는 주기의 범위와 불안의 정도에 달려 있다. 또한 확대가족에 대한 정보를 수집할 때에는 어떤 가족 중 어떤 사람을 가장 중요한 평가의 대상으로 삼아야 할지 확인해야 한다(김영애 외, 같은 곳). 가계도에서 주목해야 할 사항 중 중요한 내용만 추려본다면 다음과 같다(송성자, 2005).

① 증상을 가지고 있는 사람은 누구인가?
② 형제-자매의 출생순위는 어떤가?
③ 스트레스를 주는 사람이나 사건은 누구 또는 무엇인가?
④ 핵가족에서 만성적인 불안이나 정서적 반응이 발견되는가?

그 밖에 다음과 같은 내용도 분석되어야 할 것이다.
① 가족생활주기(출가, 결혼, 자녀 출산, 자녀 양육, 자녀의 독립, 은퇴 등의 각 분기점에서 다음 분기점으로의 이행이나 적응)의 과제는 적합하게 완수되고 있는가?
② 다세대 전이과정(미성숙한 정서를 다음 세대에 있는 자녀에게 투사하는 현상)이 발견되는가?
③ 자녀 중 부모 한 사람과 삼각관계에 휘말린 사람은 없는가?
④ 가족구성원 중 가장 역기능적 상호작용선이 몰린 사람은 누구인가? 다른 가족구성원이 혹시 그 사람이 맺고 있는 삼각관계의 대상은 누구 또는 무엇인가? 가장 역기능적 상호작용선이 몰린 사람이 가족의 역기능을 일으키는 원인 제공자인가, 아니면 긴급한 도움이 필요한 사람으로 해석해야 할 것인가?

비록 가계도 분석에 정통하지 않더라도 위에서 제시한 해석의 틀을 가지고 가계도를 검토하고 분석해본다면 문제의 파악과 사정이 용이할 뿐 아니라 가족문제 해결에 대한 가설을 세울 수가 있다. 이렇게 된다면 곧 치료개입 계획이 가능해지며 문제해결로 연결될 수 있을 것이다.

1. 부부(또는 형제) 간의 관계가 나쁠 경우 자녀나 타인 등 다른 사람을 끌어들임으로써 위태롭고 갈등을 빚는 2인 관계를 보다 안정시키려는 유형을 무슨 관계라고 하는가?

2. 가족 환경에서 균형이 깨어질 위협이 생길 때 체제의 균형을 유지하기 위해 안정된 상태를 유지하려는 경향을 무엇이라고 하는가?

3. 가족에 대한 도표로서 가족 수와 그들의 관계를 나타낸 그림을 무엇이라고 하나?

4. 가족구성원 내에서 미성숙한 정서를 다음 세대에 있는 자녀에게 투사하는 현상을 무엇이라고 하는가?

5. 다음 중 가족의 개념과 관계 <u>없는</u> 것은?
   ① 생활 공동운명체　　　　　② 사회화 과정의 중간 단계
   ③ 개방적 체제　　　　　　　④ 최소의 기초 집단

6. 아래에서 가족의 기능 중 사회화 기능에 속하는 것은?
   ① 성욕충족 기능　　② 정치적 기능　　③ 종교적 기능　　④ 법적 기능

7. 최소 3세대가 외형상으로는 각기 별개의 가구를 마련하지만 각 가계가 근거리에 살면서 잦은 왕래와 협조가 이루어지는 가족형태를 무엇이라 하나?
   ① 핵가족　　② 확대가족　　③ 수정 핵가족　　④ 수정 확대가족

8. 다음 중 건강한 가족의 특징이 <u>아닌</u> 것은?

① 경청하기   ② 함께 여가 보내기

③ 상호 사생활 존중하기   ④ 문제를 혼자서 해결하기

9. 다음 중 형제-자매 관계 중 대체적으로 부모의 가치와 기대를 지키는 사람은?

① 첫째 아이   ② 둘째(중간) 아이   ③ 막내 아이   ④ 외동 아이

10. 가계도에 표시되는 가족 상호작용 중 다른 사람과 정서적으로 상당히 가까워 자신의 감각이나 경계가 다른 사람에게 의존되는 것처럼 보이는 경향을 무엇이라고 하는가?

① 갈등관계   ② 단절관계   ③ 융합관계   ④ 소원관계

김영애, 김정택, 심혜숙, 정석환, 제석봉(2004). **가족치료.** 핵심개념과 실제적용. 서울 : 시 그마프레스.

김유숙(1998). **가족치료.** 이론과 실제. 서울 : 학지사.

김혜숙, 박선환, 박숙희, 이주희, 정미경(2008). **인간관계론.** 경기 : 양서원.

노안영, 강영신(2003). 성격심리학. 서울 : 학지사.

박문태, 박외숙, 정규원, 고원자, 송명자, 김민조(2010). **건강한 인간관계.** 울산 : UUP.

송성자(2002). **가족과 가족치료.** 경기 : 법문사.

심혜숙(1995). 가족치료. 현대상담 · 심리치료의 이론과 실제, 윤순임 외 14인. 서울 : 중앙 적성출판사.

오기붕(2013). **인간관계의 이해.** 경기 : 양서원.

유수현, 오수희, 길귀숙, 이재령, 이재호(2009). **인간관계론.** 경기 : 양서원.

이수용(2002). **인간관계의 심리.** 서울 : 학지사.

이재창 · 임용자(1998). **인간관계론.** 문음사.

최광현(2012). **가족의 두 얼굴.** 서울 : 부키.

한혜빈(1995). 구조적 가족치료 모델. **가족치료총론.** 이화여대 사회복지학과 편. 서울 : 동인.

Bowen, M.(1966). The use of family theory in clinical practice. *Comprehensive Psychiatry, 7,* 354-374.

Curran, D.(1983). *Traits of a health family.* Mineapolis : Winston Press.

Gordon, T.(1976). *Parent effectiveness training.* NY : American Library.

McGoldrick, M., & Gerson, R.(1985). *Genograms in Family Assesment.* New York : Norton.

Minuchin, S.(1974). Families and family therapy. Cambridge, MA : Harvard University Press.

Otto, H.(1962). What is a strong family? *Marriage and Family Living*, 10, 481-485.

Stinnett, N., & Defrain, J.(1985, Nov.). Secrets of happy families. *Good Housekeeping.*

http : //de.wikipedia.org/wiki/Familie#Funktionen_der_Familie

http : //ko.wikipedia.org/wiki

제**8**장

건강한 우리

김유진

학습목표

1. 건강한 친구관계를 유지하고 발전시키기 위해 어떤 노력이 필요한지 기술할 수 있다.
2. 연인관계(친밀한 관계)로 발전시켜 나가는 여섯 단계를 열거할 수 있다.
3. 주요 심리학에서 스턴버그(Sternberg)가 말하는 성숙한 사랑의 요인이 무엇인지 제시할 수 있다.

요즘 나는 그 친구 때문에 너무 힘들다. 처음 대학교에 입학해서 그 친구랑 친하게 지냈다. 단짝처럼… 나 혼자 다니면 다른 사람들이 그 친구는 어디 갔느냐고 물을 정도였다. 그런데 그 친구에게 남자친구가 생겼다. 그 이후 친구는 나에게 대하는 태도가 완전 달라졌다. 남자친구랑 밥 먹는다고 나랑 같이 먹지 않고 나는 혼자 먹는 날이 많아졌다. 그리고 같이 먹는 날이면 그 둘이 너무 애정행각을 벌여서 그 친구가 미워진다. '나는 뭔가! 에이! 남자친구 생겼다고 저렇게 달라지나? 나 같으면 저러지 않을 텐데…'

그 남자친구도 꼴불견이다. 나랑 친구가 있는데 왜 나더러 자기 여자친구한테 잘해주라고 그래! 기분 나쁘다. 나도 남자친구 생겨봐라.

성찰거리

1. 여러분은 친구관계에 어떤 어려움이 있나요?

2. 이성친구가 연인관계로 발전될 때 어떻게 진행되나요?

친구관계와 연인관계는 대학시절에 겪는 중요한 인간관계이다. 청소년 후기에는 친구관계가 가장 활발하며 이성친구 또한 연인관계로 발전하기도 한다. 이러한 친구가 결혼 상대자가 되기도 한다. 따라서 생의 중요한 대상을 만나는 시기이므로 건강한 친구관계와 연인관계에 대해 알아보는 것은 건강한 인간관계를 형성하는 데 도움이 된다.

제1절 친구관계

1. 친구의 의미

여러분이 생각하는 친구의 의미는 무엇입니까?
여러분은 몇 명 정도의 친구가 있으며 주로 어떤 친구들입니까?

우리는 살아가면서 수많은 사람을 만나게 된다. 그러나 그 많은 사람이 다 자신과 친밀한 관계를 맺는 것은 아니다. 특히 친구라고 생각되는 사람은 한정되어 있다. 친구의 사전적 의미는 '오래 두고 정답게 사귀어 온 벗'이다. '벗'은 '뜻을 같이하며, 우애를 나누며, 가까이 하는 사람'을 뜻한다. 이런 친구의 관계는 청소년 후기에 가장 활발하다고 한다. 청소년 후기에 해당하는 대학생 대부분이 고등학교까지는 정해진 규칙과 정해진 공간에서 주로 시키는 대로 생활하다가 대학생이 되면서 스스로 선택해야 하는 자유가 주어진다. 수강신청에서부터 강의실 찾아가기 등 스스로 해야 할 일들이 많다. 그러면서 인간관계도 갑작스럽게 변화한다. 다양한 지역, 다양한 성격, 다양한 외모, 다양한 이성도 만나게 된다. 자연스럽게 친해지는 경우도 있지만 자신이 노력하지 않으면 쉽사리 친밀한 관계를 유지하기 어렵다. 대학에 와서는 소위 다가가지 않으면 외톨이가 되기 쉽다. 어느 분석(김유진, 1997)에 의하면 실존적 공허상태에 있는 대학생이 과반수이상인 것으로 나타났고, 삶의 목적이 완전히 결여된 학생, 즉 실존적 공허수준이 높은 학생에게는 의미를 부여하는 방안으로 타인을 중시하거나 사회성을 높여주는 것이 도움이 된다고 하였다. 즉 혼자 다니는 시간이 많아지면 실존적 공허감을 높일 수도 있다. 친밀한 관계가 되기까지 혼자서 밥을 먹거나 강의실을 찾아가고 갈 곳이 없어 방황하기도 한다. 그러다가 시간이 지나면서 친밀한 관계를 형성한다. 같은 과, 같은 지역출신, 동아리 등을 통해서 서서히 친해진다. 권석만(2008)에 의하면 서로 친해질 수 있는 요인으로는 가까운 거리를 의미하는 근접성, 무엇이든지 자주 접하는 친숙성, 자신과 비슷한 사람을 좋아하는 유사성, 자신에게 즐거운 체험을 제공하는 보상성에 의해서 친해질 수 있다고 보았다. 그리고 개인적인 특징들로는 바람직한 성격, 능력, 신체적 매력 등으로 친해질 수 있다고 보았다. 또한 친구의 기능을 주요한 정서적 공감자이자 지지자, 자기 자신과 자신의 삶을 평가하는 주요한 비교 준거, 즐거운 체험을 공유하는 사람, 안정된 소속감 제공, 삶에 현실적인 도움을 주는 기능을 한다고 보았다. 이 친밀한 관계는 동성 간에는 주로 친구관계, 이성 간에는 연인관계로 발전하기도 한다.

2. 친구관계의 개인차

사람마다 친구의 의미가 조금씩 다른데, 그것은 인간관계 패턴이 다르기 때문이기도 하다. 연령, 성별에 따라서도 친구관계를 맺는 방식이 다르다. 시기에 따른 친구관계의 차이를 보면 다음과 같다.

〈표 8-1〉 시기에 따른 친구관계의 발달적 특징

시기	친구관계의 발달적 특징
2세경	또래와 초보적이며 자기중심적인 상호작용을 시작한다.
학령기	친구를 선별하여 사귀기 시작하고, 용모와 소유물을 중요시하는 것이 특징이다.
학령기 후기	자기중심성이 감소하고 친구 선택에 있어서 내면적 속성을 중요하게 생각하기 시작한다.
사춘기	친구관계는 더욱 친밀하고 활발해지면서 가족으로부터 심리적으로 이탈하여 친구들 간의 연결망을 형성하기 시작한다.
청소년 후기	친구관계의 정점을 이루며 일생 중에서 가장 많은 친구를 가지고 있고, 가장 빈번한 상호작용을 하는 시기이다.
결혼 후	자녀가 생김에 따라 친구관계가 점차 감소하고 친족관계가 더욱 심화된다.
성인	나이가 들면서 친구의 수나 빈도는 대체로 감소하지만 친밀감은 증가한다.
노년기	친구관계가 중요한 역할을 하게 되지만 일반적으로 친구관계가 감소한다.

또한 성별에 따라서도 친구관계의 양상이 다르다. 앨런(Allen)과 바바라(Barbara)에 의하면 여자는 어떤 고민이 있을 때 누군가가 해결책을 제시한답시고 참견하는 것을 아주 싫어한다. 자신의 문제를 이야기할 때는 고개를 끄덕이며 힘을 북돋워주는 친구를 원한다. 반면에 남자는 머릿속에서 문제를 정리해 보관할 줄 알아서 실질적인 도움을 원한다(서현정 역, 2003). 따라서 남자는 실질적인 도움을 주는 활동지향적인 친구관계를 맺는 반면, 여자는 서로 비밀을 털어놓을 수 있는 친밀한 친구 갖기를 원한다. 친구관계를 맺는 방식에도 개인차가 있다. 내향형의 사람은 소수의 사람과 깊은 교우관계를 맺는 반면, 외향형의 사람은 많은 사람과 넓은 교우관계를 맺는다. 애정중심의 교우관계를 원하는 사람이 있는 반면, 실질적인 업무중심의 교우관계를 맺는 사람도 있다. 지배적 교우관계를 맺는 사람이 있는 반면, 의존적 교우관계를 맺는 사람도 있다. 친구를 선택하는 기준에서도 자신과 유사한 사람을 친구로 선택하는 사람이 있는 반면, 자신과 보완적인 사람을 친구로 선호하는 사람도 있다. 이처럼 자신이 어떤 친구관계를 맺는가에 따라 자신의 인간관계 특성을 이해할 수 있다. 따라서 자신의 친구관계를 탐색해보는 것은 자신을 이해하는 방식이 될 수 있으며 건강한 인간관계를 형성하는 데 도움이 될 수 있다.

3. 건강한 친구관계

친구관계가 깊어지면서 우정이 자연발생적으로 생겨나기도 한다. 우정의 사전적 의미는 友情(벗 우, 뜻 정), 벗, 동무, 우애라고 말한다. 첫 단계에서는 호감으로 우정이 형성되지만 이후에는 어떤 조건보다는 무조건적인 사랑의 관계, '우정' 그 자체가 목적이 된다. 따라서 우정은 건강한 인간관계의 하나라고 볼 수 있고, 이러한 건강한 친구관계를 유지 발전하기 위해서 권석만(2008)은 다음의 요인이 필요하다고 하였다. 요약하면 다음과 같다.

1) 자기공개하기

인간관계 심화를 위해서는 자신을 타인에게 알리는 것이 중요하다. 자기공개를 많이 할수록 친밀해지며, 친한 사이일수록 자기공개가 증가한다. 자기공개는 상호적인 경향이 있어서 한 사람이 자기공개를 하면 상대방도 자기공개를 증가시킨다. 초기의 인간관계에서는 개인의 공적인 정보를 알리는 피상적인 자기공개가 이루어지다가 진전될수록 개인을 이해하는 데 중요한 사적인 취향이나 태도가 공개된다. 그리고 깊은 수준의 자기공개에서 개인의 매우 사적이고 비밀스러운 정보가 공개된다. 따라서 자기공개의 수준은 친밀감이 증가할수록 점진적으로 깊어진다. 이러한 공개수준 역시 상호적이어서, 한 사람이 좀 더 깊은 자기공개를 하면 상대방도 그에 준하는 수준의 자기공개가 이루어지는 경향이 있다. 상대방을 잘 알수록 대화의 주제가 넓어지고 상대방의 언행을 공감적으로 잘 이해할 수 있다. 또한 상대방의 행동을 예측하기 쉽고 상대방의 의도를 오해하는 일이 줄어들기 때문에 갈등이 감소할 뿐 아니라 편안함을 느끼고 서로 이해하게 된다.

2) 정서적 지지와 공감하기

자신이 어려움에 처했을 때 위로해주고 공감해주는 친구를 우리는 늘 기억한다. 이처럼 친구관계를 발전시켜 나가는 데는 정서적 지지와 공감이 필요하다. 자신에 관한 비밀스럽고 힘든 이야기를 했을 때 상대방이 잘 들어주고 이해한다면 더 깊은 자기개방이 이루어지지만 그렇지 못하다면 더 이상 자신을 보여주지 않을 것이다. 이처럼 자기공개와 정서적 지지는 상호 촉진적인 관계를 지니면서 친구관계를 발전시켜 나갈 수 있다.

3) 현실적인 도움 나누기

현실적인 도움이 필요할 때 생각나거나 도와주는 친구가 있다면 그 관계는 깊어졌다고 볼 수 있다. 살아가다 보면 어려움에 처할 때가 있는데 심리적인 지지 외에 현실적인 도움을 준다면 우정을 느끼게 된다. 살아가면서 현실적인 도움을 주고받을 수 있는 대상은 자신에게 주요한 대상이 된다. 이 역시도 일방적인 도움이 아니라 서로 상호 교환적으로 이루어진다면 관계는 더욱 두터워질 것이다.

4) 즐거운 일 같이하기

친구와 영화를 보러 가거나 여행을 간다면 즐거움을 더해준다. 즉 즐거움을 함께 나누는 것이다. 최인철(서울대학교 행복연구소장)은 "친구와 여행을 가는 일은 의미 있는 자기실현이며 행복감을 더해준다."고 하였다. 최근에는 스마트폰에서 대화를 나누기도 하고 인간관계를 맺지만 행복감은 실제로 누구와 만나서 어떤 마음으로 무엇을 하느냐에 따라 증진된다고 하였다. 따라서 친구 간에 자기공개하기, 정서적 지지하기, 현실적 도움 나누기, 즐거운 일 같이하기는 건강한 인간관계의 하나라고 볼 수 있다.

제2절 연인관계

1. 사랑의 의미

여러분은 사랑이 무엇이라고 생각합니까?

사랑을 정의하기란 쉽지 않다. 왜냐하면 사랑은 관점에 따라서도 다르고 대상에 따라서도 다르기 때문이다. 신학, 철학, 문학, 심리학, 사회학에서 정의하는 관점이 다르고 대상에 따라 형제애, 모성애, 부성애, 이성애, 자기애, 신에 대한 사랑 등으로 표현된다. 사랑의 의미를 질문했을 때 대부분의 사람들은 자신의 경험에 비추어 설명할 것이다. 분명한 것은 사랑으로 우리의 감정이 좌지우지되며 인생이 달라지기도 한다는 것이다.

사랑을 기술한 대표적인 심리학자는 프롬(Fromm, 1956)이다. 『사랑의 기술(The Art of Loving)』이란 책에서 "사랑이란 열정이나 감정이 아니고 사랑하는 상대에 대한 행동양식"으로 정의한다. 즉 사랑 그 자체를 목적으로 한다. 따라서 사랑은 부단한 시행착오의 과정과 인내 그리고 훈련이 필요하다고 본다. 어떻게 보면 일생 동안 우리는 사랑을 배워나간다고 볼 수 있을 것이다. 사랑에 빠진 연인들은 성숙한 사랑을 꿈꾸는데 이 사랑이 어떤 상태인지 구체적으로 말하기는 쉽지 않다. 단지 생활 속에서 영화나 드라마, 자신의 경험을 통해 체득해나가는 방법이 아니라 건강한 인간관계를 유지하는 사랑을 배울 필요가 있다.

⟨표 8-2⟩ 사랑의 정의에 대한 표본

사랑이란 무엇인가? 거기서 빠져 나올 필요가 있는 그 무엇이다.   -샤를르 비에르 보들레르-
당신이 한 여인에게 아무것도 숨길 수 없게 될 때, 당신은 그녀를 사랑하는 것이다. -폴 제랄디-
사랑에 대해 들어보지 못했다면 결코 사랑에 빠지지 않았을 사람들이 있다.   - 프랑수아 드 라로슈푸코-
사랑이란 지성에 대한 상상력의 승리이다.   -멘 켄-
사랑이란 한 사람과 다른 모든 사람 사이의 차이점을 과장시키는 게임이다.   -조지 버나드 쇼-
어떤 사람의 있는 그대로를 사랑한다는 것은 관습적인 것이 아니다.   -아나톨 프랑스-
사랑이란 목적이 억제된 성(性)이다.   -지그문트 프로이트-
사랑이란 또 다른 열망, 자기실현을 향한 투쟁, 자기이상에 도달하려는 헛된 충동에 대한 대체물이다.   -테오도르 릭-

출처: 고선주 외 역, 1994.

2. 건강한 연인관계

사랑이 무엇인지 정의 내리기 어려운 만큼 사랑에 대해 잘못 이해하고 있는 부분들이 있다. 그 오해로 인해 우리는 더 아파하거나 건강하지 못한 연인관계에 빠져들기도 한다. 일반적인 사랑의 오해를 요약하면 다음과 같다(천성문, 2007).

1) 사랑의 오해

(1) 사랑을 성적 매력의 느낌이나 사랑받고 싶어하는 욕구로 본다

처음 여성이나 남성을 보고 첫눈에 반한다는 말이 있는데 아름다운 몸매, 말솜씨, 외모 등으로 우리는 사랑을 느꼈다고 한다. 그러나 사랑은 알아가는 과정으로 점진적으로 이루어진다. 그렇기 때문에 처음 느낀 감정이 그대로 유지되기 어려우며, 그것은 서로의 노력으로 만들어가야 한다. 성적 매력이나 외모로 그 사람에게 사랑을 느꼈다면 그것이 사라질 때 그 사랑도 사라지게 된다.

(2) 사랑을 섹스와 같은 뜻으로 사용하여 사랑이란 말로 섹스를 표현하기도
    한다

남녀가 깊이 사랑하면 섹스라는 결과를 낳기도 하지만 그것이 사랑의 전부가
아니라는 것이다.

(3) 사랑을 받고 싶어하는 욕구로 보는 것이다

처음 자신이 느낀 사랑과는 달라 진행 중에는 자신이 사랑을 받지 않는다는
느낌이 들면 더 이상 사랑하지 않는다고 생각한다. 사랑은 상호보완적으로 이루
어져야 한다. 따라서 프롬은 미숙한 사람들은 "당신이 필요해서 사랑을 한다.'고
하지만 건강한 사랑은 '당신을 사랑하기 때문에 당신이 필요하다.'"고 한다. 따라
서 사랑을 위해서는 어떤 대가를 지불해서도 요구해서도 안된다. 서로 사랑하는
그 자체가 목적이 되어야 한다.

2) 친밀한 인간관계 발전과정

그 사랑을 위한 친밀한 인간관계 단계를 살펴보면, 설기문(1997)은 냅(Knapp)이
제시한 친교관계의 형성과정 다섯 단계(시작단계, 실험단계, 심화단계, 통합단계,
동맹단계)에 윌슨(Wilson), 핸즈(Hanz), 한나(Hanna)가 제시한 재협상단계를 통합
단계와 동맹관계 사이에 추가하여 총 여섯 단계(박문태 외, 2010)로 나타냈다. 이
러한 단계는 건강한 연인관계 발전을 위해서도 필요하다.

(1) 시작(Initiating)단계

상대방에게 매력을 느껴서 관계를 시작하기로 마음먹은 단계이다. 이 단계에
서 나타나는 상호 간의 대화수준은 "안녕하세요?," "어떻게 지내세요?", "예, 잘 지
내요." 등의 대화이다.

(2) 실험(Experimenting)단계

상대방의 특성에 대하여 알아보는 단계이다. 여러 가지 정보수집이 이루어진
다. 이 단계에서 나타나는 상호 간의 대화수준은 "알고 보니 테니스를 좋아하나
보죠?", "저도 좋아하는데…", "그래요? 반갑군요.", "얼마나 치죠?" 등의 대화이다.

(3) 심화(Intensifying)단계

여기서는 단순히 그저 '아는 관계'의 수준에서 '친한 관계'의 수준으로 넘어가는 단계이다. 자기노출이 많아지고 상대방의 사적인 부분까지도 알게 된다. 깊이 있는 만남이 이루어지고 더 많은 이야기를 나누고 싶어서 많은 시간을 함께 보내려 한다. 이 단계에서 나타나는 상호 간의 대화수준은 "왠지 당신이 좋아요.", "사실은 저도 그래요.", "당신을 사랑해요." 등의 대화이다.

(4) 통합(Integrating)단계

심리적으로 하나가 되는 단계이다. 하나가 되고 싶어서 여러 가지를 공유하려는 노력이 일어나고 커플링을 끼기도 하고, 선물과 사진을 교환하고, 둘만이 간직할 만한 추억거리를 만들고 신뢰와 노출이 깊어진다. 이 단계에서 나타나는 상호 간의 대화수준은 "나는 늘 당신을 생각하고 당신이 내 속에 있는 것 같아요.", "그래요. 우리는 하나인 것 같아요.", "당신에게 일어나는 일이 나에게도 생기곤 해요." 등의 대화이다.

(5) 재협상(Renegotiating)단계

스스로 관계 자체를 다시 냉정하게 따져보고 재검토해보는 단계이다. 관계에 대한 여러 가지 의문과 생각이 떠오르게 된다. 그 관계를 지속시킬 때 나는 어떤 투자를 더 해야 하며, 그로 인하여 돌아오는 대가가 무엇인지에 대하여 꼼꼼하게 따져보는 단계이다. 이 단계에서는 두 사람 사이에서 나타나는 불만이나 문제가 어떤 식으로 협상되고 해결되느냐에 따라서 관계의 모양이 달라질 수 있다. 서로의 불만에 대하여 적극적으로 대화하고 협상하고 노력하여 성공하게 되면 새로운 차원의 관계로 거듭날 수 있으나, 협상에 실패하면 불만을 지닌 채 시간을 끄는 관계나 아예 그 관계를 청산하기도 한다.

(6) 동맹(Bonding)관계

재협상에서 성공할 경우 두 사람의 관계에 대하여 서로 공식화시키려는 일종의 계약단계이다. 공적이고 법적인 헌신을 하려고 결혼을 결정하기도 하고, 그 외에도 다양한 방식으로 서로 간에 책임을 지고 의무를 다하려는 노력이 일어나는 단계이다. 이 단계에서 나타나는 상호 간의 대화수준은 "당신과 영원히 함께 하고 싶어요.", "그래요. 나도 마찬가지예요.", "우리 결혼 합시다." 등의 대화이다. 따라서 동맹관계를 굳건히 지켜나가려면 즐거운 경험 외에 갈등상황을 극복해보는 과정을 거치는 것이 좋겠다. 다시 말하면, 처음 단계에서는 상대에 대한 환상만 가질 수 있으므로 각 단계를 거치면서 상대의 단점을 발견하고 수용할 줄 아는 재협상의 단계가 필요하겠다.

3. 성숙한 사랑

1) 스턴버그(Sternberg)의 사랑의 심리학

심리학자 스턴버그는 사랑에 대한 다양한 정의와 경험 속에서도 '보편적 사랑'이란 무엇이며, '성숙한 사랑'이란 무엇인가에 대해 쉽고 설득력 있게 가르쳐주고 있다. 사랑의 삼각형이론에서 사랑은 '열정', '친밀감', '헌신 및 결심'이라는 세 가지 요소로 이루어져 있으며, 각 요소가 꼭짓점을 이루고 온전히 균형 잡힌 삼각형을 이루었을 때, '성숙한 사랑'에 이른 것이라고 정의하였다.

(1) 사랑의 세 가지 요소

① 친밀감(Intimacy)

친밀감이란 사랑의 관계에서 나타나는 가깝고, 연결되어 있고 결합되어 있다는 느낌을 일컫는다. 거기에는 사랑하는 사이에서 경험하는 따뜻함과 같은 느낌들이 포함된다. 사랑하는 이의 복지를 증진시키기를 열망하고 함께 있어서 행복감을 경험하고 서로에 대한 존경심이 필요할 때 기댈 수 있으며 상대와 자신 및 자신의 소유를 나눌 수 있다.

② 열정(Passion)

열정은 사랑하는 관계에서 낭만, 신체적 매력, 성적인 몰입 같은 것들로 이끄는 욕망을 말한다. 많은 관계에서 성적 욕구가 열정의 주요 부분을 차지하기도 하지만 다른 욕구들, 즉 자아존중감, 타인과의 친화, 타인에 대한 지배, 타인에 대한 복종, 자아실현과 같은 욕구들이 열정이라는 경험에 기여하기도 한다.

③ 결심 및 헌신(Commitment)

사랑에서 결심 및 헌신 요소는 두 가지 측면으로 구성되어 있다. 하나는 단기적인 것, 다른 하나는 장기적인 것이다. 단기적인 것은 어떤 사람을 사랑하기로 하는 결심을 말한다. 장기적인 것은 그 사랑을 지속시키겠다는 헌신을 말한다. 사랑의 결심 및 헌신의 두 측면이 함께 갈 필요는 없다. 사랑을 하겠다는 결심이 그 사랑에 대한 헌신을 의미할 필요는 없다. 이상하게 들리긴 하겠지만, 사랑에 대한 헌신이 사랑하겠다는 결심을 내포할 필요는 없다. 많은 사람들이 상대를 사랑한다는 혹은 그와 사랑에 빠졌다는 인정을 하지 않은 상태에서 그 사람과의 사랑에 헌신을 한다. 그러나 헌신 이전에 사랑에의 결심이 있는 경우가 더 빈번하다.

친밀감, 열정, 헌신의 세 가지 요소가 조화롭게 균형을 이루었을 때 건강한 사랑이므로 이 세 가지 중 어느 한 요소에 치우치지 않도록 하고 균형을 이루어나가도록 해야 한다. 성숙한 사랑은 일단 사랑의 세 가지 요소가 모두 존재할 때 생긴다. 세 요소들 간의 관계는 강도와 균형에 있어서 다양하게 되고 사랑의 삼각형 크기와 모양 또한 다양해짐을 알 수 있다.

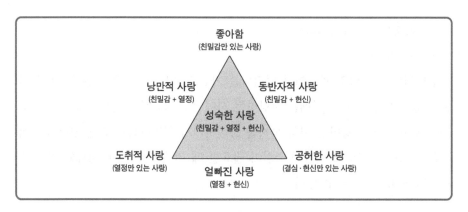

출처 : 고선주 외 역, 1994.

세 가지 사랑의 요소를 조합하여 나타낸 사랑의 종류

(2) 사랑의 유형

① 좋아함(Liking) : 친밀감만 있는 경우

친구들과의 관계에서 경험하는 종류의 감정을 말한다. 강한 열정이나 장기적 헌신은 없지만 상대를 향해 친밀감만을 경험할 수 있는 사랑이다. 이런 경우는 선후배관계나 친구관계에서 연인관계로 발전하기도 한다.

② 도취적 사랑(Infatuated love) : 열정만 있는 경우

상대를 지나치게 이상화시켜서 현실을 제대로 보지 못한다. 갑자기 불꽃처럼 즉흥적으로 생겨났다가 갑자기 사라져버릴 수 있으며 정신적·육체적인 흥분이 상당한 정도로 나타나는 특징이 있다. 도취적인 사랑이며 '첫눈에 반한 사랑'으로 상대를 망상 속에서 바라볼 수도 있다.

③ 공허한 사랑(Empty love) : 헌신만 있는 경우

친밀감, 열정 없이 단지 결심 하나로 헌신하는 사랑이다. 이는 오랜 결혼생활을 통해서 열정도 식고 친밀감마저 퇴색해버렸지만 자녀를 위해 부부관계를 유지하고 있는 경우와 비슷하다. 또는 상대방의 재산과 사회적 지위를 보고 결혼이라는 제도 안에서 헌신만 하는 경우도 이에 해당된다.

④ 낭만적 사랑(Romantic love) : 친밀감과 열정의 결합

서로 신체적·정서적으로 매력을 느끼고 이끌리는 것을 인정하면서도 책임을 지지 않으려고 한다. 둘의 사랑이 영화나 드라마처럼 아름답게 보이나 현실성(헌신)을 생각하지 않아 장기간 지속되거나 같이 생활하는 데는 한계가 있다. 이는 한때의 매우 낭만적이지만 지속적인 만남에 대해서는 책임지지 않으려 한다.

⑤ 동반자적 사랑(Companionate love) : 친밀감과 헌신 요소의 결합

동반자적 사랑은 육체적 매력이 약해져서 열정 없이 친밀감과 헌신 행동만 있는 사랑유형이다. 동반자적 사랑에 만족을 느끼는 정도는 개인마다 차이가 있지만 친구처럼 살아가거나 결혼을 유지하나 외도를 경험하기도 한다. 그러나 결혼생활에서 헤어지지 않고 관계를 지속하는 대부분의 유형이기도 하다.

⑥ 얼빠진 사랑(Fatuous love) : 열정과 헌신의 결합

친밀감이 결여된 사랑이기 때문에 서로를 이해하고 친밀감을 느낄 만한 시간

이 없이 단지 성적 매력이나 흥분에 기초한 사랑이다. 이들은 어느 날 만났다가 갑자기 약혼하고 또 결혼하는 방식과 같은 사랑이다. '할리우드식 사랑'이라고도 한다. 서로 간에 취미활동을 같이하거나 공유하는 시간들이 없기 때문에 허구적인 사랑이라고 보는 것이다. 이들은 열정이 사라지기 시작할 때 무엇을 해야 할지 모르기 때문에 실망하기도 한다.

⑦ 완전한 사랑(Consummate love) : 친밀감과 열정과 헌신의 결합

완전한 사랑은 모두가 도달하려고 노력하는 사랑이다. 친밀감과 열정, 헌신이 포함된 우리 모두가 추구하는 사랑이다. 사랑은 육체적인 밀착뿐만 아니라 상대와 일체감을 느낄 만큼 심리적으로 밀착되어 자기 자신에게 하는 것처럼 상대에게도 기꺼이 내어주고 행할 수 있는 친밀감을 필요로 한다.

⑧ 사랑이 아닌 것(Nonlove)

이 사랑은 세 요소가 부재한 상태로 사랑도 우정도 지속되지 않는 단편적인 관계이다.

스턴버그는 친밀감, 열정, 헌신의 세 구성요소를 충분히 고르게 잘 갖춘 정삼

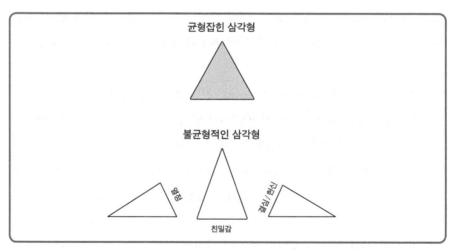

출처 : 고선주 외 역, 같은 곳.

균형적인 관계와 불균형적인 관계

각형의 사랑이 가장 이상적인 온전한 사랑이라고 했다. 삼각형의 면적은 사랑의 크기를 반영하며, 정삼각형은 세 변의 길이의 합이 동일한 경우 면적을 최대화할 수 있는 삼각형이기 때문이다.

이 삼각형 이론을 통하여 친밀감, 열정, 헌신의 세 가지 요소를 이해하고 조율하려고 하는 가운데 사랑은 더욱 견고해질 것이고 이는 곧 건강한 인간관계의 모습이라고 볼 수 있다.

2) 남녀의 차이 이해

여러분은 연인관계에서 상대의 어떤 부분으로 인해 갈등이 생기나요?

연인관계에서 서로 변화되지 않는 부분으로 인해 싸우거나 고심하다가 헤어지는 경우가 있다. 이럴 때는 남녀의 차이점을 한번 생각해보는 것도 필요하다. '틀림'이 아닌 '차이'로 생겨나는 오해일 수도 있기 때문이다. 그레이(Gray, 1992)에 의하면 남녀의 욕구에서 차이가 난다고 본다. 남자는 일차적 욕구가 사랑, 가치, 수용, 신뢰받는 것이라고 했고, 여자는 일차적 욕구가 사랑, 존중, 이해, 보살핌을 받는 것이라고 했다.

뇌의 구조와 기능의 차이에서 보면 여자는 좌뇌와 우뇌를 연결하는 뇌량이 남자보다 크고 굵은데 이것은 좌뇌와 우뇌의 소통이 원활하다는 것을 의미한다. 이것은 여자의 새로운 변화에 대한 적응력과 공감하는 능력이 남자보다 더 낫다는 것을 의미한다. 이에 반하여 남자는 각 반구 내의 소통이 원활하다. 좌뇌나 우뇌 각각의 활동에 지배를 받는 경우 더 몰입되고 집중하는 경향이 더 많다는 것을 의미한다. 이것은 엔지니어나 수학 등의 영역에서 남자가 더 많은 능력을 발휘하는 것을 보아 알 수 있다(권형규, 2013).

남녀 관계 전문가 앨런과 바바라는 『한 번에 한 가지밖에 못하는 남자 잔소리를 멈추지 않는 여자』라는 책에서 남녀 간의 기대에 대한 한계를 쉽고 재미있게 설명하고 있다. 책의 일부 중 남녀가 어떻게 다른지를 요약하면 다음과 같다.

남자와 여자의 다름을 안다는 것은 차별을 하자는 것이 아니라 또 하나의 평등을 실천하는 것이라고 말한다. 다음의 예를 보면 남녀의 사랑방법이 어떻게 다른

〈표 8-3〉 남녀의 차이

영역	남자	여자
가치 확인	일과 성취를 통해 자신의 가치를 확인한다. → 남자는 일이 제대로 안되면 여자와의 관계에 집중하지 못한다.	남자와의 관계를 통해 자신의 가치를 확인한다. → 여자는 남자와의 관계가 원만하지 못하면 일에 집중하지 못한다.
스트레스 해소	대화가 문제를 해결하는 데 방해가 된다고 생각한다.	남편이나 연인과의 대화를 통해 보상하려 한다.
	스포츠 중계를 보고 싶어한다.	남자가 이야기를 나누고 안아주기를 바란다.
	이야기하자고 하면 아는 척 나서서 귀찮다고 생각한다.	자신의 이야기에 공감하지 않으면 남자가 무관심하다고 생각한다.
실수 인정	절대 잘못하지 않는다. 비교당하고 비판받기를 싫어한다.	자기 실수를 인정한다.
화가 날 때	술을 마시고 이웃나라로 쳐들어간다. 입을 꾹 다물고 다른 행동을 하거나 시간이 지나면서 서서히 풀린다.	초콜릿을 먹고 쇼핑센터로 쳐들어간다. 입을 꼭 다물면 곯아 들어가고 있다는 뜻이다.

지 알 수 있다.

한 여자가 이렇게 말했다. 남편에게 자신을 사랑한다는 것을 증명해 보이라고 했더니 그가 잔디를 깎더란다. 남편은 잔디 깎는 것을 애정의 표현이라고 생각했던 것이다. 그는 아내가 기뻐하지 않자 그 다음에는 부엌에 페인트칠을 했고, 그것도 통하지 않자 이번에는 함께 축구시합을 보러 가자고 했단다(서현정 역, 같은 곳). 이렇게 사랑을 표현하는 방식에도 차이가 있다. 따라서 남녀가 동일한 우선사항, 충동, 욕망을 갖고 있다는 것은 그릇된 믿음인지도 모른다. 가끔은 상대가 잘 이해되지 않을 때 그것을 고치려 들지 말고 차이를 인정하고 보완하는 것이 건강한 연인관계를 유지하는 데 도움이 될 것이다.

3) 사랑의 아픔에서 일어서기

여러분은 실연의 경험이 있나요?
있다면 어떻게 극복했나요? 또는 극복하고 있나요?
이 실연의 아픔으로 다른 사랑에 어떠한 영향을 미치고 있나요?

사랑하면 아픈 것일까! 아파서 사랑을 했을까! 이러한 아픔과 사랑의 관계는 떼려야 뗄 수 없는 우리의 경험이다. 실연의 경험을 통해 우리는 성장한다. 특히 청년기에는 이러한 실연으로 상담실을 찾거나 정신과 병원을 찾기도 한다. 정신과의사 박진생(2013)은 『사랑의 중심에서 나를 찾다』라는 책에서 사랑의 경험을 통해 자신을 발견할 수 있다고 본다. 예를 들어 한 남자에게 집착하는 사랑, 복수심에 불타는 사랑, 첫눈에 반하는 사랑, 바람둥이 사랑, 불륜에 탐닉하는 사랑 등이 사랑의 문제들은 자신의 결핍된 사랑과 관련되어 있다고 본다. 따라서 사랑의 경험을 통해 우리는 자신을 알아가며 배워가는 값진 경험을 해야 할 것이다. 사랑의 상처로 괴로워하는 사람들도 있지만, 그 괴로움이 언젠가는 인생을 더 풍성하게 할 수 있을 것이다. 실연은 앞으로 더 건강한 사랑을 할 수 있는 경험이 되어야 할 것이다. 사랑이 끝났을 때 실연했다고 표현하기도 하는데 이 실연의 유형이 일방적이든 합의된 것이든 심리적 반응이 나타나며 그 강도가 다르다. 정서적으로는 슬픔과 우울감이 동반되고, 인지적으로는 끝난 사랑에 대한 미련과 후회로 집착하고 무기력감을 보기도 한다. 행동상으로는 일상생활에서 적응하지 못하고 피상적인 대인관계를 하게 되고 식욕이 떨어지고 불면, 두통, 소화불량 등 신체적 증상이 나타난다. 이렇게 실연은 정신적 고통이 신체적으로 영향을 미쳐 여러 가지 문제를 발생시킬 수 있다. 실연의 반응은 대부분 시간이 지나면서 감소하기도 하지만 장기화될 경우 정신건강이나 인간관계에 영향을 미치기도 한다. 실연의 고통을 감당해내기 위해 여러 가지 방어적 노력을 무의식적으로 하게 된다.

이러한 실연(권석만, 같은 곳)은 흔히 충격과 고통의 시기, 실연의 상처를 치유하는 시기, 성숙하는 시기의 3단계를 거친다고 하였는데 극복하는 방법을 요약하면 다음과 같다.

첫째, 자신이 실연으로 아파하며 슬퍼하고 있다는 것을 받아들여라.

이러한 아픔과 슬픔이 실연에 대한 자연스럽고 정상적인 반응임을 자각한다. 사랑했던 만큼 실연은 고통스럽다. 실연으로 인해 지금은 매우 고통스럽지만 이러한 고통으로부터 벗어날 수 있다는 점은 분명히 인식할 필요가 있다.

둘째, 충분히 아파하고 슬퍼하라.

몸에 상처가 나면 아픈 것처럼 아픔의 과정 자체가 실연 극복의 과정이다. 부인하거나 숨기려 하지 말고 충분히 아파해야 한다. 굳이 부인하려 해도 남은 감정이 나중에 올라올 수도 있다. 여기서 주의해야 할 점은 잊기 위해 또 다른 상대를 섣불리 만나는 것은 위험한 일이다. 그 감정에 대해 스스로에게 편지를 쓰는 것도 도움이 된다.

셋째, 여행이나 새로운 일을 통해 환경의 변화를 주어라.

이러한 행동은 기분전환을 하는 데 도움이 되기 때문에 일상에서 벗어날 수 있는 일을 생각해보고 행동으로 움직이는 것이 좋다. 움직임은 우리 몸의 스트레스 호르몬을 감소시키는 역할을 한다.

넷째, 실연에 대해서 반성해본다.

실연의 원인과 과정을 생각해본다. 그 사랑이 비현실적이거나 환상에 기인할 수도 있으므로 상대방으로부터 사랑받고자 하는 지나친 욕구에 기인할 수도 있으며 사랑의 감정에 휩싸여 상대방과의 관계를 왜곡하여 판단할 수도 있다. 그러므로 반성해본다는 것은 자신을 깊이 생각해보는 것과도 같다. 혹시라도 반복되는 패턴인지, 비슷한 사람을 사랑하는지, 집착인지 동정인지를 판단해보는 것도 건강한 사랑을 시작하는 데 도움이 될 것이다.

다섯째, 실연의 아픔으로부터 벗어나 일상의 생활로 돌아온다.

실연으로 인해 잠시 이탈했던 상태에서 정상적인 생활로 되돌아오는 것이다. 잠시 소홀했던 인간관계를 복원하고 학업이나 직업에서 공백을 회복하도록 노력하는 것이다.

실연의 극복은 자신의 노력과 함께 시간의 흐름이 필요하다. 상대를 잊기 위해 노력한다기보다 그대로 자신의 감정을 인식하고 받아들이면 어느 순간 괜찮아진 자신을 발견하게 될 것이다. '아픈 만큼 성숙한다.'는 말은 실연당한 사람에게는 잔인한 말일지도 모른다. 그러나 그 경험을 끝낸 사람은 어떤 의미인지 안다. 실연을 당한다는 말은 자신이 손해 본다는 의미일지도 모르나 실연은 사랑했기 때문에 나타나는 결과일 수 있다. 그 사랑만으로 우리는 얻은 것이다. 우리는 원래 혼자였다. 그래서 혼자가 될 수밖에 없다. 단지 옆에 와주었던 연인, 남편, 자녀 모든 사람에게 감사할 일이다. 본래대로 된 것이고 사랑하고 있을 때 우리는 충분히 감사해야 할 일이다.

나의 사랑유형 검사

이 검사는 스턴버그(이민규, 2001)가 사랑의 세 가지 구성요소를 측정하기 위해 만든 사랑의 삼각형 이론 척도이다. 아래 문장들은 현재 당신이 사귀고 있는 (현재 사귀고 있는 사람이 없다면 과거에 사귀었던) 이성친구나 배우자에 대한 당신의 심리상태를 기술한 것이다. 각 문장이 이성친구나 배우자에 대한 당신의 상태를 잘 나타내는 정도를 1(전혀 아니다)에서부터 9(아주 많이 그렇다)까지의 숫자를 선택해서 평가해보자.

```
   1       2       3       4       5       6       7       8       9
(전혀 아니다)                   (보통)                        (아주 많이 그렇다)
```

내용	점수	부분 합
1. 나는 당신의 행복을 뒤에서 적극적으로 지원한다.		
2. 나는 당신과 따뜻한 관계를 맺고 있다.		
3. 나는 힘들 때 당신에게 의지할 수 있다.		
4. 당신은 힘들 때 나에게 의지할 수 있다.		
5. 나는 당신과 나의 모든 것을 공유할 의향이 있다.		
6. 나는 당신으로부터 상당한 정서적 지지를 받고 있다.		
7. 나는 당신에게 상당한 정서적 지지를 주고 있다.		
8. 나는 당신과 말이 잘 통한다.		
9. 나는 내 인생에서 당신을 매우 중요시한다.		
10. 나는 당신과 친밀감을 느끼고 있다.		
11. 나는 당신과 편안한 관계를 느끼고 있다.		
12. 나는 당신을 정말 이해하고 있다고 느낀다.		
13. 나는 당신이 나를 정말 이해하고 있다고 느낀다.		
14. 나는 내가 당신을 정말 신뢰한다고 느낀다.		
15. 나에 관한 매우 개인적인 정보를 당신과 공유하고 있다.		합
16. 당신을 보기만 해도 나는 자주 흥분된다.		
17. 나는 낮에도 당신에 대해 생각하는 내 자신을 자주 발견한다.		
18. 당신과 나의 관계는 정말 낭만적이다.		

19. 나는 당신이 매우 매력적이라고 느낀다.		
20. 나는 당신을 이상화하고 있다.		
21. 나는 당신처럼 나를 행복하게 만드는 사람을 상상할 수 없다.		
22. 나는 다른 어떤 사람보다도 당신과 함께 있고 싶다.		
23. 당신과의 관계보다 더 중요한 것은 이 세상에 없다.		
24. 나는 당신과 신체적으로 접촉하면 특히 기분이 좋다.		
25. 당신과의 관계는 '마술적인' 면이 있다.		
26. 나는 당신을 찬미한다.		
27. 나는 당신 없이는 내 인생을 생각할 수 없다.		
28. 당신과 나와의 관계는 열정적이다.		
29. 낭만적인 영화나 책을 볼 때면 당신이 생각난다.		
30. 나는 당신에 대해 공상을 하곤 한다.		합
31. 당신에 대해 염려하고 있다는 것을 나는 알고 있다.		
32. 나는 당신과의 관계를 지속시키기 위해 최선을 다하고 있다.		
33. 다른 사람이 우리 사이에 끼어들지 않도록 나는 헌신할 것이다.		
34. 당신과의 관계가 흔들리지 않을 것이라는 점에 대해 자신이 있다.		
35. 나는 어떤 난관에도 불구하고 당신에게 헌신할 것이다.		
36. 당신에 대한 나의 사랑은 일생 동안 계속되리라 확신한다.		
37. 나는 당신에 대해 항상 강한 책임감을 느낄 것이다.		
38. 당신에 대한 나의 사랑은 확고하다.		
39. 나는 당신과의 관계가 끝나는 것을 상상할 수 없다.		
40. 나는 당신에 대한 나의 사랑을 확신한다.		
41. 나는 당신과의 관계가 영원히 지속되리라고 확신한다.		
42. 당신과 사귄 것을 잘한 결정이라고 생각한다.		
43. 나는 당신에 대해 책임의식을 느낀다.		
44. 나는 당신과의 관계를 계속 유지할 것이다.		
45. 당신과 갈등이 생겨도 나는 여전히 우리 관계를 유지할 것이다.		합

☑ 채점 방법

- **친밀감** 점수 : 1~15까지 점수의 합산 점수 _____ 점 ÷ 15 = _____ 점
- **열 정** 점수 : 16~30까지 점수의 합산 점수 _____ 점 ÷ 15 = _____ 점
- **헌 신** 점수 : 31~45까지 점수의 합산 점수 _____ 점 ÷ 15 = _____ 점

나의 사랑의 삼각형 그리기(컴퍼스 이용)

☑ '나의 사랑유형 검사'를 통해 얻은 세 가지 구성요소 점수를 삼각형으로 나타내 보자.

☑ '나의 사랑유형 검사' 결과 자신의 사랑의 삼각형 모양과 크기에 대해 알아보자.

① 나의 사랑의 삼각형은 어떤 모양을 하고 있는가?

② 어떤 구성요소가 가장 크고, 어떤 구성요소가 가장 작은가?

③ 이것은 나의 사랑에 대해 어떤 의미를 부여하는가?

④ 이것은 당신의 파트너가 추구하는 사랑과 얼마나 일치하는가?

1. 건강한 친구관계를 유지 발전하기 위한 요인은 무엇입니까?

2. 연인관계(친밀한 관계)로 발전시켜 나가는 여섯 단계를 기록하시오.

3. 스턴버그가 말하는 성숙한 사랑을 위한 세 가지 요소를 적으시오.

4. 스턴버그가 설명한 사랑 중 공허한 사랑은 어떤 사랑을 말하는가?

5. 〈표 8-3〉을 참고하여 남녀의 보편적 차이점을 두 가지만 적으시오.

6. (   )(은).『사랑의 기술(The Art of Loving)』이란 책에서 '사랑이란 열정이나 감정이 아니고 사랑하는 상대에 대한 행동양식'으로 정의한다.

7. 건강한 친구관계를 유지하기 발전시키기 위해 노력한 관계가 <u>아닌</u> 것은?
    ① 서로를 알리기 위해 노력한다.
    ② 자신의 비밀스러운 부분은 오랜 시간이 지나도 개방하지 않는다.
    ③ 친구가 어려움에 놓여 있을 때 현실적인 도움을 준다.
    ④ 친구가 아파하고 있을 때 정서적인 힘이 되어준다.

8. 연인관계(친밀한 관계)로 발전시켜 나가는 단계 중 다섯 단계에 해당되는 것은?

① 실험단계　　　② 재협상단계　　　③ 통합단계　　　④ 동맹관계

9. 아래 내용은 스턴버그가 말한 사랑 중 어떤 사랑을 말하는가?

'할리우드식 사랑'이라고도 한다. 서로 간에 공유하는 시간들이 없기 때문에 '허구적인 사랑'이라고 본다. 이들은 열정이 사라지기 시작할 때 무엇을 해야 할지 모르기 때문에 실망하기도 한다.

① 도취적 사랑　　　② 공허한 사랑　　　③ 낭만적 사랑　　　④ 얼빠진 사랑

10. 실연의 경험을 가장 현명하게 극복하고 있는 사람은?

① 민아는 실연으로 이런 일이 있을 수 없다고 상대에게 집착하고 있다.

② 석민이는 실연의 아픔을 잊기 위해 다른 상대를 만난다.

③ 민주는 자신의 아픈 감정을 충분히 인식하며 여행을 통해 일상에서 잠시 떠나 기분 전환을 돕는다.

④ 지연이는 실연을 반성하기에 앞서 앞으로 다른 사람을 절대 만나지 않기로 했다.

권석만(2008). 젊은이를 위한 인간관계 심리학. 서울 : 학지사.

권형규(2013). 뇌기반 교육. 서울 : 교육과학사.

김유진(1997). 실존적 공허수준에 따른 가치성향과 사회성에 관한 연구. 울산대학교 교육
대학원 석사학위논문.

박문태, 박외숙, 정규원, 고원자, 송명자, 김민조(2010). 건강한 인간관계. 울산 : UUP.

박진생(2008). 사랑의 중심에서 나를 찾다. 서울 : 해냄.

이민규(2001). 현대생활의 적응과 정신건강. 서울 : 교육과학사.

천성문(2007). 인간관계와 생애설계. 부산 : 세종출판사.

Fromm, E.(1956). *The art of loving*. NY : Harper & Row.

Gray, J.(2000). 화성에서 온 남자, 금성에서 온 여자[*Men are from mars, Women are from
venus*]. (김경숙 역). 서울 : 친구미디어(원저는 1992년에 출간).

Pease, A., & Pease, B.(2003). 한 번에 한가지 밖에 못하는 남자 잔소리를 멈추지 않는 여자
[*Why men can only do one thing at time and women never stop talking*]. (서현정
역). 서울 : 베텔스만(원저는 2002년에 출간).

Sternberg, R., & Barnes, M.(1994). 사랑의 심리학[*The psychology of love*]. (고선주, 이경
희, 조은숙, 최연실 역). 서울 : 하우(원저는 1988년에 출간).

제**9**장

진로선택과 직업설계

하은경

학습목표

1. 진로의사결정의 중요성을 간략하게 설명할 수 있다.
2. 진로선택에서 고려할 요인 다섯 가지를 열거할 수 있다.
3. 취업준비를 위한 과정을 제시할 수 있다.

　준서는 어렸을 때부터 특별히 무엇을 하고 싶다는 생각이 딱히 없었다. 미술, 피아노 등을 배워도 딱히 잘하는 것 같지 않았고 그리 흥미 있는 놀이도 없었다. 부모님도 진로에 대해 그리 관심을 가지지 않으셨고 그냥 의사나 변호사가 살기에 편하니 그것을 하는 것이 어떠냐고 말씀하셨고 초등학교까지는 성적이 우수한 편이어서 부모님의 뜻에 따라 의사나 변호사를 할까 생각했다. 중학교에 다니면서 성적이 떨어졌고 고등학교 때에도 성적이 오르지 않았다. 성적이 떨어졌지만 진로에 대한 탐색을 하지 않았고 관심이 가는 영역도 없었다. 그나마 사회과목에만 조금 관심이 있었다. 수능성적이 나온 뒤 성적에 맞춰 3개 대학에 원서를 냈는데 추가모집으로 Y대학 00과에만 붙었다. 입학을 한 뒤 학교생활에 그다지 흥미를 느낄 수 없었고 친구들과의 관계도 제대로 되지 않았고 학점도 제대로 나오지 않고 있다.

성찰거리

1. 준서가 진로를 선택하는 과정에 대해 옆에 있는 친구와 이야기를 나누어보세요.

2. 여러분이 준서라면 향후의 진로를 어떻게 계획하고 싶은가요?

그동안 많은 노력을 기울였던 대학에 들어서자 "네가 원해서 선택한 과니?", "졸업 후 무엇을 할 거니?"라는 질문을 받았을 것이다. 꿈과 자유만이 있을 것 같던 대학생활에 직업설계를 위한 진로 고민이 더해진 것이다. 대학은 직업을 준비하기 위한 과정으로 학교와 학과를 선택할 때 이런 점을 생각했을 것이다. 일부는 원하는 대학이나 학과에 진학을 못 해 실망하며 제대로 적응을 못 하고 있을 수도 있다. 하지만 실망만 하고 있을 수는 없다. 이제 다시 새롭게 시작해야 한다.

2013년 대구대학교 학생생활 상담센터에서 대학 신입생들에게 대학을 진학한 목적을 물어보니 30.48% 정도가 유망한 직종에 취업하기 위해서라고 응답하였다. 이를 통해 대학을 졸업한 후 들어갈 직업의 세계에서 나름의 성취를 얻을 수 있는 능력을 기르기 위해 대학에 진학했다고 볼 수 있다. 원하는 것을 이루려면 원하는 것이 무엇인지를 먼저 알아야 하고 그 다음 원하는 것을 얻기 위해 최선을 다해야 할 것이다. 그렇다면 '삶에서 원하는 직업을 얻기 위해 어떻게 해야 할까?', 그리고 '직업은 자신의 인생에 어떤 의미를 가져다줄 것인가?'에 대해 이번 장에서 살펴보자.

제1절 진로의 개념과 중요성

대부분의 사람들은 일생 동안 10만 시간이 넘는 시간을 일하면서 보내지만 많은 사람들은 자신이 하는 일을 통해 즐거움을 느끼거나 만족하지 못한다. 매주 주말을 기다리는 직장인들이 많지만 실상 주말이 되면 밀린 가사일이나 피곤에 지쳐 잠을 자면서 보내게 되면서 자신이 진정으로 원하는 것이 무엇인지를 잃어버린 채 살아가고 있는 것을 발견하게 된다. 그렇다면 삶에서 스스로 나름의 의미를 부여하면서, 즐거움을 느끼면서 일을 하려면 어떻게 해야 할까?

자신의 삶의 궤적을 따라 자신에게 나름의 가치를 부여하고 인생의 목적을 설정해주는 최적의 진로를 선택하는 과정은 정말 중요하다. 그런 진로를 선택하기 위해서는 자신의 적성, 흥미, 능력, 자원, 한계점 등을 통해 자기이해가 주어져야 한다. 우리는 모두 자신만의 재능과 흥미를 가지고 태어났다. 성장하면서 가족이나 주변의 충분한 지지를 받지 못하면서 자신의 자원, 능력들을 잃어버린 것은 아닌지에 대해 살펴보고 자신의 성격이나 자라온 과정 등을 충분히 탐색해서 우선적으로 자신에 대해 이해하는 과정을 가져야 한다. 자신이 가고자 하는 직업의 종류와 특성, 보수, 그 직업을 통해 얻을 수 있는 조건, 직업의 전망 등 직업에 대한 충분한 지식과 생생한 정보를 수집해야 한다. 많은 사람들이 가지고 있는 덫 중의 하나가 생계만을 위해 직업을 선택하는 것이다. 물론 경제적인 부분을 무시할 수 없고 고용시장이 불안정하지만 직업에 있어서의 다른 측면들도 나름 탐색하는 과정을 통해 직업에 대한 이해를 조금 더 명료하게 해야 한다. 그런 후에 자신과 직업을 짝 짓는 합리적인 의사결정을 해야 한다. 의사결정 과정 동안 가족, 친구 등 주변 사람들의 도움을 요청할 수 있지만 최종적인 선택은 자신이 해야 한다. 직업관련 의사결정은 여가시간, 생활스타일, 직장에서 함께하는 사람들 등 다양한 요소에 영향을 미치므로 진로의사결정만큼 개인적인 것은 없다. 또한 직업과 관련된 상황이 잘못되면 삶의 질에도 영향을 미치게 된다. 이를 통해 심리적·사회적·신체적·경제적 문제와 함께 대인관계문제도 경험하게 된다. 의사결정을 하고 나면 자신이 선택한 직업을 얻기 위한 구체적이고 실현 가능한 계획을 세워야 한다. 그리고 언제부터 실천할 것인지를 정하고 그 과정을 실천하도록 자신에게 동기를 부여해야 한다.

제2절 직업의 개념과 중요성

시대에 따라 직업의 세계는 변화해왔다. 우리나라만 하더라도 현저한 변화를 겪어 왔듯이 앞으로 10년 후의 직업세계도 현재와는 다르게 진행될 것이다. 이에 직업이 무엇인지 어떻게 변화할 것인지를 이해하는 것은 진로선택에 있어 매우 중요하게 작용할 것이다. 따라서 직업의 개념과 중요성에 대해 살펴보도록 하자.

1. 직업의 개념

우리는 매일 일을 하면서 일생을 보낸다. 사람들에게 왜 일을 하느냐고 물어보니 경제적인 이유로, 자아실현을 위해, 사회에 뭔가 기여하기 위해, 독립된 사람이 되기 위해, 그 속에서 의미를 찾고 재미를 찾기 위해서라는 다양한 대답들을 하지만 왜 일을 해야만 하는가에 대해서는 명확하게 답하기가 쉽지 않다. 하지만 이 답들에서 답을 찾아보면 직업을 통해 비로소 일다운 일을 수행하게 되고 경제적인 부분을 충족하게 되고 자신의 적성이나 가치에 맞는 일을 수행하면서 만족과 기쁨을 느끼고 궁극적으로 자아실현을 이룰 수 있게 된다고 할 수 있다.

직업의 개념에는 생계의 유지, 사회적 역할의 분담, 개성의 발휘 및 자아실현, 계속적인 활동, 노동행위의 수반이라는 다섯 가지 요소가 수반되어 있다(정철영, 1999). 조금 더 구체적으로 살펴보면 다음과 같다. 직업은 인간의 삶을 영위하는 데 필요한 경제적 소득을 얻는 생계의 근거가 된다. 인간은 사회적 동물로서 어딘가에 소속되고 소속이 되면 자신이 분담해야 하는 역할이 주어지고 이것이 수행될 때 사회가 유지된다. 사람은 자신의 재능과 역량을 발휘해서 인정받고자 하는 욕구를 가지고 있다. 직업을 통해 자신의 능력과 자질을 발현하고 인정받음으로써 자아실현을 가능하게 한다. 직업은 일시적으로 이뤄지는 활동이 아니라 계속적으로 이뤄지는 활동이다. 직업은 정신·육체적 노동이 수반되어야 하기에 경마 등에 의한 이익배당, 부동산 등의 투기, 임대료 등은 직업으로 볼 수가 없다.

2. 직업의 중요성

직업만큼 한 개인의 사회적·경제적·지적 수준을 단적으로 나타내주는 것이 없기에 직업은 개인에게 있어 매우 중요하다. 여기서는 직업에 있어서 개인과 사회의 두 가지 측면을 살펴보고자 한다(정철영, 같은 곳).

1) 개인적 중요성

사람에게 중요한 의식주를 해결할 수 있는 재화를 제공하여 생계를 유지하게 한다. 직업을 통해 소속감을 가지게 하고 그로 인해 심리적인 안정감을 느끼게 한다. 개인에게는 각자 나름의 가치를 가지게 하는 데 직업을 통해 가치를 실현하게 해준다. 사람들은 나름의 역량과 소질을 발휘하고 싶어하는 욕구를 가지는 데 직업을 통해 이를 실현하게 해준다. 직업을 통해 만나게 되는 대상과 범위가

규정된다. 예를 들면 교사는 주로 학생을 만나고 스튜어디스는 비행기 타는 사람들을 만나게 된다. 직업은 개인의 의식 속에 내면화되어 개인적 특성에 영향을 미친다. 같은 직업군끼리는 공통적인 특성을 찾아낼 수 있다. 직업에 따라 노동환경이나 보수의 차별성이 나타나고 직장에서의 사회적 관계도 달라지기에 개인의 사회적 지위를 결정해주고 개인의 삶에 있어 특정한 시점에 하는 주된 일을 결정해준다. 또한 직업을 통해 개인이 어디서 살아야 할지를 결정해준다.

2) 사회적 중요성

아리스토텔레스가 "인간은 사회적 동물이다."고 말했듯이 인간은 태어나서 죽을 때까지 사회에 소속된다. 태어나면 가족사회에 소속되고 그 이후 학교사회를 거쳐 직장사회에 소속되게 된다. 즉 직업을 가진다는 것은 현대사회의 분업화되고 조직화된 곳에 소속되어 개인에게 분담된 것을 수행한다는 의미를 담고 있다. 따라서 개인이 각자의 직업에 만족하지 못하고 능률적으로 일을 수행하지 못하면 그 사회는 유지될 수도 발전될 수도 없기에 직업은 인간에게 유용하다고 볼 수 있다.

제3절 변화하는 직업세계

우리 주변의 모든 것이 급변하고 있다. 직업의 세계 또한 이런 시대 흐름에 따라 새로운 직업이 생기기도 하고 없어지기도 하면서 급속하게 변화하고 있다. 따라서 직업세계 변화에 영향을 주는 몇 가지 요인들을 살펴보고자 한다(김봉환 외, 2006).

산업구조는 경제발전에 의해 1차 산업에서 2차 산업으로, 다시 3차 산업으로 변화함에 따라 직업의 종류와 성격에 많은 영향을 미치고 있다.

기술 환경의 발전이 노동의 수요와 공급에 직간접으로 연결되어 있기에 기술환경의 변화는 직업세계 구조변화의 방향을 예측하게 한다. 21세기에는 전자통신 기술의 발달로 인한 디지털 혁명, 생명공학의 발달, 환경문제에 대한 관심의 증대 등으로 고용의 판로가 달라질 것이다. 앞으로 기술의 생명주기는 단축되고 창의적 능력의 소유자가 우대받는 시대가 올 것을 쉽게 예상할 수 있다.

지식기반 사회에서는 지식의 급속한 확산과 확산된 지식의 흡수와 활용을 통해 빠른 속도로 경제와 사회가 변화하고 있다. 따라서 지식의 양이 폭발적으로 늘어나면서 소멸주기는 짧아지고 평생고용의 관행이 사라지게 되고 개인은 그런 변화에 맞추어 새로운 지식과 기술을 습득하도록 요구되기에 직장에서 직무를 수행할 때도 다양한 지식을 활용할 수 있는 능력을 가져야 한다.

경제성장으로 인해 국민들의 생활수준이 향상되면서 산업구조나 직업구조도 그에 맞춰 고품질 소량생산 체제로 변화하게 되고 사람들이 건강, 삶의 질, 노후, 레저, 여행 등에 관심과 흥미를 가지게 되면서 이와 관련된 새로운 업종들이 발전하게 되었다. 또한 생활수준의 향상은 일에 대한 의식이나 가치에도 영향을 미쳐 힘들고(difficult), 위험하고(dangers), 더러운(dirty) 3D 직종을 기피하는 현상을 가져왔다. 이로 인해 직업선택의 기준이 보수나 성취욕보다 놀이성격이 강한 직업들을 선호함에 따라 생존을 위한 일보다는 자신의 개성을 중시하는 직업을 추구하는 경향이 높아짐에 따라 새로운 일자리들이 창출되고 있다.

제4절 직업선택에서 고려해야 할 요인

직장은 인생에서 가장 많은 시간을 보내는 자아실현의 장이면서 인간관계의 장이기에 직장생활에서의 만족은 개인의 삶의 질에 영향을 미치는 중요한 요인이라고 볼 수 있다. 따라서 어떤 직업과 직장을 선택하느냐는 인생에서 중요한 결정이다. 따라서 개인에게 직업선택은 중요하면서도 어려운 문제일 것이다. 잘못된 직업의 선택으로 부담스럽고 만족스럽지 못한 삶을 영위할 수 있기에 직업선택의 중요성은 아무리 강조해도 지나치지 않다.

직업의 만족도를 결정하는 가장 중요한 요인은 자신과 직업의 적합한 매칭이다. 좋은 직장이라고 해서 누구에게나 만족스러움을 주지 않고 아무리 우수한 사람이라도 어떤 직업에서나 인정받는 것은 아니다. 자신의 역량과 자질을 잘 발휘할 수 있는 직업의 선택이 중요하다. 진로상담전문가들이 제안하는 직업선택 시 고려해야 할 요인에는 가치관, 흥미, 성격, 적성, 능력, 직업전망, 부모의 기대와 지원이 있다(권석만, 2001).

1. 가치관

자신이 가치 있어 하는 일을 할 때 인간은 만족하므로 직업이나 전공을 선택할 때 가치관을 고려해야 한다. 하지만 가치관은 어린 시절 부모나 좋아하는 사람들을 내면화함으로써 형성되는 신념체계로 평소에는 잘 자각되지 않기에 자신의 가치관을 아는 일이 쉽지 않다. 직업선택을 위한 가치관과 능력을 탐색하는 방법은 스스로에게 '나는 어떤 인생을 살고자 하는가?', '어떤 삶이 가치로운가?' 등의 여러 질문을 던져 자신의 가치관을 의식화하는 방법이 있고 개발되어 있는 표준화된 검사를 통해 자신의 가치관을 평가하는 방법도 있고 가치명료화 프로그램을 통해 가치관을 평가하는 방법도 있다.

2. 적성

인간은 누구나 나름대로 특정한 분야에 대한 능력을 지니기에 직업선택 시 적성을 중요하게 고려해야 한다. 적성은 일종의 특수지능으로 특정한 직업에서 필요로 하는 능력을 말한다. 일반적으로 적성은 유전의 영향을 많이 받지만 학습경험이나 훈련에 의해 계발될 수도 있다. 적성에 맞는 직업활동을 한다면 자신의 능력을 잘 발휘하여 그 분야에서 유능한 사람으로 인정받게 되므로 자신의 적성을 찾아내어 맞는 일을 선택하는 것이 중요하다.

적성과 직업의 관계를 살펴보면 다음과 같다.

1) 언어능력

효과적인 의사소통을 위해 정확한 단어를 선택하고 어휘를 연상하며 문장의 뜻을 이해하고 자신의 의사를 발표하는 능력을 말한다. 언어적 개념을 중요한 요인으로 생각하는 사회과학분야에서 요구되는 적성이다.

2) 공간지각능력

공간관계를 이해하는 능력으로 시각을 통해 실제적 물체를 취급하고 물체를 회전 또는 분해했을 때의 형태를 상상하는 능력이다. 제도, 설계, 건축, 미술 등의 입체구성능력을 요구하는 직업분야에서 필요로 하는 적성요인이다.

3) 계산력

정확하고 빠르게 계산하는 능력으로 대부분의 직업에서 필요한 기초능력이지만 사무분야에서 특히 중요한 적성이다.

4) 추리력

원리를 추리하고 응용하는 능력으로 자연과학, 사회과학 등의 분야에서 필요한 적성이다.

5) 기계추리력

각종 기계기구, 물리학적 원리를 이해하고 추리하는 능력으로 토목, 기계수리기술자, 조립기술자, 기타 이공학 시설분야나 공장 등에서 필요로 하는 적성이다.

6) 척도해독력

척도, 그래프, 차트, 계기 등을 신속하고 정확하게 읽는 능력으로 이공학, 화학, 생물, 수학, 의학 등의 과학분야와 실업, 기술 분야에서 필요로 하는 적성이다.

7) 수공능력

운동감각의 정확성과 신속히 반응하는 능력으로 전자공, 전기공, 인쇄공, 세공 등의 직업분야에서 필요로 하는 적성이다.

8) 기억력

복잡한 자료나 항목들을 분류하고 상징, 기호를 학습하고 암기하는 능력으로 사회과학, 실업, 사무분야에서 필요로 하는 적성이다.

9) 사무지각능력

문자나 기호를 정확하고 신속하게 식별하는 능력으로 정리, 서기, 전화교환 등 사무분야에서 필요로 하는 적성이다.

10) 형태지각능력

식물이나 도해를 정확하고 빠르게 비교, 변별하는 능력을 말하며 통신, 타자 등의 사무분야와 도안, 디자인 등의 응용미술분야, 기타 기능직분야에서 요구되는 적성이다.

3. 흥미

자신의 직업에 흥미를 느끼면 그 분야에서 성공할 확률이 높으므로 직업선택에 있어서 중요한 영향을 미치는 요인이다. 흥미는 어떤 일에 즐거움을 느끼고 호기심을 갖게 하는 동기적 성향으로 흥미를 가지면 어떤 일에 몰두하게 된다. 흥미는 성장하면서 점차 분화되어 구체화되는 경향이 있고 지속적인 형태로 변화한다.

4. 성격

성격은 개인의 일관된 특성으로 시간과 상황에 상관없이 정서적인 반응과 사회적 행동에 강력한 영향을 미친다. 어떤 사람은 새로운 일에 도전하는 것을 선호하고 어떤 사람은 정해진 규범에 따라 계획한 일을 하는 것을 선호한다. 만약 두 사람이 업무를 바꾼다면 업무에 만족하지 못하고 적응하기 쉽지 않을 것이다. 이에 직업을 선택할 때 성격은 고려해야 하는 중요한 요인이다.

5. 직업의 전망

특정한 직업을 선택하기 전에 구체적으로 그 직업이 어떤 업무를 수행하고 어떤 적성과 성격을 요구하는지에 대해 잘 알아야 한다. 현대사회는 급격히 변화하고 있으므로 특히 그 직업의 전망에 대해 살펴보아야 한다. 앞으로 살아가야 할 미래사회에서 어떤 직업이 각광받을 것인지에 대해 충분히 고려하는 과정이 필요하다.

6. 부모의 기대와 지원

직업을 선택할 때 부모는 여러 방법으로 영향을 미친다. 직접적으로는 부모가 자신의 직업을 물려받으라고 강요하기도 하고 어렸을 때 흥미나 활동을 제한하거나 장려함으로써 영향을 미치기도 한다. 간접적으로는 자녀가 선택할 직업범위를 정한 후에 그 범위 내에서 선택하도록 유도하기도 한다. 직업에 대한 포부는 자녀가 직업에서 얼마나 성공하기를 원하는가 하는 부모의 성취동기와 관계가 있다고 한다. 부의 직업수준은 자녀들의 직업선택에 영향을 미친다. 모가 직업을 가지고 자신의 직업에 자부심을 가지는 경우 자녀에게 큰 영향을 미치는 것으로 보인다. 대부분의 자녀들은 부모의 직업과 비슷하거나 좀 더 높은 수준의 직업을 갖기를 희망한다. 하지만 부모가 직업에 대한 모델제시를 제대로 못 하거나 자녀의 능력, 적성, 흥미와 상관없이 기대를 하면 그 부담감으로 부정적인 영향을 미칠 수도 있다.

제5절 직업사회와 직장의 이해

직장에 입사하면서 당면하게 되는 중요한 적응과제는 직장에서의 업무로드를 잘 파악해서 자신에게 주어진 업무를 제대로 수행하는 일이다. 또한 직장 내 인간관계 구조를 잘 파악해서 현명하게 처신하는 것도 중요하다. 직업에 관련된 인간관계는 직업에 대한 만족도뿐만 아니라 직업적 업무수행에도 중요한 영향을 미치므로 직업사회와 직장의 조직구조를 이해하는 것과 고용주의 기대를 파악하는 것이 필요하다(천성문 외, 2010).

1. 직장의 구조

직장에 잘 적응하려면 우선 자신이 속한 직장의 조직구조를 잘 이해해야 한다. 직장의 구조는 크게 권력구조, 통신구조, 친교구조로 나눌 수 있다.

권력구조는 직장 내에서 역할과 권한이 분단되는 구조로 누가 누구의 지시를 받고 명령하는가를 나타내는 구조이다. 예를 들면 기업체의 경우 사장으로부터 상무, 부장, 차장, 과장, 대리, 사원에 이르기까지 공식적이며 명시적인 권력구조가 있는데 규모나 업무내용에 따라 발언권이나 의사결정권에 차이가 있다.

통신구조는 직장 내에서 정보교환이 이뤄지는 경로나 통신망을 의미하며 크게 집중형 구조와 분산형 구조로 나눌 수 있다. 집중형 구조는 구성원의 한 사람에게 정보가 집결되고 그곳에서 정보가 전달되는 것으로 업무가 효율적으로 진행될 수 있으나 구성원 간의 상호 정보교환이 부족해 불평요인이 될 수 있다. 군대나 전제적인 집단조직에서 볼 수 있다. 반면 분산형 구조는 정보교류의 핵심적 위치가 없어 정보의 전달과 종합이 효율적으로 이뤄지지 못하지만 구성원 간 소통이 자유로워 구성원의 만족도와 사기를 높이는 경향이 있다. 민주적으로 운영되는 집단에서 흔히 볼 수 있다.

친교구조는 직장구성원 간의 개인적인 친분관계로 출신학교, 출신지역, 취미나 여가활동, 업무 등에 의해 영향을 받을 수 있다.

2. 고용주의 기대

직장에는 지켜야 할 명시적 업무 외에 암묵적인 업무와 의무가 존재한다. 예를 들어 회사의 업무가 갑자기 많아질 때 공식적으로 직원에게 남아서 일하라고 요구할 수는 없지만 칼 퇴근하는 직원과 남아서 업무를 지속하면서 처리하는 직원에 대한 상사의 호감도와 신뢰도는 다를 것이다. 이런 암묵적 기대에는 시간 외의 열성적 근무, 회사에 대한 충성심, 기업정보의 보호, 이직하기 전 사전 통보,

일정 기간 동안의 재직 등이 있다. 사원 또한 기업에 대한 기대가 있는데 그 기대는 기술향상을 위한 교육과 경력개발의 기회 제공, 높은 임금과 업무수행에 근거한 임금 지급, 안정화된 직업, 복지 측면의 지원 등이다. 이런 암묵적 기대가 충족되지 않으면 서로에 대한 신뢰도와 만족도가 떨어지게 된다.

제6절 취업준비

본격적인 취업을 준비하기 위해서 다음의 과정들을 필요로 한다(김혜숙 외, 2008; 이수용, 2002).

1. 취업정보의 수집

자신이 관심을 가진 분야에 대해 인터넷의 구직정보를 이용하면 신속하고 정확하게 받아볼 수 있고, 구직란을 통해 자기가 원하는 회사의 웹사이트에 들어가 직원 채용정보를 열람할 수 있고, 입사원서를 바로 다운받아 작성해서 회사로 보낼 수도 있다.

대학생이라면 취업상담센터를 찾아가면 그곳에서 취업정보를 제공하고 면접 등의 가상훈련을 시켜줄 뿐 아니라 학생들의 개인적 정보를 서류화해서 제출하면 이것을 정리, 보존해서 적합한 일자리를 알선해준다. 또한 전공을 살려 취업하고 싶다면 교수나 전문분야에 취업한 선배들을 통해 정보를 얻을 수도 있다.

고용노동부와 한국고용정보원의 경우도 구직자에게 적성검사를 실시하고 직업상담, 직무분석과 더불어 취업정보를 제공하고 있다. 이곳에서 적성검사와 직업상담을 받을 수 있다. 공신력이 있기에 이곳에서 제공하는 정보는 믿을 수 있다는 장점이 있지만 일자리를 원하는 사람이 많을 경우 대기기간이 길어지는 단점이 있다.

일간지, 지역정보지, 취업포털 사이트 등의 각종 구인광고 등을 잘 살펴보면 여러 취업정보를 얻을 수 있다. 그러나 허위, 과장광고가 있을 수 있기에 응시 전에 자세히 알아본 후 응시 여부를 결정하는 것이 좋다.

이웃, 친척, 동창, 친구 등과의 접촉을 통해서도 취업정보를 얻을 수 있다.

2. 채용조건

능력과 기술은 일차적인 채용조건인데 고용주가 요구하는 직무수행에 필요한 기본적인 기술과 주어진 시간 내에 적합한 수준까지 숙달하는 능력이다. 직무에 요구되는 필요한 기술수준을 구비하는 것과 능력의 정도는 자신의 자격증에 반영되고 장래 직무성공의 디딤돌이 된다.

주도성은 스스로 일하려는 강한 동기를 가지고 기대 이상으로 일을 해내는 사람이 가지고 있는 자질을 말한다. 고용주들은 직장의 문제에 직면해서 도전적·적극적이고 창조적인 안목을 발휘하는 사람을 필요로 한다. 주도적으로 자신의 일을 만족스럽게 해내면 그는 계속 성장하게 되거나 자기분야의 일에 대한 이해를 높일 수 있다.

직장에 들어가는 것은 협동적 팀의 일원이 된다는 것을 의미하므로 협동, 상호의존성은 중요한 측면이다. 자신이 맡은 일을 해내면서 직장 동료들과 효율적으로 일하며 자신에게 주어진 업무에 책임을 다하는 것이 협동과 상호의존성의 최종적인 결과로 만들어지는 것이다.

회사에 대한 충성심은 고용주가 당연하게 기대하는 조건이다. 근무시간 외에도 열정적으로 일하는 것, 회사 업무에 대한 비밀의 보장, 경쟁기업으로 이직하지 않는 것들이 충성심의 한 예이다.

고용주는 근무하고 있는 직원들이 회사의 이미지를 반영한다고 느끼기에 직원들이 잘 판단해서 깔끔하고 단정한 용모로 일해주기를 기대한다. 이에 좋은 취향을 가진 개인으로서 자신과 직장에 어떤 복장이 어울리는가에 관한 현명한 판단력을 가져야 한다. 직장에서 우리에게 요구되는 복장은 자신의 업무 장소와 업무에 적합하면서 예의를 지키고 위생을 고려한 것이어야 한다.

개인의 태도는 업무를 성공적으로 수행하는 데 영향을 미친다. 확고한 책임감과 전문적 자질을 가지고, 일을 성실하고 근면하게 처리하고, 변화를 수용하려는 태도를 가져야 할 것이다. 지시받은 업무는 묻기 전에 보고하고 상사의 지시사항은 진지하게 들으며 존중하는 태도를 가지고 동료들과는 협력해서 미진한 점을 감추지 않고 모르는 것은 묻고 실수는 변명하지 않고 솔직히 인정하고 고치는 자세가 필요하다. 업무와 관련된 높은 수준의 성실과 윤리의식 등을 가지고 업무에 임할 때 이 태도는 직무수행과 승진에 크게 기여를 한다.

3. 이력서와 자기소개서 준비(박혜남, 2010)

1) 이력서

자신의 학력, 경력, 능력 등 정형화된 틀 안에 자신이 걸어온 길을 압축해서 표현한 내용을 적은 서류를 이력서라고 한다. 이력서에는 1차 서류전형에 많은 영향을 줄 수 있는 인적 사항, 학력 및 경력 사항, 자격증, 봉사활동, 상, 장학금, 연수, 교육훈련 등의 내용이 자신이 들어가고자 하는 직장에 맞춰 증명이 가능하도록 기재되어야 한다. 즉 상대방에게 자신의 경력과 능력을 알려야 하고 기업이 요구하는 인재상에 맞춰 거기에 적합하도록 적어 자신이 얼마나 우수한 인재이고 얼마만큼 공헌할 수 있는가에 대해 강한 인상을 줘야 한다.

작성 시 주의사항은 정확하고 거짓 없이, 깨끗하고 보기 좋게 작성하고 자기만의 이력서를 준비해야 한다.

이력서의 예는 다음과 같다.

〈표 9-1〉이력서의 예시

입 사 지 원 서

지원회사	한국은행
지원구분	신입
지원부문	① 영업 ② 마케팅
희망 근무지	① 서울　② 경기
희망연봉	회사 내규에 준함

사진	한글	이 한 국									
	한자	李 韓 國									
	주민등록 번호	8	5	0	9	1	5 - 1	2	3	4	5 6 7
	생년월일	1985년 09월 15일					만 26세				

연 락 처	현 주 소	경기도 안양시 동안구 비산 3동 한국아파트 101동 201호		
	본 적	경기도 화성시 정남면 21-2	전화번호	031) 123-4567
	E-Mail	hankook@naver.com	휴대폰	010-1234-5678

학 력 사 항	기 간	출신학교	전공	졸업여부	소재지	학점
	2007.03~2011.02	한국대학	경제학	졸업예정	서울	3.54/4.5
	2004.03~2007.02	한국고등학교	인문	졸업	서울	-

경 력 사 항	근무기간	근무기간	직위	담당 업무
	2008.02~2008.05	Paul&Mark	아르바이트	자료 정리 및 사무 행정 처리
	2006.12~2007.02	정철 어학원	아르바이트	학원생 등록 및 관리

특 기 사 항	외국어 능력	TEST명	점수(등급)	취득시기	자격 / 교육	자격명	발급기관	발급일
		TOEIC	670점	2009.03		운전면허 1종 보통	서울지방경찰청	2006.12
		JLPT	2급	2008.05		MOS Master	Microsoft	2010.03
	해외 경험	국 가	내 용	내 용		교육기관	교육명	교육기간
		해외여행	일 본	2010.08		한국대학	리더십 워크숍	2010.02
		단기연수	미 국	2009.08 ~2009.09		사람인	영업역량 강화교육	2010.03

병역	군별	의경	병과	운전	제대구분	만기제대
	기간	2007.06~2009.06 (24 개월)			면제사유	

가 족 관 계	관계	성 명	연령	학력사항	근무처	직위	동거여부	기타사항		
	부	이석준	61	대학원졸	한국기업	이사	Y	보훈여부	비대상	
	모	김소연	58	대졸	주부		Y	장애여부	해당무	
	자	이대한	28	고졸	창의전자	대리	N	결혼여부	미 혼	
	자	이민국	18	고등학교	-	학생	Y	신장	180cm	몸무게 73kg

출처 : 진정한 성공을 만드는 기업, 폴앤마크 *PAUL* MARK

2) 자기소개서

자기소개서란 자신을 채용하도록 구체적으로 알리는 글로서 종전의 면접만으로 치러졌던 대인평가 방식을 좀 더 세분화시킨 것으로 볼 수 있다. 특별한 양식은 없지만 A4 용지 1~2장 분량으로 자신의 전부를 압축해서 표현한 글로 자신이 살아온 과거와 현재를 어떻게 이해하고 있는지, 자신에 대해 어떻게 생각하고 있는지, 다가올 미래를 어떻게 전망하고 있는지 등 면접관이 자신을 선발해야 할 이유를 설득력 있게 적어야 한다.

자기소개서는 상세하면서 명료하고 진술하게 작성하고 개성 없는 평상어를 적지 말고 간결한 문체를 사용하며 지나친 자신의 장점 서술은 금물이다. 또한 성장과정을 언급하고 입사지원 동기를 구체적으로 밝히고 장래희망과 포부를 밝힌다.

자기소개서에 들어가야 하는 내용에는 성장과정과 학창시절, 성격의 장점과 단점, 입사지원 동기, 경력과 업적, 입사 후 포부가 있다.

자기소개서의 예는 다음과 같다.

〈표 9-2〉 자기소개서의 예시

자기소개	**- 강팀과 겨루기 위한 준비** 제대로 알지 못한 상태에서 전공을 선택하였으나, 경제학이라는 학문은 접할수록 기대 이상으로 저에게 잘 맞았고, 이 분야에서 최고가 되고 싶다는 소망까지 품게 되었습니다. 경제학에 대한 열정 때문에 학과 내 '경제야 놀자'라는 학회를 선택하였습니다. 학회장을 맡았을 당시, 서울/경인 지역의 경제학회가 모두 참여하는 학술대회를 개최한 적이 있습니다. 최초였기 때문에 의미가 남달랐으나 그만큼 어려움도 많았습니다. 냉소적인 주위의 시선도 있었고, 경험 부족에서 오는 시행착오도 여러 번 겪었습니다. 그러나 70퍼센트 이상의 학교가 참석하는 성과를 이루었고, 지금도 매년 지속되고 있습니다. 많은 난관에 부딪쳐 중단될 위기도 겪었고 대표자로서 외로운 순간도 많았지만 포기하지 않고, 끝까지 추진한 것이 좋은 결과로 이어졌다고 자부합니다. 학회장의 역할을 통해 리더십, 추진력, 책임감, 패기 등과 사물을 폭넓은 시야로 바라볼 수 있는 눈을 얻었습니다.
성격의 장단점	**- 강인한 체력과 적극적인 친화력의 소유자** 저의 장점은 세 가지입니다. 첫째는 유도와 합기도, 그리고 등산으로 다져진 강인한 체력입니다. 지금도 체력을 단련하기 위해 매일 아침 1시간씩 조깅을 하고 있습니다. 작년에는 마라톤 대회에 참가하여 풀코스를 완주하기도 하였습니다. 둘째는 친화력입니다. 원래 내성적인 성격 때문에 말도 안 통하는 친구들 사이에서 따돌림을 당했습니다. 매일 학교에서 돌아오면 다시는 학교에 가지 않겠다고 떼를 쓴 적이

	한두 번이 아닙니다. 결국 이 문제를 해결할 수 있는 사람은 자신밖에 없다는 결론에 이르게 되었고, 적극적으로 친구들에게 다가갔습니다. 이 시절 다져진 친화력은 지금까지도 폭넓은 대인관계를 유지하는 밑거름이 되었습니다. 다만 무엇이든 완벽하게 해내고자 하는 욕심에 맡은바 임무에 대해 최선을 다하지만 그만큼 스트레스도 많이 받는 편입니다. 그래서 지나치게 완벽을 기하려는 욕심을 내지 않기 위해 주변 사람들의 의견을 들으려고 노력하고 있습니다.
학교생활 및 경력사항	**- 뚝심 있는 인생의 개척자** 대학 진학 후 용돈 정도는 스스로 벌어 쓰고자 패밀리 레스토랑에서 주말 아르바이트를 시작하였습니다. 아르바이트치고는 규율과 서열이 매우 엄격한 곳이라 적응하는 것이 쉽지 않았습니다. 집에서는 실수를 해도 대수롭지 않게 넘어가곤 했지만 이곳에서는 아주 작은 실수에도 크게 꾸중을 들었습니다. 남몰래 화장실에 가서 울기도 하고 집에 돌아오는 길이면 기운이 다 빠져 금방이라도 쓰러질 듯했지만, 이 정도로 힘들다고 그만두면 앞으로 아무것도 할 수 없을 것 같아서 스스로를 테스트한다는 마음으로 꾹 참았습니다. 결국 대학에 재학하면서 2년 동안이나 근무했습니다. 아무리 힘들어도 미소를 잃지 않고 고객들을 응대했고 친절 사원으로 포상을 받기도 했습니다. 1학년 때는 학과의 과대표로도 활동을 하였습니다. 입학 초기부터 많은 동기들과 친해졌기 때문에 투표를 통해 뽑힐 수 있었다고 생각합니다. 다른 임원들과 함께 동문체육대회나 신입생 환영회 등, 학과의 크고 작은 행사들을 진행하면서 리더십과 추진력을 기를 수 있었고 과대표라는 이유로 학과의 많은 사람들과 친하게 지낼 수 있었습니다.
지원동기 및 장래계획	**- 낮은 곳에 서서 고객을 이해하는 행원** 저는 영어 단어 중에서 'understand'를 가장 좋아합니다. 이 단어를 풀어보면 'under'와 'stand'로 나눌 수 있습니다. 즉 아래에 서 있다는 뜻으로 재해석됩니다. 누군가를 이해한다는 것은 그 사람의 아래에 서서 그 사람을 바라본다는 의미입니다. 제 성격의 장점은 상대방의 입장에서 이해하기 위해 노력한다는 것입니다. 그러기 위해 항상 경청하려는 자세를 취합니다. 상대방의 사회적 지위나 권력, 부의 정도, 학력이나 지역 등의 편견에 구애받지 않고 상대방을 있는 그대로 바라보려고 노력합니다. 이런 저의 성격으로 항상 고객의 편에서 고객의 마음을 이해하고, 고객의 밑에서 고객을 대하는 행원이 되겠습니다. 현재 은행에서 제공하는 자산관리 서비스 중에는 '프라이빗 뱅킹'이 있는데, 일부 계층만을 대상으로 하고 있습니다. 앞으로 자산관리에 관한 서비스는 모든 계층으로 확대되어야 하며, 은행이 주도적인 역할을 할 거라고 생각합니다. 대한은행에 입사하여 기업여신 업무부터 시작하여 은행의 모든 업무를 두루 경험하여 자산관리 전문가가 되기 위한 풍부한 현장 경험을 쌓겠습니다. 저의 이 모든 계획 속에는 '아시아 금융을 선도하는 글로벌 뱅크'의 핵심인재로 성장하고 싶은 열망이 담겨 있습니다.

출처 : 진정한 성공을 만드는 기업, 폴앤마크 PAUL 🔲 MARK.

진로 로드맵 예시

나의 꿈(비전)		직업상담사로서 다른 사람의 진로를 도와주는 것	
직업의 의미		자유롭고 당당하게 살도록 해주고 나의 성장에 도움을 주는 것이다.	
나의 미래 직업		직업상담사	
미래의 나의 모습	연도	나의 위치(직장, 직책)	연봉
	10년 후	직업상담사 팀장	2500만 원
	졸업 후	고용지원센터에서 직업상담사로 일하기	2000만 원
	1년 후	직업상담사 자격증 획득	
목표를 위해 준비해야 할 내용	필요 항목	필요수준	나의 준비상태
	학점	3.5 이상	지금의 학점은 3.0
	외국어	토익 650점	지금 400점
	자격증	직업상담사 2급, 사회복지사 1급	준비 중
	봉사활동	800시간	500시간
	공모전 등 수상경력	없음	없음
	기타 (아르바이트)	학교 취업상담센터에서 활동	취업상담센터에 들어가기 위해 준비 중
행동 원칙	1. 오늘의 계획은 오늘 실천한다.		2. 한 달에 2권의 책을 읽는다.
	3. 매일 영어 공부 1시간씩 한다.		4. 다른 사람의 장점을 발견하고 칭찬한다.
	5. 지각, 결석하지 않는다.		6. 자신이 하고자 하는 일에 대해 신뢰한다.
습관/ 장애물 극복전략		스케줄 수첩을 만들어 매일 자신이 세운 계획을 실천하고 있는지 체크한다.	
		경청하기가 잘 안되는데 매일 친구의 이야기를 30분씩 들으며 경청하기를 훈련한다.	
		매일 저녁 자기 전에 하루 동안 자신의 모습을 살펴보고 잘한 부분은 지지하고 잘못한 부분은 다르게 할 수 있는 방법을 살펴본다.	
각오와 다짐		나는 어떤 일이 있든지 위의 내용들을 반드시 지킬 것이다.	
목표 공약하고 도와줄 사람		성명 및 연락처 직업상담사로 활동 중인 같은 과의 선배님 OOO	
나의 좌우명		꿈꾸는 자는 그 꿈을 이룬다.	

이름 : 김 은 비   서명 :

진로 로드맵

나의 꿈(비전)			
직업의 의미			
나의 미래 직업			

미래의 나의 모습	연도	나의 위치(직장, 직책)		연봉
	10년 후			
	졸업 후			
	1년 후			

목표를 위해 준비해야 할 내용	필요 항목	필요수준		나의 준비상태
	학점			
	외국어			
	자격증			
	봉사활동			
	공모전 등 수상경력			
	기타 (아르바이트)			

행동 원칙	1.		2.
	3.		4.
	5.		6.

습관/ 장애물 극복전략	
각오와 다짐	
목표 공약하고 도와줄 사람	성명 및 연락처
나의 좌우명	

이름 :   서명 :

출처 : 박혜남, 2010.

1. 직장의 구조를 크게 세 가지로 나누어 적으시오.

2. 문자나 기호를 정확하고 신속하게 식별하는 능력으로 사무분야에서 필요로 하는 적성은 무엇인가요?

3. 직업의 개념에 수반되는 다섯 가지 요소는 무엇인가요?

4. 채용조건 중에 직무수행과 승진에 크게 기여하는 것은 무엇인가요?

5. 진로를 선택하기 위해서 주어져야 하는 것들이 <u>아닌</u> 것은?

　　① 적성　　　② 흥미　　　③ 한계점　　　④ 지역

6. 직업관련 의사결정에 관한 설명이다. 바른 것은?

　　① 여가시간이나 생활스타일도 영향을 미친다.
　　② 부모님의 결정에 따르는 것이 바람직하다.
　　③ 의사결정이 되기 전부터 구체적이고 실현 가능한 계획을 세워야 한다.
　　④ 직업을 잘못 선택하더라도 삶의 질에는 그다지 영향을 미치지 않는다.

7. 취업을 할 때 채용조건에 해당되지 <u>않는</u> 것은?

　　① 능력과 기술　　　② 부모님의 경제력　　　③ 주도성　　　④ 적합한 용모

8. 자기소개서 작성법에 대한 설명이다. 바른 것은?

① 자신을 조금은 포장해서 취업이 될 수 있도록 적어야 한다.

② 자신의 강점만을 부각시켜 그 직장에 자신이 필요한 존재임을 알려야 한다.

③ 입사지원 동기를 구체적으로 밝히고 장래희망과 포부도 밝혀야 한다.

④ 과거에 대한 이야기는 언급하지 않고 현재와 미래만을 설득력 있게 적는다.

9. 직업의 중요성에 대한 설명이다. 바르지 않은 것은?

① 사람들의 나름의 역량과 소질을 발휘하고 싶은 욕구를 충족시켜 준다.

② 직업에 따라 만나게 되는 대상과 범위가 달라진다.

③ 같은 직업군이더라도 개인의 성향에 따라 공통적인 특성을 찾아낼 수 없다.

④ 개인이 능률적으로 일을 수행하지 못하면 사회가 유지되기 어렵기에 직업은 유용하다고 볼 수 있다.

10. 적성과 직업의 관계에 대한 설명이다. 바른 것은?

① 형태지각능력은 응용미술분야와 사무분야에서 요구되는 적성이다.

② 수공능력은 사무분야에서 요구되는 적성이다.

③ 추리력은 응용미술분야에서 요구되는 능력이다.

④ 언어능력은 자연과학분야와 사무분야에서 요구되는 능력이다.

권석만(2001). 인간관계심리학. 서울 : 학지사.

금명자, 한영숙, 황영식, 박정민(2013). 2013학년도 신입생 실태조사. 학생생활연구, 제21
　집. 대구대학교 학생생활상담센터.

김봉환, 정철영, 김병석(2006). 학교진로상담. 서울 : 학지사.

김혜숙, 박선환, 박숙희, 이주희, 정미경(2008). 인간관계론. 경기도 : 양서원.

박혜남(2010). 진로와 직업설계. 경기도 : 신광문화사.

오기봉(2013). 인간관계의 이해. 경기도 : 양서원.

이수용(2002). 인간관계의 심리. 서울 : 학지사.

장성철(2013). 인간의 이해. 서울 : 태영출판사.

정철영(1999). 진로지도. 한국직업능력개발원 편. 직업교육훈련 대사전, pp. 538-540. 서
　울 : 한국직업능력개발원.

천성문, 이영순, 남정현, 김미정, 최희숙(2010). 인간관계와 정신건강. 충남 : 정인.

진정한 성공을 만드는 기업, 폴앤마크 PAUL MARK.

제**10**장
스트레스와 대처

하은경

학습목표

1. 스트레스의 개념과 원인을 간략하게 요약할 수 있다.
2. 스트레스 대처방식 두 가지를 열거할 수 있다.
3. 스트레스에 대한 적응적인 대처에 어떤 것들이 있는지 설명할 수 있다.

　　김수현 군은 아버지가 갑자기 돌아가신 후 어머니, 여동생과 함께 셋이서 살고 있다. 어머니의 경제적 부담을 덜어주기 위해 나름대로 열심히 공부하고 주말에는 아르바이트를 하며 자신이 맡은 바를 성실하게 해내고 최선을 다하며 생활해왔다.

　　그런데 최근 들어 김수현 군은 학교강의에 지각을 하게 되고 두통이 오고 우울감을 느끼는 날이 많아지고 있다. 예전에는 가볍게 해오던 일에도 의욕이 떨어지고 새로운 일에 도전하는 것이 두렵고 제대로 될까 불안하면서 더욱 주저하게 된다. 주변에서도 이런 김수현 군을 보면서 "무슨 일이 있느냐?"고 걱정스런 눈으로 보고 있다고 한다. 오래전부터 어머니 혼자 가정경제를 책임지는 모습이 안타까웠고 그래서 빨리 취업을 해야겠다는 생각으로 부담감을 느끼고 있었다. 그러면서 한편으로는 다른 친구들과는 달리 취업을 위한 준비를 하지 못했다고 생각해서 그 부담감은 더욱 커졌고 최근 들어 도저히 견디기 어렵다고 생각하여 상담실을 방문하였다. 같은 과 졸업생의 취업률이 20%가 넘지 않아 자신의 미래가 더욱 불투명하게 생각되고 남들에 비해 특출한 능력도 없고 인맥도 별로 좋지 않다는 생각마저 들었다. 이런 생각으로 더욱 불안해지고 지금 자신이 있는 상황에서 도피하고 싶어했으며 특별한 계획도 없이 휴학을 할까 고민 중이다. 주변에서 이유를 물으면 "특별한 이유는 없다. 단지 너무 스트레스가 심해 힘들다."라고만 이야기했다.

성찰거리

1. 사례에 나타난 김수현 군의 스트레스는 무엇인가?

2. 스트레스에 어떻게 대처하면 좋을지에 대해 생각해보세요.

인간은 계속되는 자극에 노출되고 그 자극에 반응해야 하기에 누구도 스트레스에서 완전히 벗어날 수 없다. 따라서 현재 어린아이부터 노인에 이르기까지 스트레스란 말처럼 익숙하고 자주 사용되고 있는 말은 없을 것이다. 스트레스란 말을 사용하는 대부분의 사람들은 스트레스를 심리적·신체적으로 부정적인 영향을 주는 만병의 근원으로 보고 있다. 실제 스트레스를 적절하게 예방하고 대처하지 않으면 심장병, 고혈압, 긴장성 두통, 위염, 암 등과 같은 신체질환의 직접적 혹은 간접적 원인이 될 뿐만 아니라 우울, 불안, 긴장, 의욕상실 등과 같은 심리적 장애를 야기할 수 있다. 하지만 스트레스 정도가 지나치면 병이 되겠지만 적당하면 일상생활에 적절한 긴장감을 주는 활력소가 되기도 한다.

우린 새로운 일에 도전하거나 환경에 적응하면서 살아야 하기에 항상 스트레스에 노출되어 있다고 해도 과언이 아니다. 따라서 우리가 경험하는 여러 상황이나 환경이 스트레스의 원인이 되므로 보다 건강하고 성숙한 삶을 살기 위해서는 스트레스의 적절한 관리와 대처가 필요하다.

제1절 스트레스의 개념과 발생원인

1. 개념

스트레스는 시대의 흐름에 따라 정의가 변해왔다. 스트레스(stress)의 어원을 살펴보면 'stringer(팽팽하게 죄다)'라는 라틴어에서 유래되었다. 14세기에 stress로 사용되다가 17세기에는 역경 혹은 경제적 곤란, 어려움을 의미하는 단어로 사용되었고, 18세기에 물리학에 도입되었고, 2차 세계대전을 겪고 온 군인들이 호소하는 여러 증상을 분석하면서 20세기에 와서 본격적인 의학용어로 사용되기 시작하였다.

학자들이 다양하게 스트레스를 정의하고 있는데 처음으로 명명한 셀리에(Selye, 1978)는 "스트레스는 신체에 가해진 어떤 요구에 대해 신체가 수행하는 일반적이고도 비특정적인 반응이다."고 하였다. 이를 통해 스트레스를 살펴보면 자신에게 부과된 요구수준과 이 요구를 수행할 수 있는 자신의 능력 간에 불균형이 주어질 때 심리적·신체적으로 적응하기 위한 것이라고 할 수 있다.

2. 발생원인

스트레스를 일으키는 원인은 주관적이고 개인적인 해석에 의하므로 스트레스를 일으키는 원인을 찾기는 쉽지 않다. 주어진 상황을 어떻게 받아들이느냐에 따라 스트레스를 더 심각하게 느끼기도 하고 오히려 그것을 자극으로 여겨 성장의 기회로 삼기도 한다.

상황을 받아들이는 사람에 따라 긍정적인 결과를 가져오기도 하고 부정적인 결과를 가져오기도 하는 스트레스의 발생원인을 심리적 원인과 상황적 원인 두 가지로 구분해볼 수 있다(김혜숙 외, 2008; 박문태 외, 2002).

1) 심리적 원인

(1) 압력

개인이 어떤 식으로 행동하기를 바라는 기대나 요구로, 자신이 처한 외부 환경이나 상황에 부응하도록 하는 수행압력을 받거나 사회 관습에 맞춰서 행동하는 것과 같은 순종압력을 받는 경우가 많다.

한편 압력은 스스로에 의해 부여되기도 한다. 즉 노출해야 하는 여름이 오기 전에 다이어트를 해야 한다는, 취업하기 위해 여러 가지 자신만의 스펙을 준비해야 한다는, 학점을 잘 받기 위해 잠과 친구들과의 친교활동을 줄여야 한다는 압력을 자신에게 줄 수도 있다.

(2) 좌절

일상생활 중에 우리가 욕구나 기대를 성취하는 가운데 수많은 장애에 부딪히게 되는데 이 장애들은 좌절을 야기한다. 이처럼 좌절을 느끼면 스트레스를 경험하게 된다.

좌절을 가져오는 장애는 외적인 것과 내적인 것으로 나누어진다. 조금 더 구체적으로 살펴보면 외적인 장애는 아침 등하교 시간의 교통체증과 같은 물리적 요인과 직장에서의 남녀차별이나 지역차별 등과 같은 사회적 요인으로 구분될 수 있다. 내적인 장애는 외모나 건강과 같은 신체적 요인과 감정이나 열등감과 같은 심리적 요인으로 구분된다.

좌절 경험이 반복되면 분노와 공격성으로 이어지기도 한다. 돌라드와 밀러(Dollard & Miller, 1939)의 좌절-공격성 가설에 의하면 좌절에 의해 생기는 주된 정서는 분노이고 이로 인해 공격성을 초래한다고 한다. 예를 들어 만족스런 학점을 얻지 못하면 가까운 가족들이나 친구들에게 화풀이를 하거나 그 과목 담당교수에게 분노를 느끼고 공격행동을 하기도 한다. 좌절에 의한 스트레스에 적절하게 대처하지 못하면 공격적이거나 부적응적인 방식으로 표출하면서 욕구좌절의 경험이 악순환될 수도 있다.

(3) 갈등

여러 목표들 중에 하나를 선택해야 할 때의 고민이다. 사소하게는 점심시간에 무엇을 먹을지에서부터 크게는 대학원 진학이나 취업을 선택하는 일이나 배우자를 결정해야 하는 일에 이르기까지 우리는 다양한 갈등상황을 경험한다.

레빈(Lewin, 1935)은 갈등에 접근-접근 갈등, 접근-회피 갈등, 회피-회피 갈등의 세 가지 유형이 있다고 하였다. 접근-접근 갈등은 바람직하거나 매력적인 것끼리 상충하는 것으로, 예를 들면 취업하는 것과 대학원에 가는 것, 능력 있는 배우자와 성격 좋은 배우자 중 선택해야 하는 경우이다. 접근-회피 갈등은 하나의 목표에 긍정적인 면과 부정적인 면이 함께 주어져 어떻게 해야 할지 갈등하게 되는 경우로, 예를 들면 집과 가까운 알바가 주어졌지만 오랜 시간 일을 해야 하는 상황이다. 회피-회피 갈등은 둘 다 마음에 들지 않는데 선택해야 하는 경우로, 예를 들면 시험 준비하기도 싫고 학점이 낮은 것도 싫은 상황이다.

2) 상황적 원인

(1) 생활의 변화

살면서 결혼을 하거나 이혼하는 것, 직장을 옮기거나 실직하는 것 등의 변화는 스트레스를 유발시키는 요인 중 하나이다. 변화에는 긍정적인 것과 부정적인 것이 모두 포함되고 이런 삶의 변화는 기존과는 다른 생활방식을 요구하기에 적응하기 위해서는 많은 에너지와 노력이 필요하다. 특히 나이가 들수록 적응력이 떨어지기에 변화를 두려워하고 회피하게 된다.

(2) 일상에서의 사소한 일

가랑비에 옷 젖듯이 일상에서의 사소한 일이 쌓이면 그것도 스트레스의 원인
이 된다. 반복되는 가사일, 집에서 직장이 먼 혹은 층간 소음과 같은 물리적 환
경, 저축을 할 수 없는 월급에 의한 경제적 문제, 앞으로 취업이 될 수 있을까라
는 미래에 대한 걱정, 다른 사람들과의 계속되는 경쟁 등 일상에서의 사소한 일
이 쌓이면 스트레스가 될 수 있다.

(3) 갑작스런 재난

천재지변이나 돌발적인 사고는 엄청난 스트레스이다. 예를 들어 세월호의 경
우도 대단히 큰 돌발사고에 해당되는데 이런 경우 직접적으로 경험한 당사자들
에게는 평생 지우기 어려운 충격이자 상처가 될 것이고 그 사고를 간접적으로
경험한 사람들의 경우도 각자가 가진 내적인 힘이나 이전 트라우마의 정도에 따
라 충격적으로 경험되었을 것이다. 이로 인해 장기간에 걸친 정신과 치료나 상담
을 필요로 하고 그로 인해 불안, 우울, 무기력, 환각, 환청 등의 증상을 겪게 될
수도 있다.

3. 인간관계 스트레스

인간관계 스트레스는 보는 관점에 따라 다양하겠지만 여기서는 생활에서 가장
많은 영향을 미치는 가족관계, 학교에서의 인간관계, 직장 내 인간관계를 살펴보
고자 한다(유영달 외, 2013).

1) 가족관계 스트레스

안정된 상태에서 가족이 혼란을 야기하는 압력이며 시간의 흐름에 따라 성장
하고 변화하는 과정에서 불가피하게 경험하게 되는 가족 내의 긴장과 압력이다.
따라서 가족관계 내에서 일어나는 스트레스는 거쳐 가야 하는 과정이므로 회피
하기보다 직면해서 가족이 어떻게 인지하고 대처하는지가 더 중요하다고 할 수

있다.

가족관계 스트레스는 일상에서의 사소한 일이 누적된 결과이며 결혼, 출산, 입학, 졸업 등의 예측 가능한 문제에서 생기기도 하지만 가족 구성원의 질병, 사망, 이혼, 실직 등의 예측하기 어려운 사건에서도 일어날 수 있다.

2) 학교에서의 인간관계 스트레스

성장하는 아동이나 청소년의 경우 학교생활의 경험을 통해 긍정적이거나 부정적인 자아개념을 형성하게 되고 이는 아동이나 청소년의 성격발달에 결정적인 영향을 준다. 학교에서의 지속적인 성공이나 실패도 정신건강에 중요한 영향을 미친다. 아동에게 작용하는 학교에서의 스트레스 요인으로는 또래관계, 교사와의 관계, 학업성적에 대한 교사나 부모의 태도, 학교나 교사, 부모의 규제나 압력 등을 들 수 있다.

교사와 관련된 스트레스 요인으로는 편애, 성취지향적인 가치, 학생의 성향과 맞지 않는 수업방식 등이 있을 수 있고, 또래와 관련된 스트레스는 또래로부터의 소외, 힘센 친구의 괴롭힘, 동성친구나 이성친구 사귐에 따르는 문제 등이 있을 것이다. 상급학교 진학을 위한 경쟁이 증가함으로써 불안을 느끼고 부정적이고 적대적인 대인관계를 형성하거나 신뢰, 협조, 인내, 자아존중감, 상대에 대한 배려 등이 낮아지는 많은 문제를 유발한다. 특히 부모나 교사의 성적에 대한 기대나 압력이 높아지면 청소년뿐 아니라 아동에게도 사회심리학적 부적응 상태를 유발하게 된다.

3) 직장 내 인간관계 스트레스

직장 내에서 형성할 수 있는 동료, 상사, 부하, 고객 등과의 인간관계는 중요하며 조직 내 단결을 중요시하는 부서에서는 중요한 스트레스 원인이 될 수 있고 직무태도에도 영향을 미칠 것이다. 또한 직장 내에서의 인간관계의 부정적인 경험은 구성원의 직무만족과 조직몰입에 부정적인 영향을 미치게 된다. 물론 개인의 성향에 따라 인간관계의 중요성에 많은 차이를 보일 수 있다.

요인별로 살펴보자. 상사와의 관계에서 상사의 성과에 대한 인지, 부하의 능력에 대한 상사의 신뢰도, 상사의 성향, 부하직원에 대한 상사의 태도 등에 따라

부하직원의 성향에 따라 스트레스의 정도에 차이가 날 것이다. 예를 들면 성취지향적이고 적극적인 상사의 경우 의존적이고 관계지향적인 부하직원이 능력이 부족하다고 생각하기에 신뢰를 형성하지 못하고 지적이나 비난을 많이 하게 되고 그로 인해 부하직원은 더욱 위축되고 자신의 능력을 발휘하지 못하게 된다. 동료와의 관계에서 서로 간의 지원이나 협조 부족, 직무수행과 관련된 정보교류 정도, 과다 경쟁으로 인한 동료 간의 갈등 등으로 추정할 수 있다. 부하직원과의 관계에서 느끼는 스트레스는 업무를 효율적으로 처리하도록 하는 과정에서 발생하는 것으로 상사의 지시를 따르지 않거나 스스로 업무를 처리하지 않고 의존하거나 상사의 선호와 다르게 하는 행동을 보이거나 상사의 권한과 역할을 침해하면서 나타나는 갈등을 들 수 있다. 고객과의 관계에서는 까다로운 고객에 맞춰야 하거나 개인의 감정보다 고객의 감정을 우선적으로 존중해야 할 때, 고객에게 만족스러운 서비스를 제공하지 못했다고 생각될 때, 고객과 의견이 상충될 때 등의 상황에서 야기된다.

제2절 스트레스 강도에 영향을 미치는 요인

같은 상황에서 같은 스트레스를 받아도 사람에 따라 다르게 반응을 한다. 대학시험에 실패하게 되면 어떤 사람은 우울해지고 무기력해지지만 어떤 사람은 재수학원에 등록하고 의지를 불태운다. 직장을 그만두게 되는 상황에서 어떤 사람은 적극적으로 새로운 직장을 얻기 위해 노력하고 어떤 사람은 인생이 모두 끝난 듯 행동을 한다. 이처럼 사람에 따라서 혹은 상황에 따라 스트레스의 반응이 모두 다르게 나타난다. 따라서 스트레스 강도에 영향을 미치는 대표적 요인들을 살펴보면 예측 가능성, 통제 가능성, 인지적 해석, 자기개념, 사회적 지지 정도, 성격특성이 있다(김교헌 외, 2012).

1. 예측 가능성

우리의 삶에서 어떤 일이 일어날지에 대해 예측할 수 있다면 미리 대처하거나 준비가 가능하기에 스트레스를 덜 받을 것이다. 병으로 치료를 받던 가족의 죽음은 마음의 준비를 할 수 있기에 힘이 조금 덜 들겠지만 갑자기 교통사고로 돌아가셨다면 황당함으로 받아들이기 힘들 것이다. 예측이 가능하면 나름의 효과적인 대처방법을 강구하는 것이 가능하기 때문이다.

2. 통제 가능성

사람들은 자신에게 주어진 스트레스를 주는 사건을 여유롭게 조절하거나 통제할 수 있다고 생각하면 스트레스를 덜 받을 것이다. 결혼자금을 준비하기 위해 은행에 적금을 넣으려고 돈을 절약하는 경우와 학자금 대출을 갚기 위해 돈을 절약하는 경우, 스트레스의 정도는 다를 것이다. 자신에게 주어진 스트레스 상황을 받아들이고 조절하는 경우와 왜 그런 상황이 되었는지에 대해 비관하고 탓만 하는 경우 스트레스를 받아들이는 강도가 다를 것이다. 어차피 놓인 상황이라면 그것을 받아들이고 즐기면서 하는 것이 스트레스를 줄이는 하나의 방법이 된다.

3. 인지적 해석

스트레스는 사건 자체보다는 그 사건을 어떻게 해석하느냐에 따라 달라지기에 관점을 변화시키면 훨씬 마음이 편해질 것이다. 관점의 전환이란 자신의 태도나 사고방식을 살펴보고 대안적인 방법을 찾는 등 지금까지와는 다르게 현실적이고 합리적으로 바꾼다는 것이다.

4. 자기개념

사람은 성장하면서 다양한 경험을 하는데 그 과정을 통해 자기개념을 형성한다. 자기개념은 자신에 대해 어떻게 생각하는가를 의미하는데 정신건강에도 중요한 영향을 미친다. 부정적인 자기개념을 가진 사람은 스트레스 상황에서 자신감도 없고 스트레스 상황을 통제할 수도 없다고 생각하기에 더 심한 스트레스를 경험하기 쉽다. 또한 그 상황을 견딜 수 없다고 지각하기에 회피하거나 포기하는 등 다른 부적응적인 대처방법을 선택하는 경우가 많다. 이에 반해 긍정적인 자기 개념을 가진 사람은 자신을 믿고 쉽게 헤쳐 나갈 수 있고 위기도 도전이 될 수 있다고 생각하고 긍정적으로 해석하고 직면한다.

5. 사회적 지지 정도

사회적 지지는 주변의 의미 있는 사람들로부터 정서적 지원과 관심을 받는 것으로 개인이 스트레스 상황에 적응할 수 있도록 도움을 준다. 배우자, 친지 등과 사회적 관계를 잘 맺는 사람들이 스트레스 상황에서의 부정적인 정서나 기대를 완화시켜 그에 따른 생리·신체적 변화도 덜 겪게 되면서 스트레스 관련성 질병 발병률도 낮다고 한다. 사회적 지지는 상황에 따라 달라질 수 있는데 경제적으로 어려운 조손가정에게는 물질적인 뒷받침과 함께 정서적 지지가 주어져야 사회적 지지라고 할 수 있다.

6. 성격특성

1) A유형

같은 스트레스 상황에서 어떤 사람은 유연하고 어떤 사람은 힘들어 하는 경우를 볼 수 있다. 경쟁심이 대단히 높고 성급하고 흥분을 잘하고 마감에 대한 주관적인 압박감을 크게 느끼고 공격적이고 성취지향적인 성향을 보이는 사람이 심장질환에 걸릴 확률이 높다고 하는데 이런 성격유형을 A유형 성격이라고 한다. 이 유형의 사람들은 다른 사람들보다 스트레스 상황에 대해 더 위협적으로 자각하고 경쟁적으로 대처하고 성급하게 행동한다. 이에 심장박동은 증가하고 혈압은 상승하고 호르몬 분비 등의 관상동맥 심장질환을 비롯한 심장질환을 유발하기에 심장질환에 걸릴 확률이 2배 정도 높다. 이들은 자신에 대해 부정적으로 평가하고 그로 인해 실패에 대한 두려움이 강하다. 또한 높은 기대를 가지고 완벽주의를 추구하지만 성취에 만족하지 못하기에 불안정한 모습을 보이고 그럴수록 자신을 더 몰아붙이고 도전적인 목표를 설정해 불가능한 시간 내에 도달하려 하고 다른 사람과의 경쟁에서 이길 때 자신의 가치를 느낀다. 따라서 자신의 성향을 파악해두는 것이 평소 스트레스 수준을 아는 데 도움을 줄 수 있다.

2) 낙관성

자신의 삶에서 좋은 일을 경험할 것이라는 일반적 기대로 환경의 방해가 있어도 미래에 성공적인 결과가 있을 것이라고 믿는 정도를 나타낸다. 이 낙관성은 개인의 부적응 문제를 완화시키는 중요한 변인으로 언급되고 있는데 낙천적인 사람들이 그렇지 않은 사람들에 비해 정서·신체적으로 나은 적응력을 보인다. 즉 낙관적인 사람은 역경을 맞이했을 때 문제를 해결하려는 노력을 지속적으로 하는 데 반해 비관적인 사람들은 회피하거나 포기하려는 경향을 많이 보인다. 낙관성이 높을수록 효율적으로 문제를 해결하려 하고 심리·신체적으로 긍정적인 영향을 준다고 한다.

제3절 스트레스에 대한 바람직한 적응

스트레스에 대한 문제해결 접근방법을 찾는 것은 바람직한 적응을 하는 데 매우 중요한 과정으로 의식적이고 의도적인 접근방법이면서 스트레스를 좀 더 직접적으로 다루는 데 도움이 되는 학습된 접근방법이다. 여기에서는 구체적 방법인 스트레스에 대한 인내력을 증대하기 위해 자신을 수정하는 것과 자신과 스트레스를 일으키는 상황의 관계를 수정하는 과제지향적 접근방법에 대해 살펴보고자 한다(Atwater, 1983).

1. 스트레스에 대한 인내력 증대

가끔 스트레스로 인해 이성을 잃고 비능률적으로 행동하게 되는 경우가 있기에 이를 견뎌낼 수 있는 인내력을 증대시키는 방법이 필요하다.

1) 압력에 대한 인내력

초보 운전일 때 도로주행을 하면 상당히 불안하고 두려울 것이다. 그러나 운전 경력이 쌓이면 나름 자신 있게 운전할 수 있는 방법을 터득하게 될 것이다. 이처럼 압력에 적응하는 방법은 자신에게 지나치거나 완벽한 요구를 하지 않고 현실적인 요구를 하는 것이다.

2) 좌절에 대한 인내력

자신의 기대를 능력 범위나 동기에 적당한 과제에 적용시키는 것이 중요하다. 새롭고 복잡한 것을 시도할 때 더 큰 좌절에 대비해야 한다. 좌절에 대한 인내력을 증진시키는 방법은 다른 사람에게 지나치게 의존하는 것을 극복해서 자존심을 강화하고 정서적으로 성장시키는 것이다.

3) 갈등에 대한 인내력

갈등은 인식과 함께 시작되므로 자신에게 주어진 갈등을 잘 알수록 더욱 합리적으로 접근할 수 있고 만족스럽게 해결할 수 있다.

4) 불안에 대한 인내력

일상에서 객관적인 위험이나 위협에 부닥치면 불안을 느끼게 된다. 중요한 자격증 시험이나 입사면접에서 경쟁을 해야 할 때 불안을 느낄 것이다. 이런 경우 조절하는 방법으로는 관련된 위험이나 위협에 대한 정보를 많이 수집해서 자제력을 발휘하게 하는 것이다.

2. 과제지향적 접근방법

1) 자기표현

사람들은 좌절이나 불안을 느끼면 경직되거나 다른 활동을 통해 에너지를 소모하는데, 이를 통해서는 스트레스 감소에 도움이 되지 않는다. 혹은 지나친 정서적 관여를 하거나 습관적인 반응을 하게 되면 문제해결에 필요한 개인의 생각이 위축될 수 있다. 따라서 다양한 방향에서 문제를 관찰하여 가능한 여러 해결책을 찾는 것이 도움이 될 수 있다. 예를 들어 다른 사람에게 지지를 구하거나 자신의 문제에 관심을 가진 사람과 의논함으로써 잠재적 지지뿐 아니라 여러 대안을 찾을 수 있다.

2) 이탈

때로는 스트레스 상황에서 이탈하는 것이 더 적절할 때가 있다. 본질적으로 회피함으로써 스트레스를 줄이려는 접근방법이 긍정적이지도 부정적이지도 않다는 것을 깨닫는 것이 필요하다.

3) 절충

자신을 현 상황에 그대로 둔 채 스트레스를 적용하는 반응으로 스트레스가 자신보다 높은 지위와 권위를 가진 사람에게서 발생했을 경우에 사용할 가능성이 높다.

제4절 스트레스 대처방식

최근 들어 다양화·복잡화되고 있는 스트레스에 적절하게 대처하는 것이 매우 중요하다. 우리가 겪고 있는 부정적인 사건을 바꾸기는 쉽지 않지만 이 사건들에서 스트레스 대처방식에 대해 알아보고자 한다. 관점에 따라 분류방법이 달라지겠지만 인지적 대처, 신체적 대처, 환경적 대처, 부적응적 대처로 분류하여 살펴보고자 한다(유영달 외, 같은 곳; 김교헌 외, 같은 곳).

1. 인지적 대처

인지적 대처는 우리가 일상에서 주어지는 상황에 반응하여 다양한 스트레스를 일으키는 비합리적인 인식을 변화시켜 합리적이고 현실적인 생각으로 스트레스를 극복하고 대처하도록 한다. 최근에 다양한 방법들이 개발되고 있는데 긍정적으로 생각하기, 분노 다스리기, 자신감 키우기에 대해 살펴보고자 한다.

1) 긍정적으로 생각하기

주변 상황을 바라볼 때 긍정적으로 본다면 스트레스 상황에서 자신을 포기하는 것을 예방하고 어려움을 극복하는 데 힘을 얻을 것이다. 긍정적인 생각은 몸의 긴장을 풀어주고 현재의 어려움에 직면해서 스트레스를 해소시키는 데 도움이 될 것이다. 현재 자신을 긍정적으로 바라보고 있는지, 자신의 행복목록을 가지고 있는지, 작은 성취나 현실에서의 자그마한 일에도 감사함을 느끼는지, 자신의 가족이나 친구가 소중하게 여겨지는지 등을 살펴보고 그러하지 않다면 스트레스 상황에서 자신을 보호하는 데 시간과 노력을 투자해야 한다. 스트레스 상황은 그 자체가 문제라기보다 그 상황을 자신이 어떻게 보고 있느냐가 중요하기에 긍정적으로 보는 힘을 기를 필요가 있다.

2) 분노 다스리기

우리가 살아가면서 가장 많이 느끼는 감정이 분노인데 일반적으로 분노는 자신이 가진 신념에 의해 다른 사람이나 세상을 바꾸고 싶어할 때 발생하는 것이기에 신념을 재구성해서 관점을 바꿔 분노를 다스려야 한다. 분노는 일반적으로 생존의 위협, 상처, 욕구의 좌절 등에 의해 생기는데 분노를 표출하는 것은 바람직하지 않다는 관념이 보편적이다. 표출하지 않고 억압하면 우울증, 불안증뿐 아니라 화병, 두통, 과민성 대장증후군, 암 등의 정서·신체적 질환을 유발하기 쉽다. 한편 분노를 표출하면 정도에 따라 관계악화에 따른 부정적 감정을 경험할 수 있다. 이에 자신의 감정을 적절히 통제하면서 상대방에게 분노의 감정을 효과적으로 전달할 수 있는 방법을 학습해야 한다.

3) 자신감 키우기

자신에 대한 믿음이 진정한 자신감으로, 자신감이 넘치는 사람은 목표를 성취할 수 있다는 믿음을 가지며 긍정적인 결과에 집중한다. 반면, 자신감이 부족한 사람은 결과에 대한 두려움으로 제대로 도전하지 못하고 실패에 대한 불안으로 결정을 미루거나 포기한다. 따라서 자신의 한계를 극복하고 목표를 성취할 때 자신감은 중요한 요인이 된다.

2. 신체적 대처

스트레스에 대한 인지적 대처가 끝나면 장기적인 스트레스에 대한 저항성을 높이기 위해 신체적으로 어떻게 대처할 것인가를 살펴보는 것이 필요하다. 여기에서는 스트레스를 경험할 때 쉽게 접근할 수 있는 근육이완법, 운동, 웃음에 대해 살펴보고자 한다.

1) 근육이완법

사람들은 지속적인 스트레스로 우울증, 불면증, 소화기 장애, 두통 등을 경험하는데 이때 근육이완 훈련이 효과적이라고 밝혀지고 있다. 근육이완 훈련은 긴장할 때의 감각과 이완할 때의 감각을 변별하도록 하여 자신의 의도에 따라 자유롭게 근육을 이완할 수 있게 하는 것이다. 이완훈련은 스트레스로 인해 부정적 신체증상을 해소하고 힘든 상황으로 인한 심한 불안을 낮추기 어렵다고 생각될 때 사용할 수 있다. 이완활동은 신체의 대부분을 차지하고 있는 근육의 긴장 감소뿐 아니라 심리적 긴장도 의미 있게 감소시킨다. 반복적으로 훈련하면 정서·신체적 고통에서도 서서히 벗어날 수 있고 스트레스 상황에 더 잘 대처할 수 있게 될 것이다. 이완훈련 방법은 가장 편안한 자세로 눕거나 앉아서 시작한다. 몸 전체와 복부 근육에서 어깨, 팔꿈치, 손목, 손 근육으로 거친 다음 마지막으로 목, 얼굴 순으로 5~7초간 긴장시킨 후 20~30초간 이완시킨다. 효과적으로 하기 위해선 외부의 소음을 최소화시켜 집중력을 강화해야 하고 3개월간 지속하면 긴장상태의 감지력이 현저히 높아진다.

2) 운동

스트레스를 받으면 온몸이 긴장해서 근육이 뻣뻣해지는데 신체를 각성시키는 운동은 긴장을 해소시켜 스트레스를 관리하는 데 효과적이다. 또한 운동은 혈액

순환을 돕고 심리적 안정제의 역할을 한다. 스트레스 해소를 위해선 근력운동, 유산소운동, 스트레칭이 도움이 된다. 하지만 본인의 능력이나 나이에 맞지 않는 운동을 하면 오히려 운동으로 인한 스트레스가 생길 수 있으므로 자신에게 적합한 종목과 방법을 찾는 것이 필요하다.

3) 웃음

웃음은 면역기능 증진, 혈액순환 촉진, 근육 긴장 등의 생리·심리적인 부분에 효과적인 방법으로 인식되고 있다. 웃음의 심리적 효과를 조금 더 살펴보면 대인 간 반응성과 각성수준 등의 정신기능을 활성화시키고 우울, 불안, 분노 등의 부정적 감정을 감소시켜 각종 스트레스를 감소시키고 상호 간의 적대감을 정화시켜 대인관계를 향상시키고 조직 내 구성원의 유대감을 강화시킨다고 한다. 웃는 방법을 소개하면 입을 최대한 크게 벌리고, 배꼽이 빠질 만큼 마음껏, 억지로라도 무조건, 여럿이 함께, 박장대소하며 혼신을 다해, 마음을 열고 밝게, 만나는 사람마다 웃으며, 화날 때도, 우울할 때도, 힘들 때도 웃으라고 한다.

3. 환경적 대처

스트레스를 극복하기 위해 시도하는 다양한 변화 중에서 적극적인 대처가 자신의 환경을 변화시키는 것이다. 이는 자신에게 부정적 정서를 제공한 환경이 무엇인지를 살펴보고 사회 및 생활환경을 바꾸는 것이다. 근본적으로 스트레스를 없애주지는 않지만 비교적 짧은 시간에 스트레스를 줄이는 효과가 있다. 건강한 인간관계 맺기와 자연친화적 실내환경 만들기에 대해 살펴보고자 한다.

1) 건강한 인간관계 맺기

인간관계가 어떻게 유지되고 있느냐에 따라 개인의 행복과 스트레스 지수가 달라진다고 볼 수 있다. 건강한 인간관계는 독립성과 상호의존성이 적절히 조화를 이루고 서로에게 관심과 애정을 가지면서 각자의 목표를 존중하는 것을 말한다. 이처럼 건강한 인간관계를 지속시키기 위해서는 무엇이 필요할까? 여러 요소가 있겠지만 스트레스로 인한 상황에서 균형을 잃지 않도록 적절하게 자기주장을 하고 거절도 하고 잘 맞서는 방법을 익혀야 한다. 잘 맞선다는 것은 타인과의 관계에서 장애물을 만들지 않고 지혜롭게 문제를 해결하는 것을 말한다. 사람은 누구나 사는 방식이나 가치가 다르기에 갈등이나 불일치가 일어나므로 건강한 관계를 맺기 위한 충분한 노력, 시간 여유가 필요하다.

2) 자연친화적 실내환경 만들기

쾌적한 환경은 스트레스를 감소시킬 뿐만 아니라 내적 긴장감을 해소하고 일의 능률을 증가시킨다. 자연친화적으로 실내환경을 개선한 곳에서 근무를 하게되면 시간이 경과할수록 스트레스가 상당히 줄어들었다는 보고가 있으므로 환경의 개선을 통해 스트레스를 극복하고 일의 능률을 높일 수 있다.

4. 부적응적 대처

사람들이 스트레스 상황일 때 모두 현명하거나 적응적으로 대처하지는 않는다. 포기하기, 잠자기, 자기 비난하기, 쇼핑하기 등 손쉬운 방법으로 대처하는 경우가 많다. 하지만 이러한 대처는 스트레스로부터 일시적으로 벗어나게는 하지만 그 결과로 또 다른 스트레스를 겪게 할 수 있다. 부적응적 대처에 대해 구체적으로 살펴보면 다음과 같다.

1) 포기하기

스트레스 상황에서 자신이 해결하기 어렵다고 생각하면 포기하고 물러서는 경우가 많다. 포기하면서 그 상황의 결과를 부족한 자신의 탓으로 돌리는 부정적인 해석을 많이 하는데 이는 앞으로의 성취에도 부정적인 영향을 미치므로 적응적인 방법이 아니다. 자신의 능력이나 자원의 한계를 제대로 파악하여 지나치게 높은 목표를 세워 잦은 실패와 좌절감을 경험하지 않도록 자신의 한계를 인정함이 필요하다. 그를 통해 자신의 능력과 자원에 맞는 목표를 설정해서 포기하지 않고 성취하는 경험을 하는 것이 필요하다.

2) 회피하기

스트레스 상황이 되면 잠을 자거나 여행을 떠나는 방법으로 괴롭거나 힘든 상황을 생각하지 않는 것을 선택하는 것이 회피하기의 대처방식이다. 우리가 가장 많이 사용하는 방법 중 하나로 부정적인 감정을 조절하는 데 도움이 되지만 문제해결을 위한 노력 없이 시간만 보내는 것이기에 일시적인 효과만 주어질 수 있다. 따라서 스트레스 상황에서의 부정적 감정이 조절되면 문제해결에 대한 적극적인 탐색을 해야 적응적 대처가 가능하다.

3) 다른 사람에게 표출하기

사람들은 스트레스가 많거나 누적되면 다른 사람을 공격함으로써 자신의 스트레스를 줄이려는 방법을 사용한다. 프로이트는 자신의 부적 감정을 외부로 표출해서 시원함을 느끼기도 한다고 하지만 가까운 사람과의 관계에 부정적 영향을 미칠 수도 있고 그로 인해 자책감을 느낄 수도 있으므로 긍정적인 면보다는 부정적인 손실이 더 커질 수 있다.

4) 쾌락의 추구

스트레스를 많이 받게 되면 담배를 더 많이 피우고 술을 마시며 괴로운 마음을 달래기도 하고 쇼핑을 하면서 필요 없는 물건들을 구입하기도 한다. 이처럼 쾌락적이고 자극을 추구하는 행동을 통해 스트레스에 대처하는 경우가 있다. 최근에 사회문제로 대두되고 있는 인터넷 중독이나 도박 등도 이러한 심리적인 문제와 관련이 있다고 볼 수 있다. 물론 이러한 행동들이 부정적인 측면만 가진 것은 아니다. 술을 마시며 사람들의 지지나 격려를 받을 수 있고 인터넷 채팅을 통해 편안해질 수 있다. 그러나 스트레스 대처를 위해 직접적이고 적극적인 노력을 하는 대신 쾌락추구에 몰두하게 되면 이 행동이 또 다른 스트레스로 작용해서 많은 것을 잃게 될 수도 있다.

5) 자신을 탓하기

어떤 상황이 주어지면 객관적으로 분석하고 이해하는 과정이 필요하다. 무조건 자신을 비난하거나 탓하게 되면 미래에 대해서도 비합리적으로 비관적인 예측을 하게 된다. 때로는 자신의 문제점이나 부족한 부분을 인정하는 것이 성장을 위해 필요하지만 현실적인 근거 없이 무조건적으로 자신을 비난하는 것은 전반적인 자기개념에 부정적인 영향을 미친다.

자신의 성격이 항상 긴장되고 성취지향적인 '경마형(type A)'인지 여유 있고 평온한 '거북이형(type B)'인지를 알아보자.

☑ 아래의 질문에 '예' 또는 '아니오'로 답하시오.

1.	다른 사람이 얘기할 때 답답하게 느껴져서 상대방의 말을 서둘러 끝내도록 하거나 말을 받아서 자신이 끝내거나 합니까?	예	아니오
2.	한 번에 두 가지 이상의 일을 하려는 경우가 종종 있습니까? (예를 들어서 밥을 먹으면서 책을 본다든지)	예	아니오
3.	너무 오래 쉬면 불편하고 불안하게 느낍니까?	예	아니오
4.	한 번에 여러 개의 과제(계획)들에 관여하려는 경향이 있습니까?	예	아니오
5.	운전할 때 노란불인 경우 빨간불이 되기 전에 지나가려고 급히 서두릅니까?	예	아니오
6.	게임이나 운동경기에서 이겨야만 즐길 수 있습니까?	예	아니오
7.	일반적으로 빠르게 움직이고, 걷고, 먹고 합니까?	예	아니오
8.	너무 많은 책임(일)들을 기꺼이 떠맡으려 합니까?	예	아니오
9.	줄서서 기다리는 것을 못 참습니까?	예	아니오
10.	인생에서 자신의 지위를 향상시키고 남들에게 과시하고 싶은 강한 욕구가 있습니까?	예	아니오

'예'라고 답한 부분이 많으면 type A 성격의 경향을 보인다고 볼 수 있다.

출처 : Friedman & Rosenman, 1974; 김정기, 1995 : 재인용.

☑ 대학생 생활 스트레스 척도

아래에는 당신이 일상생활에서 흔히 겪을 수 있는 여러 생활 사건들이 적혀 있다. 각 문항들을 세세히 읽은 후 각 사건이 지난 12개월 동안 당신에게 얼마나 자주 일어났는가를 왼쪽에 있는 경험빈도에 표시한다. 아울러 당신이 지난 12개월 동안 경험한 사건―경험빈도에서 1 이상―에 국한해서 그 사건에 대한 중요도를 오른쪽에 표시한다. 이때 중요도는 당시 그 사건이 당신에게 얼마나 중요했었나를 평가한다.

| 경험빈도 | | | | | | | 중요도 | | | |
전혀	조금	상당히	자주				전혀	조금	상당히	자주
0	1	2	3	–	1.	취업을 위한 준비가 계획대로 진행되지 않았다.	–	0	1	2	3
0	1	2	3	–	2.	졸업 후 취직을 못할 것 같아 걱정했다.	–	0	1	2	3
0	1	2	3	–	3.	진로와 취직에 필요한 정보를 얻기 힘들었다.	–	0	1	2	3
0	1	2	3	–	4.	사회적 편견(예, 성차, 지방대학) 때문에 취업이 어렵다고 생각했다.	–	0	1	2	3
0	1	2	3	–	5.	이성친구와의 사이가 매우 악화되었다.	–	0	1	2	3
0	1	2	3	–	6.	이성친구가 나의 의견에 따라주지 않았다.	–	0	1	2	3
0	1	2	3	–	7.	이성친구와 심하게 다퉜다.	–	0	1	2	3
0	1	2	3	–	8.	이성친구와 헤어졌다.	–	0	1	2	3
0	1	2	3	–	9.	경제적으로 부족해서 대학생활이 위축되었다.	–	0	1	2	3
0	1	2	3	–	10.	학자금 조달이 어려웠다.	–	0	1	2	3
0	1	2	3	–	11.	용돈이 부족해서 행동에 제약을 많이 받았다.	–	0	1	2	3
0	1	2	3	–	12.	경제생활이 어려워서 취미생활을 충분히 할 수 없었다.	–	0	1	2	3
0	1	2	3	–	13.	부모와 의견충돌이 있어서 싸웠다.	–	0	1	2	3
0	1	2	3	–	14.	부모와의 갈등이 심화되었다.	–	0	1	2	3
0	1	2	3	–	15.	집안 식구가 나에게 불필요하게 간섭하였다.	–	0	1	2	3
0	1	2	3	–	16.	친구들로부터 따돌림을 당했다.	–	0	1	2	3
0	1	2	3	–	17.	친구로부터 배척을 당했다.	–	0	1	2	3
0	1	2	3	–	18.	친구가 나를 무시했다.	–	0	1	2	3
0	1	2	3	–	19.	교수의 인격에 대해 실망했다.	–	0	1	2	3
0	1	2	3	–	20.	교수가 말하는 것과 행동하는 것이 달랐다.	–	0	1	2	3

0	1	2	3	-	21.	교수의 불확실한 강의 때문에 학습의욕이 저하되었다.	-	0	1	2	3
0	1	2	3	-	22.	나의 가치관이 올바른 것인지에 대해 회의에 빠졌다.	-	0	1	2	3
0	1	2	3	-	23.	왜 사는지에 대한 의문 때문에 방황했다.	-	0	1	2	3
0	1	2	3	-	24.	내가 중요하다고 생각하는 가치를 실천하지 못했다.	-	0	1	2	3
0	1	2	3	-	25.	공부해야 할 과제의 분량이 너무 많았다.	-	0	1	2	3
0	1	2	3	-	26.	노력한 만큼 성적이 나오지 않았다.	-	0	1	2	3
0	1	2	3	-	27.	전공공부가 너무 어려웠다.	-	0	1	2	3
0	1	2	3	-	28.	취업이나 진로에 필요한 적성을 알 수 없어서 고민했다.	-	0	1	2	3
0	1	2	3	-	29.	졸업 후 진로를 결정하지 못해 방황했다.	-	0	1	2	3
0	1	2	3	-	30.	대학을 졸업하더라도 가족들의 기대만큼 성취하지 못할 거 같은 생각이 들었다.	-	0	1	2	3
0	1	2	3	-	31.	사회적 불안(예, 정치, 경제) 때문에 직장을 얻기가 어렵지 않을까 생각했다.	-	0	1	2	3
0	1	2	3	-	32.	이성친구와 말을 하지 않았다.	-	0	1	2	3
0	1	2	3	-	33.	이성친구가 나 이외에 다른 사람에게 관심이 있음을 알았다.	-	0	1	2	3
0	1	2	3	-	34.	집안의 경제사정이 악화되었다.	-	0	1	2	3
0	1	2	3	-	35.	사 입고 싶은 옷을 살 돈이 없었다.	-	0	1	2	3
0	1	2	3	-	36.	경제적으로 친구들과 수준 맞추기가 힘들었다.	-	0	1	2	3
0	1	2	3	-	37.	가족으로부터 억울한 비난을 받았다.	-	0	1	2	3
0	1	2	3	-	38.	부모님들이 내가 하고자 하는 일을 허락하지 않았다.	-	0	1	2	3
0	1	2	3	-	39.	형제나 자매와 심하게 싸웠다.	-	0	1	2	3
0	1	2	3	-	40.	친구로부터 무례한 행동을 당했다.	-	0	1	2	3
0	1	2	3	-	41.	마음에 맞는 친구를 사귈 수 없었다.	-	0	1	2	3
0	1	2	3	-	42.	교수가 나의 인격을 무시했다.	-	0	1	2	3
0	1	2	3	-	43.	교수의 강의가 산만해서 요점을 파악하기 어려웠다.	-	0	1	2	3
0	1	2	3	-	44.	교수로부터 생활에 필요한 지혜와 안목을 얻을 수 없었다.	-	0	1	2	3
0	1	2	3	-	45.	확고한 인생관이 없어서 방황했다.	-	0	1	2	3
0	1	2	3	-	46.	이상과 현실 간의 격차 때문에 갈등을 경험했다.	-	0	1	2	3
0	1	2	3	-	47.	공부해야 할 내용이 너무 많았다.	-	0	1	2	3

0	1	2	3	–	48. 성적이 나쁘다.	–	0	1	2	3
0	1	2	3	–	49. 전공공부가 적성에 맞지 않았다.	–	0	1	2	3
0	1	2	3	–	50. 중요한 시험을 잘 치지 못했다.	–	0	1	2	3

출처 : 전겸구 · 김교헌 · 이준석, 2000.

1. 공격적이고 성취지향적인 성향을 보이는 사람이 심장질환에 걸릴 확률이 높은데 이런 사람의 유형을 무엇이라고 하는가?

2. 스트레스 대처방식 중 인지적 대처에 해당하는 3가지는 무엇인가요?

3. 스트레스를 처음으로 명명한 사람은 누구인가요?

4. 면역기능이 증진되고 혈액순환이 촉진되게 하고 분노, 우울 등의 부정적 감정을 감소시켜 각종 스트레스를 감소시키는 스트레스 대처방식은 무엇인가?

5. 스트레스 발생원인에 대한 설명이다. 바른 것은?
   ① 압력을 가져오는 장애는 외적인 것과 내적인 것으로 나누어진다.
   ② 좌절 경험이 반복되면 분노와 공격성으로 이어진다.
   ③ 사회 관습에 맞추면서 갈등이 주어지는데 이로 인해 스트레스를 겪는다.
   ④ 일상에서의 사소한 일들은 스트레스의 원인이 되지 않는다.

6. 스트레스 강도에 영향을 미치는 요인이 <u>아닌</u> 것은?
   ① 예측 가능성   ② 자기개념   ③ 낙관성   ④ 생활의 변화

7. 스트레스에 바람직한 적응에 대한 설명이다. 바르지 <u>않은</u> 것은?

① 압력에 적응하는 방법은 자신에게 완벽한 요구를 하지 않고 현실적 요구를 하는 것이다.

② 좌절에 대한 인내력을 증진시키려면 자존심을 강화하고 정서적으로 성장시켜야 한다.

③ 스트레스 상황에서 이탈하는 것은 적절하지 않다. 끝까지 직면해서 해결해야 한다.

④ 다른 사람에게 지지를 구하거나 자신의 문제에 관심을 가진 사람과 의논해서 여러 대안을 찾는다.

8. 스트레스 개념에 대한 설명이다. 바르지 <u>않은</u> 것은?

① 시대에 따라 정의가 변해왔다.

② 17C에는 역경, 경제적 곤란을 의미하는 단어로 사용되었다.

③ 20C에 와서 물리학에 도입되었다.

④ 자신에게 부과된 요구수준과 이 요구를 수행할 수 있는 자신의 능력 간에 불균형이 주어질 때 심리적, 신체적으로 적응하기 위한 것이다.

9. 괴롭거나 힘든 상황이 있으면 잠을 자거나 여행을 떠나는 등으로 생각하지 <u>않는</u> 것을 선택하는 것은 어떤 부적응적인 대처인가요?

① 포기하기 ② 회피하기

③ 쾌락 추구하기 ④ 다른 사람에게 표출하기

10. 스트레스에 대해 과제지향적으로 접근하는 방식이 <u>아닌</u> 것은?

① 자기표현 ② 자신을 탓하기 ③ 이탈 ④ 절충

김교헌, 김경의, 김금미, 김세진, 원두리, 윤미라, 이경순, 장은영(2012). 젊은이를 위한 정신 건강. 서울 : 학지사.

김정기(1995). 인간이해를 위한 심리학. 서울 : 문음사.

김혜숙, 박선환, 박숙희, 이주희, 정미경(2008). 인간관계론. 경기도 : 양서원.

박문태, 박외숙, 정규원, 고원자, 송명자, 김민조(2002). 건강한 인간관계. 울산 : UUP.

오기봉(2013). 인간관계의 이해. 경기도 : 양서원.

유영달, 이희영, 김용수, 이동훈, 하도겸, 유채은, 박현주, 천성문, 이정희, 박성미, 이희백(2013). 인간관계의 심리. 서울 : 학지사.

이재열(2009). 생활 속의 인간관계론. 경기도 : 북코리아(선학사).

이재창, 임용자(1998). 인간관계론. 서울 : 문음사.

전겸구, 김교헌, 이준석(2000). 개정판 대학생용 생활 스트레스 척도개발 연구. 한국심리학회지 : 건강, 5(2), 316-335.

정선철(2013). 인간의 이해. 서울 : 태영출판사.

천성문, 이영순, 남정현, 김미정, 최희숙(2010). 인간관계와 정신건강. 충남 : 정인.

Atwater, E.(2004). 적응심리[Psychology of adjustment]. (김인자 역). 서울 : 한국심리상담연구소(원저는 1983년에 출판).

Friedman, M., & Rosenman, R. F.(1974). Type a behavior and your heart. New York : Knopf.

Selye, H.(1978). The Stress of Life(Revised). NY : McGraw-Hill.

Human Relations and Psychology

건강한 인간관계 훈련

제11장

집단상담의 시작

안영숙

프로그램

1. 별칭 짓기
2. 자기소개하기

이 시간은 집단이 시작되는 시기로서 집단원들은 집단 내에서의 행동에 대해 불안감을 갖고 조심스럽게 눈치를 보며 탐색하기 시작한다. 또 집단구조와 분위기 등이 아직 불확실하기 때문에 집단원들은 집단의 기본 규칙과 규준을 알려고 애쓰며 집단 내에서의 자신의 역할과 위치를 파악하고 설정하려고 나름대로 노력한다.

그리고 이 시간은 집단이 시작되는 시기인 만큼 집단의 활동은 탐색과 오리엔테이션을 중심으로 이루어지고 이런 활동이 어느 정도 효과적으로 이루어졌느냐는 이후의 집단발달 단계와 집단상담의 성패에 영향을 미치게 된다. 이 때문에 집단지도자는 참여자들이 집단에 대해 긍정적인 기대를 갖고 바람직한 집단태도와 행동을 배울 수 있도록 안전하고 생산적인 집단 분위기를 만들어나가야 한다.

1. 집단에 참여하는 자세

① 규칙적인 출석과 시간을 엄수한다.
② 열린 마음으로 적극적으로 참여한다.
③ 자기 자신의 느낌과 감정을 솔직하게 나타낸다.
④ 서로 간의 인격을 존중하고 비판이나 비방하는 일을 하지 않는다.
⑤ 자신에게 기회가 주어졌을 때 그냥 지나치려 하지 말고 참여한다.
⑥ 집단에 대한 관찰자가 되지 말고 자신의 이야기를 내놓는 참여자가 된다.
⑦ 집단에서 어느 정도 자기노출을 할 것인지를 마음속으로 결정한 후에 한다.
⑧ 어떤 사람이나 무엇에 관하여 말하지 않고 바로 '나의 의사를 말한다.
⑨ 말하거나 행동할 때 혼자 독점하지 않는다.
⑩ 지적받았을 때 피하려 하거나 성급하게 변명하지 않고 일단 받아들인다.
⑪ 자신이나 다른 사람에 대한 미진한 감정을 접어두지 말고 표현한다.
⑫ 상대방을 자신의 가치기준에서 판단하지 않고 있는 그대로 받아들인다.
⑬ 자신에게 반복적으로 주어지는 피드백에 대해서는 주의를 기울인다.
⑭ 언어뿐 아니라, 비언어적인 표현들을 들을 수 있도록 노력한다.
⑮ 다른 사람의 말이나 입장을 대변해주는 친절을 베풀지 않는다.
⑯ 대화하는 사람과 평등한 입장에서 상호관계를 맺는다.

⑰ 집단 안에서 나눈 말을 밖의 다른 사람에게 말해서는 안된다.

2. 경험보고서 작성의 효과

집단상담의 목표는 자기이해(self-understanding), 자기수용(self-acceptance), 자기개방(self-disclosure), 자기주장(self-assertiveness)이다. 그러므로 집단참가자들에게 경험하였던 것을 작성하게 하는 것은 이러한 집단상담의 목표를 달성하게 하는 하나의 방법이 된다. 대부분의 참가자들은 집단에 들어오기 전에 자신의 관심사가 무엇이고 집단에서 기대하는 바가 무엇인지 분명하지가 않다. 그러나 집단의 회기가 진행되면서 집단원 간의 적절한 상호작용을 통해 자신과 타인에 대해 이해하고 새로운 점들을 알게 된다. 이러한 경험들을 보고서를 작성하면서 구체화하여 자기의 것으로 만들어갈 수도 있는데 이는 몰랐던 부분들을 깨닫게 되기 때문이다. 지도자 또한 집단 내에서 발견하지 못했던 집단원들의 생각이나 느낌 등을 경험보고서를 읽어보면서 알 수 있고, 여기에 대한 피드백을 해줌으로써 상호이해의 폭을 넓히게 된다.

3. 경험보고서 작성요령

① 회기 및 진행일시를 작성한다.
② 집단에 함께 참석한 집단원들의 별칭을 모두 적는다.
③ 그날의 활동내용을 기록한다.
④ 집단활동을 하면서 느끼고 깨달았던 점이나 집단에서 다 표현하지 못한 자신의 생각이나 느낌 등을 구체적으로 적어봄으로써 자신의 태도, 신념, 감정, 행동 등의 미묘한 변화를 확인하고 점검해보는 기회를 가진다.
⑤ 피드백 주기를 통해서 다른 사람에게 하고 싶은(싶었던) 표현들을 미리 생각해보고 연습해보는 기회를 갖는다.

4. 개인적 행동목표 설정

집단에서 성취하고 싶은 구체적인 목표를 설정해봄으로써 집단에서 내가 무엇을 할 것인지, 어떻게 참여할 것인지에 대한 마음가짐을 명확히 할 수 있다. 나아가서 어느 정도의 성장이나 행동변화를 가져왔는지에 대한 결과 평가도 가능하게 될 것이다. 그러므로 집단시작 시 각자의 목표를 세워보도록 하자.

집단훈련 경험보고서(예시)

참석자 별칭	부산큰손, 사과, 개, 맹지, 달, 웅이, 맹구, 뱀장어, 필구, 벌, 수박	진행자 별칭	홍길동(홍시)
		제출자 별칭	아심장
일 시	2014년 5월 13일, 5, 6교시	회 기	제 3 회기

※ 오늘의 활동내용

1. 가계도 그리기(가족 기본구조와 그 구조의 상호작용 유형 그리기)
2. 자신의 가계도 발표하기

※ 본 활동을 통해서 새롭게 배운 점이나 느낀 점을 적어보시오.

나는 지금 현재 어머니와 단 둘이 살고 있다. 어머니와 아버지는 2000년도에 일찌감치 이혼하셨는데, 그 뒤로 아버지와 연락은 하지 않고 큰집과 할머니 댁을 통해 어떻게 살고 있다는 얘기만 듣고 있다. 내가 살아오면서 절대 하지 말자고 한 다짐이 있는데 그것은 여자에게 손찌검하는 것과 도박을 하는 것이다. 이 두 가지 때문에 우리 부모님은 이혼을 하게 되었는데 도박 때문에 아버지는 직장, 자동차, 이사 갈 아파트까지 모조리 날려 먹었다. 내가 어린 나이였지만 이런 것을 직접 보고 겪었기 때문에 아무리 아버지여도 인연을 잇고 싶다는 생각이 지금은 없다.

가족 기본 구조는 아버지와 어머니 사이에 내가 있는 것이고, 가족 상호작용 유형을 살펴보면 어머니와 나랑은 친밀관계이며 나와 어머니는 둘 다 아버지와는 모두 단절관계이다. 어머니와 단 둘이 살기 때문에 소원, 융합, 갈등 관계보다는 친밀관계가 더 높다고 말할 수 있을 것 같다.

현재 나는 학생이고 어머니도 직장을 다니시다 보니 집에서 그렇게 많은 대화는 하지 못한다. 이 점이 거의 유일하게 개선해야 할 점이고, 단절된 아버지와의 관계는 어릴 때 너무 큰 충격을 받아서 그런지 현재로서는 전혀 개선하고 싶지 않다. 아버지란 사람이 우리 아버지라는 것이 그냥 무조건 싫고 오히려 모르는 사람이었으면 하는 생각만 든다. 다른 사람들이 아버지 얘기를 하는 경우를 꽤나 많이 겪게 되는데, 부러움보다는 오히려 예전 생각 때문에 증오와 분노심이 먼저 일어나는 경우가 대부분이다.

부모와 자식 간의 나쁜 관계는 전이가 될 확률이 높다고 교수님께서 말씀하셨는데 의심 품지 말고 15년 동안 다짐을 잘 지켜왔으니 앞으로 더 확실히 지켜서 미래에 좋은 부모가 될 수 있도록 노력해야겠다고 다짐하는 계기가 될 수 있어서 좋았다.

※ 피드백 주기(참여자 누군가에게 해주고 싶은 말을 적어보시오.)

1. '부산큰손'님은 아버지에게 한 걸음 더 다가가 보는 건 어떨까요? 아무래도 아들이 먼저 다가간다면 아버지도 좋아하시고 스스로 부족한 점도 성찰하실 것 같습니다.
2. 개님과 필구님이 집단상담 시간 내내 조금 산만했던 것이 보기 좋지는 않았습니다. 집단상담 초기부터 그랬던 것 같은데 아직도 크게 나아진 건 없어 보여 아쉽습니다.

집단훈련 경험보고서

참석자 별칭		진행자 별칭	
		제출자 별칭	
일 시	년 월 일 교시	회 기	제 회기

※ 오늘의 활동내용

※ 본 활동을 통해서 새롭게 배운 점이나 느낀 점을 적어보시오.

※ 피드백 주기(참여자 누군가에게 해주고 싶은 말을 적어보시오.)

서 약 서

1. 나는 집단상담 시간에 지각하지 않으며 성실히 참여한다.

2. 나는 다른 집단원의 이야기를 경청하고 인격을 존중한다.

3. 나는 집단 내에서 일어난 사생활에 대해 반드시 비밀을 지킨다.

4. (각자가 스스로에게 써보기)

20   년   월   일

별 칭: (서명)

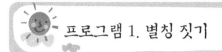

프로그램 1. 별칭 짓기

별칭은 자신들의 모습을 자연스럽게 나타낼 수 있고 서로 친밀감을 느낄 수 있어 새로운 마음으로 편견 없이 집단원을 대할 수 있게 한다. 또한 집단에서 자신에게 새로운 이름을 부여함으로써 집단 밖에서의 관계에서 벗어나 서로 평등한 관계로 상호작용을 하게 하며 집단응집력을 높이게 한다.

☑ 목표

자신의 특징들이 무엇인가를 확인해볼 수 있는 기회를 통하여 자신의 이해에 도움을 얻고 집단원들 간의 이해 및 신뢰감의 발달을 돕는다.

☑ 활동

① 둥글게 앉아 자신의 학과, 성별, 나이 등에 상관없이 동등한 인격체로서의 만남을 위해 새로운 이름을 짓도록 한다.
② 나누어준 이름표에 별칭을 적고 가슴에 달도록 한다.
③ 자신이 선택한 별칭에 대하여 그것을 선택한 이유를 설명하게 한다.

☑ 유의점

별칭은 자신을 가장 잘 나타낼 수 있는 것으로 혹은 자신이 바라는 것으로 짓도록 한다. 별칭에 대하여 다른 구성원들의 질문이 있으면 질문을 하게 하여 서로에 대한 관심을 가질 수 있도록 한다.

☑ 마무리

새롭게 배운 점이나 자신과 구성원들에 대해 느낀 점을 이야기해본다.

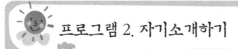

프로그램 2. 자기소개하기

자기소개는 자신을 타인에게 소개하고 친밀감을 형성하게 한다. 참여자들이 자기소개를 어떻게 하는가에 따라 서로에 대한 관심과 집단에 대한 참여 동기를 높일 수 있는 계기가 된다. 그러므로 자기소개 시간을 통해서 서로 간의 친밀도와 응집성을 높이고 신뢰감을 발달시킴으로써 보다 자유로운 상호작용이 되도록 한다.

✔ 목표

자신을 타인에게 소개하고 친밀감을 형성한다. 또한 자신의 모습을 객관화하여 생각해보는 데 도움이 된다.

✔ 활동 1

1) 타인이 되어 자기소개하기
   ① 자신을 가장 잘 설명할 수 있는 가까운 한 사람(어머니, 아버지, 언니, 친구, 애인 등)을 마음속으로 정한다.
   ② 마음속에 생각한 사람이 누구인지 집단원에게 알린다.
   ③ 한 사람씩 돌아가면서 집단원들 앞에서 자신이 잘 아는 타인의 역할을 하면서 자신을 소개한다.

✔ 활동 2

2) 두 사람씩 짝을 지어 서로 상대방 소개하기
   ① 두 사람씩 짝을 지어 정해진 시간 동안 서로에 대해 많은 정보를 알아낸다.
   ② 전체 집단에 상대방을 소개한다.
   ③ 시간이 되면 서로 역할을 바꾸어 소개한다.

☑ 유의점

자기소개는 최초의 자기개방이므로 다른 사람의 이야기를 잘 경청하도록 한다.
지나치게 사적인 내용이나 상대방이 부담스러워하는 내용은 삼간다.

☑ 마무리

새롭게 배운 점이나 자신과 구성원들에 대해 느낀 점을 이야기해본다.

제**12**장

나의 인생행로

김유진

프로그램

1. 사진첩을 보여줄게!
2. 나의 인생길은 이랬어!
3. 풍선 터뜨리기

프로그램 1. 사진첩을 보여줄게!

자기를 이해하기 위해서는 자기를 바로 알아야 하며, 그 이해는 지금의 내가 있기까지 어떠한 영향을 받으며 살아왔는지 살펴보는 데서부터 시작된다. 살아오면서 대표적인 기억, 경험들을 되돌아보는 것은 자신을 구체적으로 알아가는 시간이 될 것이며 자신의 트라우마를 열어보는 시간이 될 것이다. 그리고 서로의 경험들을 경청하면서 자신의 경험을 객관적으로 들여다볼 수 있을 것이다. 부정적 경험에 대해서는 '단지 나만의 고통이 아니었구나!'라는 깨달음을 통해서라도 무거운 짐을 내려놓을 수 있다. 긍정적인 경험은 자신의 에너지의 원천을 발견하게 하고 타인에게도 그러한 역할을 할 수 있을 것이다. 이러한 사실적 사건에서는 그 자체뿐 아니라 그때의 감정들을 기억하게 될 것이다. 기억은 그 감정에 영향을 받고 있기 때문이다. 자신의 경험을 어떻게 해석하고 있는지 생의 네 장면을 통해 알게 될 것이다.

☑ 목적

자신의 과거 대표적인 기억을 살펴봄으로써 지금의 내가 어떠한 감정의 영향을 받고 있는지 탐색해보고 자신의 감정을 표현하는 데 목적을 둔다.

자신의 감정이 부정적이든 긍정적이든 있는 그대로 표현할 수 있도록 한다.

☑ 활동

① 눈을 감고 자신의 기억을 더듬어본다.

② 가장 기억에 남는 생의 네 장면을 떠올린다.

③ 그 장면의 그림을 그린다.

④ 그때의 감정을 그림 말풍선으로 표현한다.

⑤ 집단원들끼리 그 장면에 대해 돌아가면서 이야기한다.

⑥ 설명이 끝난 후 그 장면이 지금의 나의 생활에 어떠한 영향을 미치고 있는지 생각해본다.

⑦ 비슷한 경험과 감정에 대해서 함께 나누도록 한다.

☑ 유의점

그림은 말로 표현하기 어려운 것을 그림을 통해 자신의 무의식을 표현하는 한 방식이기 때문에 그림을 잘 그리려고 하지 않아도 된다.

집단원들은 돌아가면서 표현할 때 잘 들어주고 공감반응을 하도록 한다.

☑ 마무리

새롭게 배운 점이나 자신과 구성원들에 대해 느낀 점을 이야기해본다.

활동지 12-1_ 나의 사진첩(기억에 남는 네 장면)

프로그램 2. 나의 인생길은 이랬어!

에릭슨(Erikson)의 발달과업 중 청소년 후기를 보내고 있는 대학생들은 과거와 현재의 자신을 통합해나가는 시기이기도 하다. 인생그래프를 통해 자신의 행로를 살펴봄으로써 자신을 객관적으로 볼 수 있도록 돕는다. 그래프의 모양을 보면서 객관적 자신의 감정을 수치적으로 어느 정도인지 인식할 수 있고 상대적 감정에 대해 이해할 수 있을 것이다. 또한 발달과업 중에 나타나는 비슷한 어려움에 대해서는 혼자만의 문제가 아님을, 그 문제에서 '나만 힘든 게 아니었구나.'라는 인식만으로 자신의 문제가 해결될 수도 있을 것이다. 이러한 활동은 자신의 이해를 높이는 데 도움이 될 뿐만 아니라 타인을 이해하는 데도 도움이 될 것이다. 즉 보이는 면이 아닌 보이지 않는 과거를 보면서 짧은 시간 안에 나와 집단원을 이해하는 데 도움이 된다.

☑ 목적

각 집단원들이 살아온 경험을 노출함으로써 서로의 이해를 돕고 수용할 수 있도록 한다.

자신의 과거를 표현함으로써 자기이해를 돕는다.

☑ 활동

① 눈을 감고 자신의 과거를 회상해볼 수 있도록 한다.

② 유아기, 취학 전, 초 · 중 · 고, 대학 학창시절, 자신이 경험한 일들이나 잊지 못할 기억들을 떠올려본다.

③ 그 사건에 대한 기쁨과 슬픔, 성취와 절망의 경험을 회상하면서 행복지수의 높낮이를 결정하고, 점으로 표시하고 그 점들을 연결하도록 한다.

④ 집단원들끼리 돌아가면서 자신의 이야기를 표현한다.

⑤ 다른 집단원들은 발표자의 이야기를 잘 듣고 느낀 점을 피드백(feedback) 한다.

유의점

　첫 집단원의 발표 형식대로 따라갈 수도 있으므로 자신의 개성대로 표현할 수 있도록 한다.

　견뎌낼 수 있는 만큼 자신을 표현할 수 있도록 한다.

　집단의 구조화를 통해 집단원의 트라우마가 표현될 수도 있으므로 용기와 긍정적 피드백을 줄 수 있도록 집단원끼리 격려하도록 한다.

마무리

　새롭게 배운 점이나 자신과 구성원들에 대해 느낀 점을 이야기해본다.

활동지 12-2_ 나의 행복그래프 그리기

별칭 : _____

♥ 각 시기에 자신이 경험한 중요한 일들이나 잊지 못할 기억들을 떠올려, 행복지수를 표시해보자.

♥ 가장 기뻤던 일과 가장 힘들었던 일은 어떤 것인가? 그때를 표시해보자.

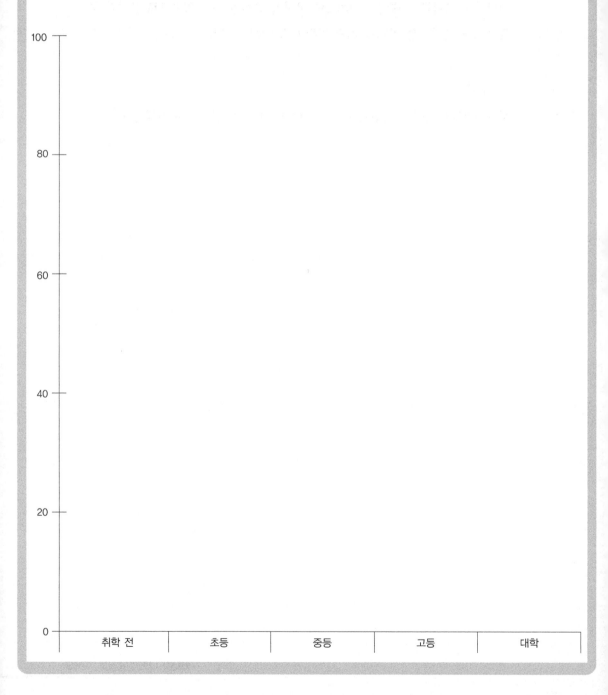

| 취학 전 | 초등 | 중등 | 고등 | 대학 |

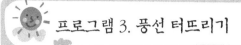
　자신의 지난날을 회상해보면 후회되는 일도 있을 것이다. 대인관계에서나 스스로의 결정에 대해서도 마찬가지이다. 그때 그렇게 했어야 하는 후회로 현재의 소중한 시간을 잃어버리기도 하고 새로운 미래를 설계하는 데 방해가 되기도 한다. 그 이야기를 펼쳐 보임으로써 자신의 길을 수월하게 선택할 수 있도록 돕는다. 매 순간 우리는 선택의 연속이다. 현실치료 창시자 글래서(Glasser)는 감정도 우리의 선택이라고 한다. 그것은 전 행동의 앞바퀴 행동을 다르게 선택함으로써 자신의 감정을 통제할 수 있다고 보았다. 그 감정을 가지고 있는 주체도 '나'요, 버릴 수 있는 주체도 '나'이다. 즉 내적 통제를 하는 것이 건강한 인생을 살아가는 데 도움이 된다. 내가 인생의 주인이 되는 것이다. 자신의 감정을 다른 사람이 어떻게 해줄 수 있는 것은 아니다. 이 회기를 통해 자신의 억압된 감정을 풀고 새로운 선택을 할 수 있도록 한다.

☑ 목적

　과거에 이랬더라면~ 하는 사건에 대해 생각해봄으로써 지금의 자신을 점검해보도록 한다.

　미래를 계획하는 데 걸림돌이 되는 사건에 대해 표현함으로써 그때는 그럴 수밖에 없었던 자신을 수용하고 인정하도록 한다.

　그 사건을 있는 그대로 인식함으로써 억눌린 자신의 감정을 표현해볼 수 있도록 한다.

☑ 활동

　① 각자 자신의 후회스런 사건이나 발생된 감정에 대해 생각해보도록 한다.
　② 그 사건으로 인해 생겨나는 지금 감정의 크기만큼 풍선을 불도록 한다.
　　(그 감정이 아직도 남아 있기 때문에 터질 만큼 불지 않도록 한다.)
　③ 그 사건에 대해 풍선에 적도록 한다.

④ 각자 그 풍선을 가슴 앞에서 양손으로 잡고 사건에 대해 말하도록 한다.

⑤ 다음 표현한 학생은 "나 그때는 그럴 수밖에 없었어."라고 말하고 집단원은 "그래 이해해"라고 합창을 하면 풍선을 터뜨린다.

☑ 준비물
색깔 풍선

☑ 유의점
풍선은 여기서 장난감이 아니기 때문에 떠다니지 않도록 조심한다.

집단원이 풍선 터뜨리는 것을 무서워할 경우 지도자가 옆에서 도와주도록 한다.

☑ 마무리
새롭게 배운 점이나 자신과 구성원들에 대해 느낀 점을 이야기해본다.

제 **13**장

MBTI를 활용한 자기이해, 타인이해

안영숙

프로그램

1. 너를 알고 나를 알고
2. 너도 알고 나도 알고

프로그램 1. 너를 알고 나를 알고

　사람들은 타고난 성격이 다르고 그 성격은 쉽게 바뀌지 않는다. 그러므로 각 개인의 행동은 다양하고 사람들마다 독특한 특성을 지니고 있다. MBTI 선호지표를 이용한 다음의 활동들은 이러한 부분에서 자신에 대한 이해뿐만 아니라 타인에 대한 이해의 폭을 넓히는 데 많은 도움이 될 것이다. 먼저 네 가지 선호지표에 대한 설명을 충분히 하고 난 후 각 유형에 대한 활동을 아래에서 선택하여 진행한다.

☑ 목적

　네 가지 선호지표에 대한 이해를 통해 자신의 선천적인 경향성과 성격의 역동적인 관계를 이해한다.

　자기 및 타인을 이해하고 수용할 수 있도록 하여 대인관계의 폭을 넓힐 수 있는 안목을 갖게 한다.

☑ 활동

　① 집단을 E-I/S-N/T-F/J-P 등 두 그룹으로 나눈다.

　② 보기와 같이 활동할 수 있는 관련 질문 및 주제를 내준다.

선호지표	관련된 질문 및 주제(예시)
E-I	길거리에서 오랜만에 친구를 만났다. 동아리 선배에게 혼이 났다.
S-N	약도 그리기. 같은 그림 보고 느낀 점 설명하기. 인터뷰하기
T-F	서로 충고해주기. 실연당한 친구 위로해주기
J-P	여행계획 수립하기. 책상 정리와 노트 정리 비교해보기

　③ 각 유형에 대한 공통적인 반응을 적어본다.

　④ 반응에 대한 유형별 특징을 발표한다.

　⑤ 피드백을 통해 객관화시켜준다.

☑ 유의점

다른 유형의 발표에 대해서 평가나 비판을 하지 않고 적극적으로 경청하고 공감하게 하고, 반대 유형의 강점과 약점을 이해하게 한다.

☑ 마무리

새롭게 배운 점이나 자신과 구성원들에 대해 느낀 점을 이야기해본다.

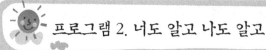

프로그램 2. 너도 알고 나도 알고

앞에서 설명한 바와 같이 각 사람의 행동은 다양하고 사람들마다 독특한 특성을 지니고 있다. 그러므로 서로 생활하면서 잘 맞지 않아 불편했던 사람들도 있을 수 있고 마음이 잘 통해 편안함을 느꼈던 사람들도 있을 수 있다. 이런 점에서 이번 활동들은 많은 도움이 될 것이다. 아울러 각 유형의 성격과 관련된 강점과 약점을 같이 알아보고 정리해봄으로써 자신의 성격이해는 물론 다른 사람의 성격을 이해하여보자.

☑ 목적

16가지 유형의 역동적인 관계를 이해하고 각 유형의 장점과 단점을 알아본다. 자기 및 타인을 이해하고 수용할 수 있도록 하여 대인관계의 폭을 넓힐 수 있는 안목을 갖게 한다.

☑ 활동

1) 자기유형의 강점과 약점 알아보기
   ① 개인 프로파일을 통해 각자의 성격유형을 확인한 후 그룹별로 나눈다.
   ② 그룹별로 자신들의 강점과 약점에 대해 상호의견을 교환하고 공통점을 찾아본다.
   ③ 유형별로 활동지를 작성하고 발표하도록 한다.
   ④ 각 유형별 강점과 약점을 비교해보고 서로 피드백해주는 시간을 갖는다.

2) 자기유형의 공통점 찾기
   ① 개인 프로파일을 통해 각자의 성격유형을 확인한 후 그룹별로 나눈다.
   ② 그룹별로 자신의 성격, 잘하는 것, 좋아하는 것, 싫어하는 것, 대인관계 방식 등을 서로 나누고 공통점을 찾아보도록 한다.
   ③ 유형별로 활동지를 작성하고 발표하도록 한다.

④ 그룹작업을 통해서 느낀 점을 함께 나누면서 질의응답의 시간을 가진다.

✓ 유의점

결과의 발표보다 그룹별 활동을 통해서 실제 역동을 체험할 수 있도록 지도한다.

✓ 마무리

새롭게 배운 점이나 자신과 구성원들에 대해 느낀 점을 이야기해본다.

♥ 우리가 생각하는 우리 유형의 강점은?

♥ 우리가 생각하는 우리 유형의 약점은?

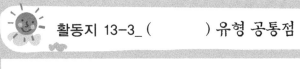

나와 친구

김수정

친구의 사전적 의미를 살펴보면, 가깝게 오래 사귀어 온 사람이라는 뜻이다. 우리는 인생을 살아오면서 친구를 만나고, 또 친구가 되어간다. 인생에서 친구만큼 소중한 것도 없다. 그러므로 인생을 돌아보았을 때 내 주위에 나와 함께 하는 친구가 한 명도 없다면 그만큼 불행할 수도 있다. 이런 점에서 우리는 이 시간을 통해 친구에 대한 생각을 정립하고 건강한 친구의 의미를 탐색해보기로 한다.

✔ 목적

친구에 대한 의미를 되새겨본다.
각자 친구에 대한 의미의 차이점을 이해한다.

✔ 활동

① 친구 하면 떠오르는 것을 5자로 말해본다.
② 친구란 무엇인지에 대해 활동지에 작성해보고 나누어본다.
③ 자신은 어떤 친구인지 생각해보고 활동지에 작성한 후 나누어본다.
④ 친구란 나에게 어떤 의미인지를 생각해보고, 활동지에 작성한 후 나누어본다.

✔ 유의점

평소 자신이 생각하고 있는 친구라는 의미에 대해 나누도록 하며, 사전적 의미보다는 일반적 의미를 사용하도록 한다.

✔ 마무리

각자 친구에 대한 의미의 차이가 있음을 깨닫고 수용할 수 있는 마음자세가 필요하다. 친구로서 바라는 형상을 그리기보다 자신이 어떤 친구가 되어 있는지 살펴보고 친구로서의 요건을 잘 갖춘다면 좋은 친구가 될 것이며 좋은 친구를 만들게 될 것이다.

각자 자신의 기준을 통해 친구관계를 형성해나가는데 그 기준은 어떤 것인지 다음 활동을 통해 알아보기로 한다.

♥ 친구란 무엇이라고 생각하나요?

♥ 나는 어떤 친구인가요?

♥ 나에게 친구란 어떤 의미인지 적어봅시다.

프로그램 1. 행복했던/힘들었던 친구와의 이야기

사람과 사람과의 만남이 없는 삶은 존재하기 힘들다. 사람은 태어나면서부터 타인들과 교류하며 살아간다. 아리스토텔레스가 인간은 사회적 존재라고 한 것처럼 우리는 사람들과의 관계 속에서 살아가고 있다. 그리고 우리는 서로에게 도움을 주고받으며 삶을 이어간다.

이런 관계 속에서 만나는 친구의 존재는 더욱 특별하다. 친구와의 추억을 통해 우리는 성장하고 발달해나간다. 친구와의 경험을 탐색해봄으로써 자신을 통찰해보는 시간이 될 것이다.

✔ 목적

친구관계에서 있었던 일들을 나누며 감정을 탐색해본다.
친구와의 과거 경험이 현재에 미치는 영향을 탐색해본다.

✔ 활동

① 친구와 함께했던 에피소드를 나누어본다.
② 친구와의 행복했던 경험을 구조화하여 작성해본다.
③ 힘들었던 친구와의 경험을 구조화하여 작성해본다.
④ 친구와의 경험이 현재의 삶에 어떤 영향력을 끼치고 있는지 나누어본다.

✔ 유의점

친구와의 경험을 나누며 자신의 생각과 다른 집단원의 경험을 수용하는 자세가 필요하다.

✔ 마무리

친구와의 경험이 현재의 삶에 영향을 끼치고 있음을 알아차림을 통해 성숙한 친구관계를 형성할 수 있는 방법을 탐색해보는 것이 도움이 된다.

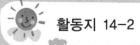

♥ 지금까지 만난 친구들 중 행복했던 - 힘들었던 관계 경험에는 어떤 것이 있었는지 나누어봅시다.

	행복했던	힘들었던
언제		
어디서		
누구와		
무엇을		
어떻게		
왜		
자신의 인지 반응		
자신의 감정 반응		
자신의 행동 반응		
현재 자신에게 미치는 영향		

프로그램 2. 친구관계에서 중요하게 생각하는 것은?
- 나의 마음 표현하기 -

여러분이 친구관계를 유지하기 위해 중요하게 생각하는 것은 무엇인가? 각각의 관계 속에는 보이지 않는 규칙과 신념이 있고 그것이 바탕이 되어 그 관계를 이어간다. 서로에게 요구가 많아지고 자신이 원하는 것만 주장하게 된다면 우리는 그 관계를 온전히 이어갈 수 없을 것이다. 이런 의미에서 친구관계를 유지하기 위해 중요하게 생각하는 것이 무엇인지 서로 알아볼 필요가 있다.

✔ 목적

친구관계를 이어가기 위해 필요한 요소를 이해한다.
각자의 친구관계 속에서 필요한 요소가 다름을 인정한다.
친구관계에서 중요한 요소의 공통점을 찾아본다.

✔ 활동

① 친구관계에서 가장 중요한 것, 중요한 것, 중요하지 않은 것을 분류해본다.
② 친구관계에서 중요도를 구분한 이유에 대해 나누어본다.
③ 다른 집단원이 나눈 내용을 이해하고 피드백을 주고받는다.
③ 소중한 친구에게 고마운 마음을 표현하는 메시지를 작성해본다.

✔ 유의점

각자의 중요도가 다름을 인정하는 것이 필요하고 수용하는 자세가 필요하다.

✔ 마무리

친구관계에서의 이 요소들을 통해 어떤 결과들이 있었는지 탐색해보고 자신은 친구관계를 유지하기 위해 어떤 자세로 대하는지에 대해 생각함으로써 이 장을 마무리한다.

매우 중요함	
중요함	
중요하지 않음	

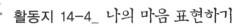 **활동지 14-4_ 나의 마음 표현하기**

♥ 고마운 내 친구에게 마음을 표현해보겠습니다.

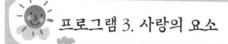

프로그램 3. 사랑의 요소

성인기에 있는 사람들에게는 취업만큼이나 중요한 과업이 이성 간의 친밀감 형성이라고 볼 수 있다.

바람직한 이성교제는 이성에 대한 이해는 물론 성숙한 인격을 형성하는 것에도 많은 도움이 된다.

우리는 서로 사랑함으로써 존재감을 확인하고 이로써 좋은 관계를 지속하게 된다. 여기에는 꼭 필요한 사랑의 요소들이 있다. 각자의 요소들은 무엇인지 함께 탐색해보자.

☑ 목적

이성관계를 이어가기 위해 필요한 요소를 이해한다.

각자의 이성관계 속에서 필요한 요소가 다름을 인정한다.

이성관계에서 중요한 요소의 공통점을 찾아본다.

☑ 활동

① 이성 간의 사랑이란 무엇인지 자신의 말로 나누어본다.

② 사랑의 필요요소는 무엇인지 작성하여 나누어본다.

③ 나에게 없는 사랑의 필요요소는 무엇인지 바라는 요소를 작성하여 나누어 본다.

☑ 유의점

자신이 생각하는 사랑의 요소를 탐색해보고 타인들의 생각을 이해하고 수용한다.

☑ 마무리

사랑의 요소들이 자신의 이성관계를 유지하기 위해 어떤 영향을 미치고 있는지 탐색해보며 이 장을 마무리한다.

♥ 사랑이란?

♥ 사랑의 필요요소는 무엇이라고 생각하나요?

♥ 내가 가지고 싶은 사랑의 필요요소는 무엇인가요?

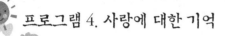

프로그램 4. 사랑에 대한 기억

누구나 짝사랑의 경험을 가지고 있다. 사랑으로 인해 설렜던 기억, 가슴 아팠던 기억 등이 있을 것이다. 이러한 경험들이 우리를 성장하게 하고, 새로운 인간관계를 형성하는 데 도움이 되었을 것이다. 따라서 이번 활동은 해결되지 못한 사랑의 감정을 탐색해보고 새로운 인간관계를 형성하는 기회가 된다.

☑ 목적

미해결 감정을 탐색해봄으로써 자신의 내면을 알아챈다.
미해결된 관계를 재조명해봄으로써 앞으로의 관계를 건강하게 바라볼 수 있다.

☑ 활동

① 자신의 사랑의 대한 기억을 되새겨본다.
② 자신의 사랑의 기억을 되새긴 후 그 시절로 돌아간다면 어떤 행동을 했을 것인가에 대해 생각과 느낌을 나눈다.

☑ 유의점

경험한 사랑의 감정에 대한 부정적 사고를 탐색하고 합리적 사고를 경험하도록 돕는다.

☑ 마무리

사랑의 기억은 누구나 가지고 있다. 아름다웠던 추억이지만 미해결된 문제로 인해 가슴 시린 아픈 추억으로 남아 있을 수 있었다. 하지만 오늘 이 시간을 통해 힘들었던 시간들을 다시 꺼내어 재조명해보는 시간이 되었다. 그 시간들이 있었기에 오늘 내가 있고 더 성숙한 사람으로 서 있는 것이다.

♥ 사랑의 기억 돌아보기

♥ 그 시절로 다시 돌아간다면…

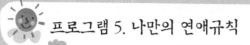

프로그램 5. 나만의 연애규칙

연애를 할 때 이건 이렇게, 저건 저렇게 해야 한다는 자신만의 규칙들이 있다. 무의식적으로 우리는 이러한 규칙들을 가지고 연애를 한다. 하지만 우리는 연애를 더 잘하고 싶어 이런 규칙들을 가지지만 아이러니하게 이런 규칙들이 우리의 연애에 방해요소로 작용할 때가 많다. 오늘 이 시간을 통해 내가 갖고 있는 연애규칙들은 무엇인지 탐색해보고 이 규칙들로 인해 방해가 되었던 경험을 나누어 보자.

✔ 목적

자신만의 연애규칙을 되돌아보고 연애의 방해요소를 찾아본다.
자신과 타인들의 연애규칙을 나눔으로써 잘못된 규칙을 이해한다.

✔ 활동

① 자신의 연애규칙을 활동지에 작성한다.
② 자신의 연애규칙을 통해 연애에 방해가 되었던 경험을 나눈다.
③ 집단원들의 연애규칙을 들어보고 서로 피드백하는 시간을 갖는다.

✔ 유의점

연애규칙에 대해 유연한 태도를 갖도록 돕는다.

✔ 마무리

연애규칙은 연애를 하는 사람이라면 누구나 가지고 있다. 그러나 이 시간을 통해 우리는 연애규칙이 연애를 방해하는 요소가 된다는 점도 깨닫게 되었다. 연애를 통해 우리는 서로에게 성장을 도모하고 건강한 이성교제가 되도록 노력해야 할 것이다.

♥ **다음의 영역에서 내가 지닌 가장 기본적인 규칙들을 생각나는 대로 적어 보십시오.**

　1) **연락의 규칙** (예 : 화장실 갈 시간은 있는데 연락할 시간이 없니?)

　2) **데이트의 규칙** (예 : 오늘 뭐 할 건지 생각 안 했어?)

　3) **스킨십의 규칙** (예 : 사랑한다면… 우리…)

　4) **싸울 때의 규칙** (예 : 사과는 꼭 내가 먼저 해야 하니?)

　5) **제3자(가족, 친구들)와의 관계의 규칙** (예 : 우리 둘이서만 보면 안되니?)

　6) **기타 영역의 규칙** (모든 상황에서 다 가능합니다^^)

제15장

나와 가족

한만열

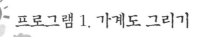

프로그램 1. 가계도 그리기

우리는 누구나 가족 속에서 태어났고 가족과 함께 성장해왔으며 가족구성원 모두로부터 사랑과 관심과 지지를 서로 주고받을 수 있는 가족을 꿈꿔왔다. 그러나 현실을 들여다보면 가족구성원의 일부는 서로 갈등을 빚기도 하고 소원한 관계를 유지하기도 하며 때로는 거의 단절된 상태로 지낼 정도로 가족구성원 모두와 친밀하지 않을 수 있다. 본 활동에서는 편의상 핵가족 내의 가족구성원들과의 상호작용 관계를 시각적으로 쉽게 파악할 수 있도록 가계도를 그려봄으로써 가족구성원 상호 간의 역동과 역기능적 관계를 살펴보고 바람직한 관계를 형성하기 위한 방법이나 대책을 찾아본다.

☑ **목적**

자신의 가계도를 진솔하게 그려봄으로써 가족구성원 간의 상호작용 관계를 이해하고 가족관계의 역동과 증상을 체제적 관점에서 찾아보고 자신 및 각각의 가족구성원과의 역기능적 관계를 개선할 방법을 찾아본다.

☑ **활동**

① A4지에(가급적 가로 형태로) 교재의 [그림 7-1]과 [그림 7-2]를 이용하여 먼저 가족구조를 그린다.

② 가족구조를 그린 후에는 [그림 7-3]을 이용하여 가족구성원 간의 상호작용선을 눈에 띄는 다른 색깔로 표시해본다. 각각의 가족구성원은 다른 모든 가족구성원과 한 개의 상호작용선이 있어야 한다.

　　예 가족구성원이 네 명이면 각각의 가족구성원은 세 개의 상호작용선이 있어야 하고 가족구성원이 다섯 명이면 각각의 가족구성원은 네 개의 상호작용선이 있어야 한다. 즉 상호작용선은 각각의 가족구성원에게 '가족구성원 숫자 -1'만큼 있어야 한다.

③ 자신이 그린 가계도를 다른 집단원들에게 보여주면서 가족구도와 스스로

선택한 상호작용선의 이유를 설명한다.

☑ 유의점

집단원마다 가족구조와 상호작용의 상태가 서로 다를 수 있다는 점을 인정하고 수용하는 자세가 필요하다.

☑ 마무리

본 활동을 통해 자신의 가족관계 전체에 대해 느낀 점을 표현해보며 가족구성원 중에 누가 가장 힘들어 하고 있는지를 찾아내고 가족 중 그를 도울 수 있는 방법을 찾아내며 본 활동을 통해 새롭게 배운 점이나 다른 집단원에 대해 느낀 점을 서로 이야기해본다.

♥ 아래의 가족구도와 가족의 상호작용 유형을 참고하여 자신의 가계도를 그려보시오.

부모가 이혼한 경우에는 한쪽(두 분 다 재혼 시에는 양쪽) 부모 옆에 선을 추가로 넣어서 이전 부모 또는 새 부모와 그들의 가족구성원을 그린 후, 현재 살고 있는 가족만 바깥에 새로운 원을 그려 원 안에 포함시키시오.

가족구도의 예			
결혼	☐─○	결혼 후 별거	☐─/○
이혼	☐──//──○	동거 또는 내연	☐┈┈○

가족 상호작용의 유형			
융합관계 (상호 의존)	☐═○	융합과 갈등 공존관계	☐〰〰○
소원관계	☐┈┈○	갈등관계	☐〰〰○
친밀관계	☐─○	단절관계	☐─‖─○

♥ 나의 가계도 그리기

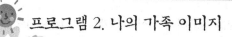
동물로 표현한다는 것은 나와 가족의 이미지상을 표현하는 것이다. 이것은 말로 표현할 수 없는 무의식적 측면을 반영하기도 한다. 평소에 각 가족들은 어떻게 생각하는지 또 자신은 가족에게 어떤 의미를 부여하고 있는지 부여받고 있는지 알아볼 수 있는 기회가 되기도 한다. "자신의 가족에 대해 설명해보세요."라고 할 때 우리는 숨기고 싶은 부분이 있을 수 있다. 그러나 동물은 하나의 이미지이기 때문에 그것을 도구로 표현할 수 있다. 나는 누구이며 우리 가족은 누구인지 그리고 서로 어떠한 영향을 주고받는지에 대해 알아봄으로써 자신과 가족을 깊이 아는 시간이 될 것이다. 그와 더불어 심리적 관계를 표시함으로써 의사소통 패턴을 이해하게 된다. 가족은 우리 삶의 원동력이다. 그 원동력이 사회를 살아갈 수 있는 힘을 준다.

또한 가족은 어머니 품속처럼 언제든 돌아갈 수 있는 아늑한 둥지, 아무 조건 없이 나를 사랑해주는 곳이라고 한다. 하지만 과연 오늘 이런 가족이 얼마나 될까? 가족이라고 하면 편안함보다 굴레처럼 생각하는 사람들이 늘고 있다. 가족은 나의 힘이 되기도 하고 짐이 되기도 하며, 친밀함 뒤에 미묘한 갈등이 숨어 있기도 하고 한없이 사랑하다가도 한없이 미워지기도 한다. 가족은 이처럼 두 얼굴을 지니고 있다(최광현, 2012). 이런 가족의 두 얼굴을 표현해보는 시간이기도 하다. 이 시간 자신의 원동력인 가족을 숨김없이 표현해봄으로써 가족을 이해하고 자신을 이해하는 시간을 갖도록 한다.

☑ 목적

가족들의 관계 속에서 자신의 존재를 알아볼 수 있는 시간을 갖도록 한다.

자신의 무의식적인 내면의 표상을 동물그림으로 표현함으로써 무의식적 자아상을 탐색해본다.

가족을 동물 이미지로 표현하고 심리적 관계선을 통해 상호관계를 이해하고 건강한 인간관계에 도움이 되도록 한다.

☑ 활동

① 조용히 나와 내 가족을 차례대로 떠올려보고 각 구성원의 이미지를 동물로 떠올려본다.

② 각종 동물의 그림을 보면서 나와 가족을 연상케 하는 동물을 선택한다.

③ 나를 연상케 하는 동물을 가운데 동그라미에 그리고, 가족들의 느낌과 연결되는 동물들을 다른 동그라미에 그린다.

④ 동그라미에 동물의 그림을 그린 후 서로의 심리적 관계 표시선을 그어 잇고 방향을 표시한다.

⑤ 나와 가족을 나타낸 동물을 보면서 각 성향과 심리적 관계를 집단원들에게 설명한다.

☑ 주의사항

다른 집단이 하는 것을 모방하지 않고 자신만의 가족을 표현하도록 한다.

외형으로 닮은 이미지보다 동물의 성향과 가족의 성향을 보고 내면을 표현하여도 좋다.

가족에 대한 감정을 표현할 수도 있으므로 집단원은 적극적 경청을 하고 공감하도록 한다.

☑ 마무리

활동을 통해 새롭게 배운 점이나 자신과 집단원들에 대해 느낀 점이 있다면 이야기해본다.

활동지 15-2_ 나의 가족 이미지

심리적 관계 표시선

선의 종류	심리적 관계	선의 종류	심리적 관계
/WWWW	부정적인 느낌	———	약간 좋은 느낌
———	그저 그런 느낌	═══	아주 가까운 느낌

♥ 나와 가족을 상징하는 동물을 동물그림(옆)을 보고 그려서 표현한다.

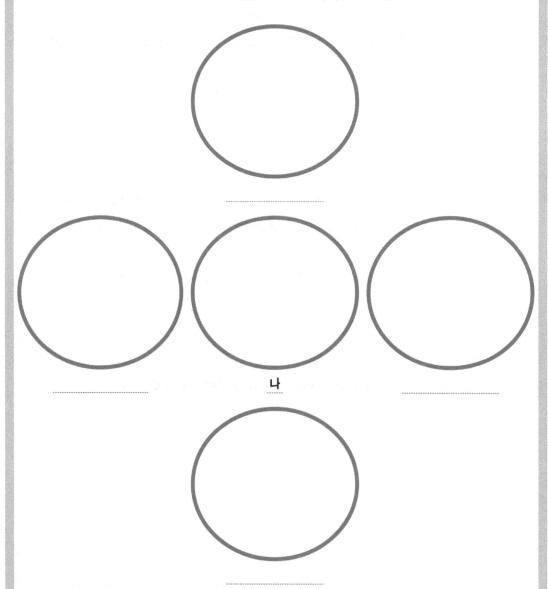

나

제**16**장

나의 진로

하은경

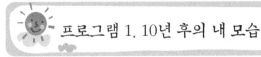

프로그램 1. 10년 후의 내 모습

만다라 기법은 자신의 무의식과 의식을 만나게 한다.

둥근 원 안에 자신의 10년 후의 모습이 무엇인지를 그리면서 내면에서부터 진정으로 자신이 꿈꾸는 것이 무엇인지, 가치롭게 여기는 것이 무엇인지를 찾아본다.

그런 과정을 통해 자신이 원하는 목표를 조금 더 명료하게 만나고 그것을 이루기 위해 지금 자신이 무엇을 하고 있는지, 무엇을 해야 할지를 다른 집단원들과 더불어 찾아본다.

그 꿈을 이룰 수 있는 동기를 자신에게 불어넣는다.

☑ 목적

10년 뒤 자신이 어떤 꿈을 꾸고 있는지를 조금 더 명료하게 찾게 하고 다른 집단원의 지지를 통해 그 꿈을 이루려는 동기를 강화시킨다.

☑ 활동

① 크레파스를 활용해서 둥근 원을 그린다.

② 둥근 원 안에 색연필이나 사인펜을 활용해서 10년 후의 자신의 모습을 찍은 사진을 그린다.

③ 그림들을 중앙에 놓고 자신이 원하는 사진을 눈으로 선택하게 한다.

④ "자, 선택하시오." 하면 원하는 사진을 선택한다.

⑤ 원 바깥에 그 꿈을 이루기 위한 자원을 그려준다.

⑥ 자신이 그린 그림이 의미하는 것을 설명한다.

⑦ 자원을 그린 친구가 자신이 이해한 그림을 설명하고 어떤 자원을 그렸는지를 설명한다.

⑧ 그 작업을 통해 새롭게 알게 된 점이나 느낌을 나눈다.

☑ 유의점

그림을 그리는 동안에는 이야기를 나누지 않도록 한다.

작업을 통해 자신이 정말로 하고 싶은 것이 무엇인지를 조금 더 명료하게 알도록 한다.

서로 잘 경청하고 제대로 공감하고 지지하도록 한다.

☑ 마무리

활동을 통해 새롭게 배운 점이나 자신과 집단원들에 대해 느낀 점이 있다면 이야기해본다.

♥ 10년 후의 자신의 모습을 그려볼까요~

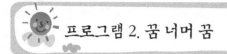

프로그램 2. 꿈 너머 꿈

미래는 꿈꾸는 사람의 것입니다.

꿈꾸지 않는 일은 이뤄지지 않습니다.

꿈꾸는 사람의 미래는 희망적이고 힘이 있습니다.

꿈이 있으면 행복해지고 '꿈 너머 꿈'이 있으면 삶이 풍요로워집니다.

배부르고 등 따뜻한 정도에서 한 발 더 나아가 꿈을 통해 어떤 삶을 살아내고 싶은가를 생각하고 선택해야 합니다.

무엇을 하고 싶은가를 넘어 어떻게 하고 싶은가를 생각하고 자신의 삶을 조금 더 성숙하게 만들려는 것입니다.

백만장자가 되는 꿈을 가졌다면 백만장자가 되어 그것으로 어떻게 하고 싶은지를 생각하는 것이 '꿈 너머 꿈'입니다.

✔ 목적

자신의 꿈을 먼저 적은 다음 그 꿈 너머 어떤 꿈이 있는지를 탐색하게 해서 자신이 가치를 두는 것이 무엇인지 알게 한다. 그 과정을 통해 진로에 대한 동기를 강화시킨다.

✔ 활동

① 집단원들이 자유롭게 각자의 꿈들에 대해 이야기를 나눈다.

② 색연필이나 사인펜을 활용해서 자신의 꿈을 표현한다.

③ 표현한 다음 자신이 표현한 꿈을 보면서 '꿈 너머 꿈'이 무엇인지를 생각하게 한다.

④ 생각이 정리되면 '꿈 너머 꿈'을 꿈을 표현한 곳에 자유롭게 표현하게 한다.

⑤ 서로 나누면서 지지한다.

유의점

각자의 표현이 그 자체로 의미롭기에 다른 집단원들과 비교하며 표현하는 것
에 중점을 두지 않도록 과정의 중요성을 알려준다.

'꿈 너머 꿈'을 통해 자신이 가치를 두는 것을 찾을 수 있도록 한다.

서로 잘 경청하며 충분히 찾아갈 수 있도록 공감하고 지지하도록 한다.

☑ 마무리

활동을 통해 새롭게 배운 점이나 자신과 집단원들에 대해 느낀 점이 있다면
이야기해본다.

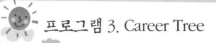 **프로그램** 3. Career Tree

지금은 어떤 진로를 선택할지를 탐색하고 정해야 하는 중요한 시점입니다. 과를 선택하면서 자신이 어떤 일을 하면 좋을까를 생각해보았나요?

어떤 일을 하고 싶은지, 이 일을 이루기 위해 졸업 전에 어떻게 준비해야 하는지, 중기계획을 이루기 위해 석 달 동안 해야 할 구체적인 계획을 어떻게 세워야 할는지, 그 일들을 이루기 위한 내 안의 강점들을 가지고 있는지를 살펴보는 과정이 필요합니다.

그런 다음 이 과정을 지금 바로 실천하도록 집단원들에게 자신의 목표와 계획을 공표해봅시다.

✔ 목적

자신이 졸업 후에 어떤 일을 하고 싶은지를 조금 더 분명하게 정하고 그 목표를 이루기 위한 중·단기 계획을 세워 집단원들에게 공표하는 과정을 통해 실천할 수 있도록 동기를 강화시킨다.

✔ 활동

① 색연필, 사인펜, 크레파스, 색종이 등을 활용하여 원하는 형태의 나무를 그린다. 그리고 자신이 하고 싶은 일을 정해 열매부분에 적는다.
② 중기계획을 줄기부분에 적는다.
③ 중기계획을 이루기 위한 단기계획을 뿌리부분에 구체적으로 적는다.
④ 나무가 단단히 뿌리를 박고 있는 흙 주변에 그것을 해낼 수 있도록 하는 자신의 강점을 10가지 정도 찾아 적는다.
⑤ 자신의 진로목표와 그것을 이루기 위한 계획을 집단원들에게 이야기한다.
⑥ 다른 집단원의 발표를 듣고 지지의 박수와 피드백을 해준다.

☑ 유의점

목표와 계획이 구체적이고 실현 가능하게 세워지도록 한다.

자신이 목표와 계획을 자신 있게 발표하도록 한다.

서로 잘 경청하며 목표와 계획에 확신을 가질 수 있도록 충분히 지지하게 한다.

☑ 마무리

활동을 통해 새롭게 배운 점이나 자신과 집단원들에 대해 느낀 점이 있다면 이야기해본다.

♥ Career Tree를 그려볼까요~

집단의 마무리

안영숙

이 시간은 지금까지 진행하던 집단을 마무리하는 시간이다. 집단의 마무리는 집단을 처음 시작할 때와 마찬가지로 매우 중요한 시간이다. 집단이 종결될 때쯤이면 지도자는 집단원들에게 집단활동에서 자신이 배운 것이 무엇이고 증가된 자기이해를 어떻게 적용할 것인지를 표현할 기회를 주는 것이 유용하다. 지도자는 지금까지 함께한 집단원들을 위해 다음과 같은 마무리를 한다.

① 그동안 친밀했던 집단원들과 이별을 준비해야 한다. 이 집단은 일상생활에서 경험했던 인간관계와는 다른 특별한 만남이므로 집단원들은 앞으로 그만 만나야 한다는 것에 상실감과 슬픔, 그리고 아쉬움이 있기 때문에 이를 해결하고 받아들이는 과정이 필요하다.

② 지난 활동들을 통해서 배운 것은 무엇이고 좋았던 점과 싫었던 점 등에 대해 이야기를 나누어보아야 한다. 또 집단과정에서 의미 있었던 경험들을 함께 나누는 것도 중요하다. 그래야만 집단원들이 그동안 있었던 일을 뒤돌아보고 정리할 수 있게 된다.

③ 이번 훈련에서 배우고 느낀 점들을 앞으로 어떻게 생활 속에서 실천하고 변화시킬 것인지에 대해 다루고 계속 시도할 수 있도록 격려해주어야 한다.

④ 집단원들이 각자 서로에게 도움이 되는 장점과 잠재력을 찾아 구체적으로 피드백을 해주는 것도 도움이 된다. 일반적으로 막연하게 진술하지 말고 구체적으로 진술하도록 지도자가 도와주어야 한다.

⑤ 지금까지 활동을 통해 배운 것을 생활에서 실천하고 성장하겠다는 다짐들을 집단원들과 나누도록 한다. 이런 과정은 나중에 집단원들이 자신의 계획이나 목적을 성공적으로 달성하게끔 도와주는 역할을 한다.

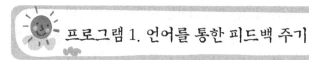

프로그램 1. 언어를 통한 피드백 주기

종결단계에서 중요하게 취급되는 것이 피드백 주고받기이다. 물론 집단원들은 매 회기마다 그리고 작업단계마다 피드백을 주고받는다. 그러나 종결단계에서의 피드백은 이때까지 관찰해온 집단원의 행동변화를 최종적으로 그리고 종합적으로 하는 것을 특징으로 하고 있다.

☑ 목표

다른 사람들에게 비춰진 자신의 모습이 어떠한지를 알아보는 기회를 갖는다. 자신에게 비춰진 다른 사람의 모습을 전해줌으로써 서로 간에 진정한 만남이 이루어질 수 있게 한다.

☑ 활동

① 집단원 중 한 사람을 선택하여 그 사람에게서 느낀 점을 다른 집단원들이 돌아가면서 이야기한다.
② 피드백을 받은 사람은 해명이나 변명을 하지 말고 맨 마지막에 느낀 점만을 간단히 표명한다.
③ 피드백을 받은 사람은 다른 사람들로부터 피드백을 받았을 때의 느낌을 이야기한다.
④ 이러한 방법으로 집단원 전체가 차례대로 다 돌아가게 진행한다.

☑ 유의점

가능한 긍정적인 피드백을 할 수 있도록 하고 구체적으로 표현하게 한다.

☑ 마무리

피드백을 할 때의 느낌과 피드백을 받을 때의 느낌을 서로 이야기한다. 그리고 다른 사람들이 피드백 주는 모습을 보면서 느낀 점도 함께 이야기한다.

프로그램 2. 내 마음의 선물(사랑의 조각보 전해주기/ 롤링 페이퍼)

지난 회기의 활동들을 돌아보고 지금까지 배웠던 것들을 되새기면서 마지막 마무리 활동을 하는 시간이다. 전체 집단원들이 서로 우정과 사랑을 나눌 수 있는 시간을 가지도록 한다.

✔ 목적

집단원들의 장점을 발견하여 나누어줌으로써 인간에 대한 긍정적인 안목을 키우고 집단원들은 장점을 전해받음으로써 자신이 가진 내적인 힘을 인식하게 한다.

✔ 활동

① 활동지 상단에 자신의 별칭을 적는다.

② 자신의 별칭을 쓴 활동지를 자신의 오른쪽 사람에게 건넨다.

③ 자신의 왼쪽 사람에게 받은 활동지의 어느 여백을 찾아 해당되는 별칭의 집단원에게 주고 싶은 긍정적인 피드백을 쓰고, 다 쓰면 오른쪽 사람에게 계속 건넨다.

④ 이렇게 해서 한 바퀴 돌아 자신의 별칭이 있는 활동지가 자신에게 돌아오면 조용히 읽어본다. 그리고 선물로 가져가서 간직한다.

✔ 유의점

집단원의 장점을 생각하며, 격려하거나 기운을 북돋아주는 말을 적는다.
진지한 태도를 유지하게 하고 칭찬 표현을 구체적으로 적는다.

☑ 마무리

각자에게 피드백을 적어줄 때의 느낌과 다른 사람으로부터 받은 피드백에 대한 느낌을 이야기한다. 이를 통해 자신에게서 새롭게 발견된 점이 있다면 이것도 집단원과 함께 나눈다.

별칭 : _____

별칭 : _____

저자약력

한만열

독일 하이델베르크 대학 수학
부산대학교 대학원 문학박사
부산대학교 대학원 석·박사 과정 수료(상담심리 및 교육심리 전공)
전　　영산대학교 학생생활연구소장
현　　영산대학교 자유전공학부 교수
　　　영산대학교 교수·학습지원센터장
논문　이성교제 상태에 따른 청소년의 이성친구에 대한 애착유형과 자아존중감과의
　　　관계(2003)

김수정

경성대학교 일반대학원 교육학 석사(상담심리 전공)
자격　청소년지도사 2급
　　　전문상담사 2급
　　　평생교육사 2급
전　　부산체신청 인터넷중독예방상담센터 전임상담원
　　　부산외국어대학교 학생상담센터 전임상담원
·　　　부산직업능력개발원 기초교양강사
현　　부산정보문화센터 인터넷 중독예방 전문강사
　　　영산대학교 외래교수 및 객원상담원
논문　초등학교 고학년의 인터넷 중독 관련 변인연구(2007)

김유진

울산대학교 교육대학원 상담교육학 석사
경성대학교 일반대학원 교육학 박사과정(교육공학 전공)
자격　청소년상담사 2급
　　　임상심리사 2급
　　　상담심리사 2급
전　　울산대학교 학생생활교육원 상담사
　　　울산광역시 청소년상담지원센터 상담사
현　　해운대 The 이룸 평생교육원 강사
　　　영산대학교 외래교수 및 객원상담원
논문　실존적 공허수준에 따른 가치성향과 사회성에 관한 연구(1997)

안영숙

고신대학교 일반대학원 기독교교육학 석사
자격 가족상담사 1급
　　　전문상담사 2급
　　　청소년상담사 2급
전　　부산경상대학 외래교수
현　　영산대학교 교수 · 학습지원센터 전임상담원
논문 성경적 인간관에 기초한 열등감 극복에 대한 연구(2002)

정수인

경남대학교 대학원 교육학 박사과정 수료(교육심리 전공)
자격 전문상담교사
현　　정수인 심리상담연구소
　　　부산디지털대학교 겸임교수
　　　영산대학교 외래교수 및 객원상담원
저서 청소년비행과 상담(공저, 교육과학사, 2014)
논문 무용동작치료가 우울성향 청소년의 우울, 자아존중감 및 대인관계에 미치는 효과(2011)

하은경

대구대학교 상담학 박사과정 수료(진로 및 학습 상담)
자격 전문상담사 2급
　　　미술치료사
　　　상담심리사 2급
　　　청소년상담사 2급
　　　한상담 1급 전문가
전　　부산예술대학 외래교수
　　　대구대학교 외래교수
현　　경성대학교 학생상담센터 객원상담원
　　　대구대학교 학생상담센터 객원상담원
　　　영산대학교 외래교수 및 객원상담원
논문 현실요법 집단미술치료가 대학생의 진로자기효능감과 진로성숙에 미치는 효과(2011)

인간관계와 심리

2014년 8월 30일 초판 1쇄 발행
2015년 9월 10일 초판 2쇄 발행

지은이 한만열 · 김수정 · 김유진 · 안영숙 · 정수인 · 하은경
펴낸이 진욱상 · 진성원
펴낸곳 백산출판사
교 정 성인숙
본문디자인 오양현
표지디자인 오정은

저자와의
합의하에
인지첩부
생략

등 록 1974년 1월 9일 제1-72호
주 소 경기도 파주시 회동길 370(백산빌딩 3층)
전 화 02-914-1621(代)
팩 스 031-955-9911
이메일 editbsp@naver.com
홈페이지 www.ibaeksan.kr

ISBN 978-89-6183-443-8
값 15,000원